中经管理文库
管理学精品系列

企业社会责任的风险治理效应研究

RESEARCH ON THE RISK GOVERNANCE EFFECT OF CORPORATE SOCIAL RESPONSIBILITY

李新丽◎著

中国经济出版社
CHINA ECONOMIC PUBLISHING HOUSE
·北京·

图书在版编目（CIP）数据

企业社会责任的风险治理效应研究 / 李新丽著 . --
北京：中国经济出版社，2023. 8
ISBN 978-7-5136-7437-9

Ⅰ. ①企… Ⅱ. ①李… Ⅲ. ①企业责任-社会责任-风险管理-研究-中国 Ⅳ. ①F279. 2

中国国家版本馆 CIP 数据核字（2023）第 158553 号

组稿编辑 葛 晶
责任编辑 焦晓云
责任印制 马小宾
封面设计 任燕飞

出版发行 中国经济出版社
印 刷 者 北京富泰印刷有限责任公司
经 销 者 各地新华书店
开　　本 710mm×1000mm 1/16
印　　张 15. 25
字　　数 256 千字
版　　次 2023 年 8 月第 1 版
印　　次 2023 年 8 月第 1 次
定　　价 88. 00 元
广告经营许可证 京西工商广字第 8179 号

中国经济出版社 **网址** www. economyph. com **社址** 北京市东城区安定门外大街 58 号 **邮编** 100011
本版图书如存在印装质量问题，请与本社销售中心联系调换（联系电话：010-57512564）

序　言
Preface

进入21世纪以来，我国相继发生了“毒奶粉”“瘦肉精”“地沟油”“彩色馒头”等恶性食品安全事件，这些事件造成了严重的社会影响，引发了人们对食品行业的信任危机。上述恶性食品安全事件一方面折射出政府的监管体系存在诸多漏洞，另一方面折射出企业社会责任意识的严重缺失。企业社会责任缺失事件的发生，使政府相关部门不得不考虑如何推动和监督企业更好地履行社会责任。2008年以来，我国各级部门共同参与推动企业履行社会责任的行动，出现了政府立法、证券监管部门出台文件或指引、行业和地区性监管机构加强监管、媒体和公益组织共同推动的局面。2008年，国务院国资委颁布了《关于中央企业履行社会责任的指导意见》，提出中央企业应定期发布社会责任报告或可持续发展报告。2008年底，上海证券交易所和深圳证券交易所分别发布了《关于做好上市公司2008年年度报告工作的通知》和《关于上市公司2008年编制年度报告的通知》，对上市公司披露社会责任报告做出相应的规定。自此之后，我国发布社会责任报告的企业呈逐年增多的趋势。

在学术领域，学者较为关注企业社会责任的影响因素和经济后果。前期文献的研究结论出现了两种截然相反的观点——企业社会责任积极观和企业社会责任消极观，有关企业社会责任对企业绩效或企业价值影响的研究，目前并未得出一致的结论。企业社会责任积极观认为，承担社会责任的企业是真正负责任的企业。企业通过承担社会责任提高声誉、道德资本和企业价值，降低资本成本和融资约束，并通过履行社会责任获得利益相关者提供的核心关键资源。企业社会责任消极观认为，过度投资社会责任的企业并不一定是真正负责任的企业，管理层可能将履行企业社会责任作为掩盖其失德或不当行为的工具，企业社会责任成为管理层转移公众或投资者注意力的遮羞布；过度投资企业社会责任是对企业资源的浪费，是管理层提高个人声誉的自利工具，因此企业社会责任问题通常被认为是内部管理层代理问题。近几年，国外有关企业社会责任风险治理效应的研究成果逐渐增多，大有成为未来研究主流的趋势。现有研究主要基于美国的制度背景和数据，较为片面，国内类似的研究相对较少。由于中美两国制度存在巨大差异，本书立足中国制度背景探讨企业社会责任风险治理效应具有更加重要的理论意义和现实意义。此外，现有研究主要基于投资者视角研究企业社会责任对资本市场风险的影响，较少涉及企业发展过程中面临的其他风险，如经营风险、财务风险和会计信息风险，因此全面研究企业社会责任对企业风险的影响，有利于企业制定合理的风险管理策略，规避风险。有关学者按照法系制度背景将样本分为大陆法系国家和普通法系国家，发现社会责任显著降低了大陆法系国家的企业特质风险。鲜有文献基于中国区域经济发展不均衡和社会信任程度较低等制度环境研究企业社会责任的风险治理效应。

本书重点关注以下三个方面：

第一，企业社会责任的经营风险治理效应，同时研究正式制度环境、非正式制度环境和机构投资者持股对企业社会责任经营风险治理效应的影响。

第二，企业社会责任的财务风险治理效应，同时研究正式制度环境、非正式制度环境和机构投资者持股对企业社会责任和财务风险关系的影响。

第三，企业社会责任的会计信息风险治理效应，同时分析制度环境、社会信任程度和机构投资者持股对企业社会责任会计信息风险治理效应的影响。

通过研究，本书得出以下三个结论：

第一，企业承担社会责任降低了经营风险，研究结论支持利益相关者理论、资源基础理论和声誉理论。制度环境、社会信任程度和机构投资者持股会影响企业社会责任与经营风险之间的关系。制度环境越好、社会信任程度越高的地区和机构投资者持股越多的企业，企业社会责任对其经营风险的降低效应越显著。异质性分析发现，当企业存在不当行为时，企业社会责任对经营风险的影响不显著。路径分析发现，企业社会责任通过信息不对称、企业声誉和代理效率影响经营风险。进一步分析发现，企业承担社会责任可以增加企业价值，经营风险在企业社会责任和企业价值的关系中发挥部分中介效应。

第二，企业承担社会责任降低了财务风险，研究结论支持资源基础理论、社会交换理论和声誉理论。制度环境越好、社会信任程度越高的地区和机构投资者持股越多的企业，企业社会责任对财务风险的降低效应越显著。异质性分析发现，敏感行业的企业社会责任对财务风险的影响较为显著。路径分析发现，企业社会责任通过影响企业声誉、融资约束和代理效率影响财务风险。经济后果分析发现，企业承担社会责任可以增加企业价值，财务风险在上述关系中发挥部分中介效应。

第三，企业承担社会责任降低了会计信息风险，研究结论支持利益相关者理论、合法性理论、信息不对称理论和声誉理论。本书分析了制度环境、社会信任程度和机构投资者持股对企业社会责任和会计信息风险关系的影响，发现制度环境越好、社会信任程度越高的地区和机构投资者持股越多的企业，企业社会责任对会计信息风险的降低效应越显著。异质性分析发现，分析师关注越多的企业，企业社会责任对会计信息风险的降低效应越显著。路径分析发现，信息透明度、代理成本是企业社会责任降低会计信息风险的重要路径。经济后果分析发现，企业承担社会责任增加了企业价值，会计信息风险在企业社会责任和企业价值的关系中发挥部分中介效应。

总体来讲，本书探索性地研究了企业社会责任对企业风险的影响，深化了对企业社会责任风险治理效应的认识，拓展了企业社会责任经济后果相关研究。具体来看，和前期文献相比，本书的创新点体现在以下三个方面：

第一，基于企业内部风险视角，较全面地探索了企业承担社会责任对经营风险、财务风险和会计信息风险的影响。

第二，基于我国的制度环境，研究市场化进程对企业社会责任和企业风险关系的影响，以揭示制度环境对企业行为的影响。同时，基于我国的非正式制度环境，研究社会信任程度对企业社会责任和企业风险关系的影响，以加深人们对非正式制度的认识。此外，研究机构投资者持股对企业社会责任和企业风险关系的影响，通过研究机构投资者对企业社会责任风险治理效应的影响，进一步发展机构投资者超级假说。

第三，基于相关理论，探索企业承担社会责任降低风险的深层次路径，同时研究经营风险、财务风险及会计信息风险在企业社会责任和企业价值关系中所发挥的作用，进而分析企业社会责任影响企业价值的深层次原因和路径。

目 录
Contents

第1章

绪论

1.1 研究背景与研究意义

1.1.1 研究背景

企业社会责任（Corporate Social Responsibility，CSR）是全球关注的重要议题之一。面对严重的环境污染和劳工权益问题，1999 年，联合国秘书长安南大力推动企业履行社会责任，呼吁企业由单纯追逐经济利益转向追求更多的社会利益，肩负更多社会责任。2016 年 10 月 19 日，全球报告倡议组织（Global Reporting Initiative，GRI）发布了最新的第四代标准《可持续发展报告指南》（Sustainability Reporting Guidelines，简称《指南》），其中规范了企业社会责任披露标准，主要包括战略与分析、机构概况、利益相关方参与、报告概况和治理等方面的内容。世界上越来越多的企业开始将该标准作为企业社会责任披露标准。

中国的企业社会责任研究起步较晚，企业履行社会责任的意识较为薄弱。在计划经济时期，政府和企业不分家：政府主导企业资源分配、产品生产和销售；企业也要承担政府对社会的责任，包括保障员工权益和工作环境治理等。随着经济制度改革的深入，政府在社会中的全能角色也在发生变化——政府和企业的角色逐渐分离，政府附加到企业的责任随之减少。企业履行社会责任有助于提升公司价值。企业社会责任是公司的“靓丽名片”，是公司形象宣传的“播种机”。在危机来临时，企业履行社会责任能够提升自身知名度；在国际化战略构想下，企业要想进入国际市场，社会责任履行程度是当地决定是否接受投资时考虑的重要因素。因此，在经济转型和“一带一路”

倡议背景下，进行中国企业社会责任相关研究十分必要。中国在社会责任的衡量和披露方面还没有规范，国内企业社会责任研究存在很大空间（李正和李增泉，2013）。自2009年起，中国证券监督管理委员会（简称“证监会”）鼓励上市公司披露企业社会责任报告（简称“CSR报告”）。国务院国资委要求所有国有企业披露CSR报告。除了日常经营活动信息，企业还需要提供给外界利益集团、政府机构和社会公众有关企业“社会责任”的更多信息（葛家澍和林志军，2001）。

近年来，企业社会责任缺失事件层出不穷，引发了人们对企业社会责任的高度关注。2008年，三鹿集团“三聚氰胺重大食品安全事故”损害了数以万计婴幼儿的健康，随后国家质检总局对全国婴幼儿奶粉三聚氰胺含量进行抽检，发现雅士利、伊利、蒙牛、圣元等22个厂家69批次产品中均含有三聚氰胺，引发了人们对奶制品行业乃至整个食品行业的信任危机。三鹿集团在媒体曝光该事件之后宣告破产。除此之外，2008年的完达山药业“刺五加注射液事件”、上海农药厂“瞒报除草剂泄漏事件”、玖龙纸业“血汗工厂事件”、太阳纸业“环境污染事件”、云南玉溪维和制药“生产劣药事件”等，均是促使将企业社会责任的重要性推上议事日程的典型案例。近年来，我国越来越重视CSR报告的披露，不断完善披露标准。2009年，证监会为规范中国上市公司企业社会责任的信息披露，要求中央企业披露CSR报告，对其他地方国有和非国有企业上市公司，鼓励披露CSR报告。自2008年起，中国上市公司开始披露CSR报告。CSR报告数量逐年增加，披露CSR报告的公司数量也逐年增加。企业披露CSR报告的动机从强制被动性披露逐渐转变为主动披露。CSR报告的内容从单一文字向文字、图片、图表等多种形式转变。

2008年，国务院国资委发布《关于中央企业履行社会责任的指导意见》，重点强调中央企业的社会责任意识，要求中央企业把履行社会责任纳入公司治理范畴，并融入企业战略规划，落实到生产经营的各个环节。2008年12月30日，上海证券交易所颁布了《关于做好上市公司2008年年度报告工作的通知》，其中要求，在深圳证券交易所上市的“上证公司治理板块”样本公司、发行境外上市外资股的公司及金融类公司，应在2008年披露年度报告的同时披露CSR报告。同时，深圳证券交易所鼓励其他具备条件的上市公司在2008年披露年度报告的同时披露CSR报告，并对披露期限与未按规定披露的后果作出规定，要求2007年12月31日之前上市的公司在2009年4月30日之前完成2008年年度报告的准备、提交和披露工作。如果公司截至2009年5月1日仍未提交年度报告，上海证券交易所将责令其退市，并对相关负责人进行处罚。2008年12月31日，深圳证券交易所颁布《关于上市公司2008年编制年度报告的通知》，规定"深圳100指数成份股"公司应遵循企业社会责任指南披露CSR报告，同时鼓励其他具备条件的公司也披露CSR报告。CSR报告需要经过董事会批准，并且以年报的形式单独披露。该通知还规定了披露期限和未按规定披露应承担的后果。上市公司按照规定应在2009年4月30日之前提交2008年年度报告，截至2009年5月1日仍未提交年度报告的公司将面临被摘牌的处罚，公司的相关负责人也将受到公众的谴责。2008年以后，中国企业在承担和履行社会责任方面取得了很大进步。根据第三方评级机构润灵环球社会责任评级机构的统计，中国A股上市公司在2009—2017年分别发布了471份、519份、582份、644份、681份、701份、708份、747份和795份社会责任报告。由此可见，发布社会责任报告的企业数量呈上升趋势，其中自愿披露CSR报告的企业呈逐年增多态势。

上述举措能否使企业真正肩负起履行社会责任的使命？企业社会责任是否存在言行不一致的问题？人们看到的是，中国最具影响力的万科房地产公司，在获得"中国最佳企业公民奖"的同时，多次出现"毒地板""纸门""倒灌""毒鞋柜"等产品质量问题。这些问题值得人们深思，也引发了学者的广泛关注，由此出现了两种截然不同的观点——企业社会责任积极观和企业社会责任消极观。企业社会责任积极观认为，那些承担社会责任的企业是真正负责任的企业，它们通过履行社会责任提高声誉和企业绩效、降低资本成本和融资约束、获得利益相关者的支持和核心资源等。总之，企业社会责任积极观认为，企业履行社会责任会带来一系列积极的经济后果。企业社会责任消极观认为，履行社会责任的企业不一定是真正负责任的企业，这些企业往往存在言行不一致的问题，它们将履行社会责任作为掩盖管理层失德或不当行为的工具，企业社会责任发挥着遮羞布的作用，能够转移公众或投资者的注意力。国内学者对上述两种观点进行了验证。高勇强等（2012）认为，中国民营企业将慈善捐赠作为一种工具，即掩盖或转移不当行为以及内在社会责任缺失的工具。权小锋等（2015）认为，管理层将企业社会责任作为自利工具。然而，大部分学者支持企业社会责任积极观（王晓巍和陈慧，2011；王欣，2013；宋献中、胡珺、李四海，2017）。国外学者对此也持有两种观点：企业社会责任积极观认为，企业社会责任能够提高企业声誉和道德资本

（Brammer and Millington，2008；Godfrey，2005），降低资本成本，最终增加企业绩效和价值；而企业社会责任消极观认为，企业社会责任是对企业资源的浪费（Friedman，1970），甚至是管理层提高个人声誉的自利工具（Barnea and Rubin，2010），是内部管理层代理问题（Cheng et al.，2013；Masulis and Reza，2015）。针对上述相互矛盾的观点，本书以中国市场化进程和社会信用环境为制度背景，验证企业社会责任对企业风险的影响。企业承担社会责任的情况可能会影响企业风险。2008 年三鹿奶粉事件充分说明了企业积极承担社会责任的重要性。三鹿集团忽视产品质量，践踏“受人之托，忠人之事”的原则，未对消费者尽到应有的社会责任，最终被石家庄市中级人民法院依法裁定破产。可见，企业社会责任的缺失加剧了企业的破产风险。具有 100 多年历史的全球投资银行和证券业大亨美国雷曼兄弟公司也是这样，其破产原因可部分归结于违背职业道德。显然，为客户提供优质的商品与服务是企业对股东、客户和社会应承担的基本社会责任，企业社会责任的缺失会加剧企业破产风险。本书基于中国的社会经济制度，研究积极承担社会责任对企业风险的影响，集中研究企业常见的内部风险，特别是经营风险、财务风险和会计信息风险。

1.1.2 研究意义

1.1.2.1 理论意义

第一，通过研究企业社会责任的风险治理效应，拓展了现有企业风险相关研究。以往的研究主要涉及企业总体风险、系统风险和特质风险（Oikonomou et al.，2012；Benlemlih et al.，2017；Benlemlih et al.，2018；Cai et al.，2016；Albuquerque et al.，2013；Bouslah et al.，2013），而对经营风险、财务风险和会计信息风险的研究相对缺乏。企业风险具有多样性和复杂性，进行全面的风险管理关乎企业的生存和发展。

第二，丰富了企业积极承担社会责任所带来的经济后果相关文献。现有文献主要围绕企业绩效、会计信息质量、资本成本等展开研究，并且得出了完全相反的结论。本书从企业经营风险、财务风险和会计信息风险视角研究企业社会责任的风险治理效应，揭示了企业积极承担社会责任对其经营风险、财务风险和会计信息风险的影响，以证实企业社会责任具有风险治理效应。

第三，探讨了企业社会责任与企业风险关系的影响因素。本书侧重以我国的制度背景和外部监管环境为基础，研究制度环境、社会信任程度和机构投资者持股对企业社会责任与企业风险关系的影响，对完善制度环境、提高社会信任程度和加大对机构投资者的监管力度等具有重要的理论意义。

1.1.2.2 现实意义

第一，我国正处于经济转轨和社会转型的关键时期，经济获得了飞跃式发展，但随着经济的高速发展，我国也付出了沉重的代价，资源和环境问题日益严峻。党的十八大明确提出绿色发展理念，认为保护生态环境等同于保护生产力，改善生态环境有助于提高生产力，好的生态环境是人类最公平的公共产品，是人类最普惠的福祉，将生态环境纳入生产力要素。党的十九大将生态文明建设和生态环境保护提到前所未有的高度，提倡坚持人与自然的和谐共生，树立“绿水青山就是金山银山”的绿色发展观。经济转型为企业快速发展带来了机遇，也对企业发展提出了更高要求，全社会对企业承担社会责任的呼声越来越高。目前，我国已形成以中央企业、国有企业为主导，民营企业和外商投资企业跟进的局面。自 2008 年证券监管部门颁发企业社会责任相关政策法规以来，编制 CSR 报告蔚然成风。本书通过研究企业承担社会责任对企业风险的影响，揭示企业积极承担社会责任所带来的经济效应，激励企业积极承担社会责任，具有重要的现实意义。此外，企业社会责任的风险治理效应可以为投资者作出正确的投资决策提供重要参考。

第二，全球经济一体化为企业发展带来机遇和挑战。企业在经营过程中面临着各种风险，科学合理的风险管控和化解手段是企业稳定运行的前提条件。党的十九大报告将防范化解重大风险排在三大攻坚战的首位。习近平总书记明确提出了“三个既要，三个也要”：“既要高度警惕‘黑天鹅’事件，也要防范‘灰犀牛’事件；既要有防范风险的先手，也要有应对和化解风险挑战的高招；既要打好防范和抵御风险的有准备之战，也要打好化险为夷、转危为安的战略主动战。”可见，基于当前形势研究企业风险具有重要的现实意义。

1.2 相关概念的界定

在对国内外关于企业社会责任的文献进行归纳和梳理的过程中，本章主要关注企业社会责任、经营风险、财务风险及会计信息风险的定义和衡量方法。

1.2.1 企业社会责任概念界定和衡量方法

1.2.1.1 企业社会责任概念界定

厘清企业社会责任的定义可以为后续章节的研究奠定概念基础，是研究企业社会责任必须解决的根本性问题。企业社会责任是一个连接宏观层面与微观层面的概念，自诞生之日起，其内涵就在不断丰富。CSR 思想可追溯到 1916 年 Clark 发表的 *The Changing Basis of Economic Responsibility* 一文，之后，该议题引起极大关注。学者们主要基于利润最大化、超越盈利、超越股东等视角对 CSR 进行界定，具有代表性的观点如下：1923 年，Oliver Sheldon 在《管理哲学》一书中首次对企业社会责任进行定义，认为企业不应仅追求经济效益，而应将社会利益置于企业利益之上。1953 年，Bowen 在《商人的社会责任》一书中进一步深化了社会责任的概念，认为遵守政府政策的有关规定是商人应尽的义务。Bowen 被后人称为“企业社会责任之父”。Davis（1960）认为，企业的考虑应超越狭隘的经济、技术和法律要求，既实现传统的经济目标，又兼顾社会目标。McGuire（1963）认为，企业不仅负有经济和法律义务，对除此之外的义务也负有责任。Walton（1967）认为，企业和社会之间相互影响，企业行为会影响整个社会，因此企业在追求经营利润的同时，必须将对社会的影响考虑在内。Friedman（1970）认为，企业社会责任是一种代理成本，主要用于满足管理层利益而非股东利益——承担社会责任的收益由管理层享受，而损失由股东买单，企业唯一的义务是在遵守法律和道德准则的前提下最大限度地创造利润，除此之外无须承担额外的义务。Carroll（1979）将社会对企业在经济、法律、伦理和自行裁量方面的期望定义为社会责任。Jones（1980）认为，企业除对股东负责之外，还需要对其他相关团体负法律和工会合同未描述的责任。Robbins（1991）将企业社会责任定义为超越经济和法律要求，谋求有益于社会的长远目标所承担的责任。Wood（1991）将企业社会责任定义为企业承担社会责任基本原则的综合反映，以及预测企业所涉及的社会关系时可观察到的结果。Elaine Sternberg（2009）认为，企业社会责任和股东责任并不冲突，应打破股东利益的局限。

随后，有关学者从更广泛的视角提出了对企业社会责任概念的看法。

2000 年，世界可持续发展委员会（World Business Council for Sustainable Development，WBCSD）将企业社会责任定义为企业持续承诺的其行为符合伦理要求、为经济发展作贡献、致力于改善员工及其家庭以及社会整体生活质量的责任。Lantos（2001）提出，企业社会责任由道德性责任、慈善性责任和战略性责任组成。Jamali（2007）则在 Carroll 的四层次金字塔模型及 Lantos 的 H 分类模型的基础上，提出了企业社会责任“3+2”模型，将企业社会责任分为强制性的社会责任（经济责任、法律责任、道德责任）和自愿性的社会责任（自由决定的策略性责任、自由决定的慈善性责任）。Garriga 和 Mele（2004）总结了人们对企业社会责任的认识后，将其划分为四个视角：道德伦理视角、政治性视角、工具性视角和综合视角。道德伦理视角认为企业社会责任是一种道德义务，基于道德准则做正确的事，实现社会利益；政治性视角则强调企业对外部社会环境的责任，认为企业社会责任是提高企业为外部社会环境服务的意愿、维护自身所处的社区等社会环境的利益；工具性视角强调经济目标，认为企业社会责任只是创造股东财富的一种手段，所以只有为股东创造价值才是企业的社会责任；综合视角认为企业社会责任是企业利益与社会各方利益的综合实现。

综观企业社会责任概念的研究成果可以看出，学者们对企业社会责任的认识和研究视角涉及法律、经济、商业、政治、社会、伦理等诸多方面，不同的视角采用的理论框架不同，并且随着社会责任现实关注问题的变化，人们对企业社会责任构成的要求和认识也在不断发生改变，所以企业社会责任的定义和相关理论基础也处在不断的演变之中，一直没有形成一致的结论。早期人们对企业社会责任的认识较多侧重单一视角，随着利益相关者理论的发展和完善，越来越多的人开始从综合视角认识企业社会责任。2010 年，国际标准化组织（International Organization for Standardization，ISO）发布的 ISO 26000《社会责任指南》将社会责任定义为“组织通过透明和道德的行为，为其决策和活动对社会和环境的影响而承担的责任”，并将社会责任的核心主题分为组织治理、人权、劳工实践、环境、公平运营实践、消费者问题、社区参与和发展七个方面，强调了企业与各利益相关者利益的协调和统一。从这一定义出发，承担社会责任必将对企业经营活动的方方面面产生影响，所以，近年来关于企业社会责任经济后果的研究也扩展到承担社会责任对企业财务活动、员工关系、客户关系、政治合法性、社区关系等诸多方面的影响，而 ISO 26000 基于综合视角的社会责任概念也为本书的研究奠定了概念基础。

20 世纪 80 年代以后，企业社会责任逐渐与利益相关者理论融合。利益相关者理论认为，企业在发展的过程中要综合考虑股东及企业内外部其他利益相关者的利益，两者的融合使得不同研究者开始关注企业社会责任的具体研究对象，针对企业社会责任的研究也逐渐从宏观层面向微观层面延伸。Bloom 和 Gundlach（2001）认为，企业社会责任就是在法律之外，企业为推动社会长期健康发展对其利益相关者应负担的义务。Kotler 和 Lee（2006）将企业社会责任定义为企业为提高社区福利的一种承诺，这种承诺需要企业进行内部资源的奉献和自由的商业行为来实现。Waldman 等（2006）将企业社会责任定义为企业在促进或默许某些社会公益方面所采取的行动，这些行动超出了企业及其股东的直接利益，也超出了法律所要求的范围。Turker（2009）认为，企业社会责任就是企业行为，其目的是积极地影响利益相关者，并超越其经济利益。

自 20 世纪 60 年代美国斯坦福大学的斯坦福研究所首次定义利益相关者理论以来，企业社会责任的研究议题被提到新的高度。学者们倾向于从多个维度界定企业社会责任的概念，最有影响力的当属 Carroll（1979）提出的"企业社会绩效"模型三要素，即基本定义、企业承担的社会区域范围和企业作出回应的范围。Elkington（1980）提出"三重底线"的概念，即企业行为应考虑经济底线、社会底线和环境底线，并将企业社会责任划分为经济责任、法律责任和环境责任。Carroll（1991）提出了企业社会责任金字塔结构，从经济责任、法律责任、伦理责任和慈善责任等方面对企业社会责任进行了划分，认为经济责任应处于金字塔底部，所占比例最大，法律责任、伦理责任和慈善责任从下往上依次递减。随着企业与社会关系的不断演化，出现了"企业社会响应""企业社会绩效"等概念，拓展了企业社会责任的定义（Frederick，1994；Wartick and Cochran，1985；Wood，1991）。2001 年，欧洲在发布的绿皮书中将企业社会责任定义为：基于自愿的原则，企业在生产经营中应考虑社会和环境问题。2003 年，世界银行指出，企业社会责任是企业为维护利益相关者关系和实现可持续发展的一种承诺，是企业对人、社区和环境负责的表现。同年，世界经济论坛将企业社会责任归纳为四个方面：①环境责任，包括使用清洁能源、维护生物多样性、应对全球气候变化；②人的责任，包括员工安全、反对歧视、就业率等；③公司治理和道德标准，包括遵守法律道德标准和商业原则等；④社会公益责任，包括慈善捐赠、社区服务等。2006 年，ISO 颁布《社会责任指南（工作草稿）》，指出企业的生产经营活动给周围环境和社会带来了影响，企业应对此承担责任，并要求企业将责任融入各项经营活动，遵守有关法律和政策。

国内学术界和相关组织也对企业社会责任进行了概念的界定。刘俊海（1999）认为，公司不应过分强调营利性而破坏应有的信用关系、金融秩序和社会公共利益，应最大限度地增进除股东利益以外的其他社会利益。陈炳富和周祖城（2000）从广义与狭义两个方面定义了企业社会责任，广义的企业社会责任包括经济责任、法律责任、道德责任和其他责任，狭义的企业社会责任仅包括道德责任。卢代富（2002）认为，企业社会责任是企业在满足股东利益之外对社会额外承担的责任。周祖城（2005）认为，企业承担的利益相关者责任包括经济、法律和道德责任。陈迅和韩亚琴（2005）认为，所有企业社会责任没必要同时实行，企业可根据自身情况分级实行。在此基础上，他们提出企业社会责任的分级模型，即将企业社会责任分为三个层次：①最基本的社会责任（股东责任和员工责任）；②中级社会责任（消费者责任和政府责任）；③高级社会责任（公益责任）。李淑英（2007）认为，企业不应仅以利润最大化作为目标，应尽可能满足社会利益。曾小青和张恭杰（2009）将企业社会责任定义为企业与利益相关者之间利益和责任关系的体现。宋建波和盛春艳（2009）给出的企业社会责任定义是，企业以可持续发展为目的，在追求利润最大化的同时，还应承担包括股东在内的利益相关者（如债权人、员工、客户、商业合作伙伴、政府、社区、环境等）的经济、法律、伦理和自愿责任。郑琴琴和陆亚东（2018）将企业社会责任定义为企业在自愿基础上实施的一系列行为，其目的是将企业对环境和社会的关心整合到企业的经营运作过程中，以及与其内外部利益相关者的互动过程中。

2006 年，中国企业联合会可持续发展工商委员会发布了《中国企业社会责任推荐标准和实践范例》，提出企业应向股东和股东以外的其他利益相关者负责，包括经济、法律、伦理和其他酌情而定的责任。李正和向锐（2007）认为，企业社会责任是企业对除股东以外的其他利益相关者与社会肩负的法律和道德上的责任，修正了传统公司治理过度关注股东利益的观点。徐尚昆和杨汝岱（2007）在对 12 个省份 630 位企业总经理（或所有者）进行问卷调查后，将企业社会责任的概念归纳为 9 个维度，分别是经济责任、法律责任、环境保护责任、客户导向、以人为本、公益事业、提供就业的责任、商业道德、社会稳定与进步。张兆国等（2009）认为，企业对股东以外的其他利益相关者（债权人、顾客、供应商、社区、公众、政府和员工）和自然环境承担责任，包括法律责任和道德责任。

本书只研究营利性企业的社会责任，不考虑政策性企业、社会企业等非典型的企业组织。这里主要阐述卡罗尔四成分责任说，即经济责任、法律责任、伦理责任和慈善责任（自愿责任）。

（1）经济责任

在罗宾斯、麦奎尔等的体系中，经济义务和法律责任不应被称为社会责任，但是事实上，无论是在美国社会体系和各州商法中，还是在中国的公司法里，都明确规定了企业首先是一个经济机构，以营利为唯一目的——也就是说，企业应该以公平的价格在自由竞争的市场上销售其所生产的商品或服务。这里的“公平”，是指同时向四方负责：对消费者负责（反映商品或服务的真实价值），对自由经济体制负责（不进行恶意价格战），对企业本身负责（能提供足够的利润以进一步发展），对投资者负责（为其投资带来经济回报）。考虑到自身的营利目的和经济属性，企业常常采用一些中短期的财务经营指标来衡量、确定公司经营状态，如成本、利润、战略决策等；同时，也有长期的、为经济目标订立的决策，如长期资本回报率和经营理念等。

（2）法律责任

先来看法律本身的意义。虽然在现代社会中法律可能因受到立法者相关利益的影响而出现一定程度的偏向和纵容，但是总体来看，法律是社会契约化的重要产物和契约秩序维护者。既然法律赋予企业生产经营盈利的权利，企业就应该承担相应的法律责任，即履行社会契约的后半程。如果企业认为这些条款是不公平的，即过度偏向其他利益相关者，就会运用其影响力，通过政治程序表达自己对法律的修改意见。

（3）伦理责任

伦理责任被卡罗尔教授用来补充法律责任。他认为，伦理责任就是社会大众所期许的，但尚未进入法律体系的责任——既是消费者、雇员、股东、社区所期待的，又不伤害利益相关者的权利，诸如此类的信义规范都属于伦理责任的范畴。伦理责任常常反映大众对进一步立法或法律完善方面的期待，可以说是法律的前兆和引导。这一层面的企业社会责任往往对企业的期待更高，也更难为企业所接受。但无论怎样，伦理责任都极为复杂，因为它是当下人民大众意志的体现，可以看作缔结新的社会契约的过程，其中又反映了道德权利等现实情况。

（4）慈善责任（自愿责任）

慈善责任是企业除了以上几种责任外自愿承担的责任，既非法律要求，也不是伦理需要。是否参与捐献、义工等慈善活动完全取决于企业的意愿。伦理责任和慈善责任的区别主要体现在自愿性上，虽然社会期待企业更多地承担慈善责任，但是不承担的企业也不会受到谴责，因为慈善责任不是道德或伦理方面的硬性要求，而是由企业自行决定是否承担、如何承担、承担多少。

1.2.1.2 企业社会责任的衡量方法

目前，企业社会责任的衡量方法主要有内容分析法、声誉评分法、社会责任会计方法和专业机构评分法。

（1）内容分析法

内容分析法主要对各类报告或年报中涉及企业社会责任的内容进行分析，赋予相应的分值。会计学领域常见的内容分析法主要基于年报进行分析，首先搜集年报中披露的社会责任信息；其次对信息进行归类，核算各信息的发生额以及在年报中所占的篇幅和字数，量化上述信息。最初使用此方法进行社会责任测评的学者是 Bowman 和 Haire（1975），他们以年报中涉及的企业社会责任信息的行数作为社会责任绩效的代理变量。后来，很多学者使用此方法进行社会责任测评。较初级的内容分析法根据披露的字数、句数或页数进行赋值，这种方法仅计量信息的数量而非质量，暗含的前提条件是信息数量越多，质量越好，但很显然，数量和质量有时并不成正比。此后，有学者提出了基于内容分析的指数法，该方法根据是否披露社会责任信息、定量披露或定性披露进行赋值，对定量信息的赋值高于定性信息，暗含的前提条件是定量信息优于定性信息，但该方法并没有考究信息是否可靠，是否可比。国内学者也采用内容分析法进行社会责任测评。李正（2007）以企业社会责任报告作为内容分析的来源，运用内容分析法研究企业社会责任与企业价值的关系。沈洪涛和金婷婷（2006）以上市公司年报作为内容分析的数据来源，将社会责任信息划分为货币化信息、非货币化信息和无信息，根据社会责任信息对企业社会责任绩效进行评价。马连福和赵颖（2007）采用内容分析法，从产品、环保、慈善捐赠、社区计划、顾客满意度和员工保护六个方面进行赋值，研究影响社会责任信息披露的因素。李正和向锐（2007）在对计量方法的相关文献进行回顾后，认为内容分析的指数法是最好的社会责任信息衡量方法，并对上海证券交易所 642 家上市公司的年度报告进行了指数评分。沈洪涛和杨熠（2008）采用内容分析法，从环境保护、员工关系、产品质量、社区关系、其他利益相关者关系等方面评价社会责任信息，将年度报告中涉及的上述信息划分为货币化信息、非货币化信息和无信息，并假设货币化信息优于非货币化信息，非货币化信息优于无信息，依次进行 2、1、0 赋值，得出企业社会责任信息披露指数。

内容分析法的优势主要体现在两个方面：①适用于大样本研究。使用字数进行衡量更容易分类，使用页数进行衡量更容易计量；②一旦确定企业社会责任信息披露的内容指标（主观性），后续的衡量步骤就较为客观。但内容分析法也存在一定的局限性，主要体现在两个方面：①基于不同指标的衡量差异较大。使用字数进行衡量工作量太大；使用句数进行衡量可能存在争议，特别是当一个句子中包含两类企业社会责任信息时；使用页数进行衡量过于笼统，降低了衡量的精确度。②内容指标的选择具有很大的主观性。

（2）声誉评分法

声誉评分法是指由专家学者对企业承担社会责任的情况进行问卷调查，被调查者对问卷中设计的各项指标进行打分，分数总和即企业的声誉分数，基于声誉分数判断企业履行社会责任的情况。Moskowitz（1972）、Cochran 和 Wood（1984）等采用此方法进行企业社会责任的衡量。但这种方法有明显的局限性，主要体现在三个方面：①存在一定的主观性，调查结果受被调查人员的主观影响较大；②样本量有限，冗长的问卷调查可能使被调查者反感或疲惫，因此一次不能对太多的公司进行声誉评分，涉及的公司太多会影响评分质量；③问卷调查需要被调查者了解公司社会责任活动的具体信息，调查效果和质量与公司规模、公司成立年限、是否接近大众传媒、被调查者经历等有关。由于以上局限性，使用该方法进行企业社会责任评价的研究相对较少。

（3）社会责任会计方法

社会责任会计方法将企业社会责任有关因素纳入会计系统，依次对社会资产、社会负债、社会成本和社会收益进行披露和计量。国外有些学者采用此方法衡量企业社会责任。Epstein 等（1976）描述美国 Abt 联合公司 1973 年编制的社会和财务资产负债表以及社会和财务利润表，报表反映了企业从事社会责任活动产生的社会资产、社会负债、社会成本和社会收益信息。Dierkes（1979）发现，德国 Stage 公司在社会责任报告中分别对社会资产与社会负债进行了详细的披露和计量。早期国内有些学者也采用此方法进行社会责任评价。沈洪涛（2005）建立了利益相关者业绩评价指标体系，用每股收益和每股净资产评价企业对股东的责任，以产权比率和利息保障倍数作为债权人责任的代理指标，用主营业务成本率和销售增长率评价对客户的责任，用应付账款周转率评价企业对供应商的责任，以工资福利率和工资福利增长率作为员工责任的代理变量，以税率和税收增长率作为对政府责任的代理变量。陈玉清和马丽丽（2005）以政府贡献率、职工贡献率、投资者贡献率、社会贡献率等作为企业社会责任的评价指标。刘长翠和孔晓婷（2006）将企业社会责任划分为四个方面，即人力资源方面的责任、社会福利方面的责任、环境保护方面的责任、产品或服务方面的责任，根据社会责任贡献率（社会贡献额/资产总额）评价企业社会责任。社会责任会计方法存在一定的局限性，主要体现在三个方面：①社会资产、社会负债、社会成本和社会收益的衡量标准不一致，因此数据的可比性较差；②有些社会活动无法用市场检验，会造成无法准确计量的社会成本和社会收益；③有些领域的社会资产、社会负债和社会成本收益很难计量，如污染产生的负外部性、产品给消费者带来的消费者剩余等。社会责任会计方法仅被少量文献采用。

（4）专业机构评分法

专业机构评分法是目前较常用的社会责任衡量方法，被众多文献采用。目前，国外常见的专业评级机构有美国的KLD、英国的Core Rating和EIRIS、法国的Vigeo等。美国的KLD开发的KLD指数法的应用最为普及。KLD是Kinder，Lydenberg & Domini Co的简称，是一家专业评价企业社会责任绩效的机构，主要结合八个指标对企业社会责任进行评价，即产品质量、员工关系、社区关系、环境保护、民族歧视、军事削减、核能与南非问题，前五个指标包括劣势领域（Concern）和优势领域（Strengths），评价指标有常担忧(−2)、中性（0）和出色（+2），后三个指标是社会较为关注的话题，评价指标有常担忧（−2）和中性（0）。与内容分析法、社会责任会计法和声誉评分法相比，KLD指数法主要有以下三个优点：①以往的衡量方法仅考虑社会责任的某一方面或维度，KLD指数法从八个方面较为全面地衡量企业社会责任，所选取的样本也涵盖较多行业；②KLD指数法解决了企业为谁承担社会责任这一问题，以往的衡量方法都未能较好地解决这一问题；③KLD指数法尽可能使用定量标准进行评价，数据来源广泛，主要涉及调查问卷、年度报告、代理声明、季度报告和商业杂志等，因此评价分数较为客观、公正、透明。目前，KLD 指数法已成为社会责任绩效最好的评价指标。

我国社会责任专业评级机构（指数）有金蜜蜂企业社会责任中国网、中国最佳企业公民评选、中国 300 强社会责任发展指数、润灵环球责任评级（RKS）、和讯网社会责任评级等。①金蜜蜂企业社会责任中国网是由责扬天下（北京）管理顾问有限公司主办，WTO 经济导刊杂志社提供专业支持的企业社会责任领域专业垂直网站。②中国最佳企业公民评选由《21 世纪经济报道》主办，在各界的关注和瞩目下，自 2003 年起，已经评选了 16 届，已重磅推出 171 项指标，力求做到客观、公正、透明。③中国 300 强社会责任发展指数由中国社科院经济学部企业社会责任研究中心指导、中国社会责任百人论坛主办，并由中国社科院经济学部企业社会责任研究中心编制社会责任蓝皮书，发布 300 家大型企业（国企 100 强、民企 100 强、外资企业 100 强）社会责任发展指数。④RKS 成立于 2007 年，是目前中国企业社会责任权威第三方评级机构，包括 ESG（环境、社会责任、治理）评级和 CSR 报告评级。RKS 采用独特的 MCT 评级体系进行评价，总分为 100 分，整体性（Macrocosm）、内容性（Content）、技术性（Technique）所占权重分别为 30%、50% 和 20%。⑤和讯网社会责任评级始于 2010 年，侧重结合股东责任、员工责任、供应链责任、环境责任和公益责任五个指标对企业社会责任进行全面评价，5 个指标下设 13 个二级指标和 37 个三级指标。和讯网社会责任评级数据来源如下：第一，上海证券交易所官网发布的社会责任报告和年报；第二，深圳证券交易所官网发布的社会责任报告和年报。按照权重进行评级，行业权重分配如下：一般行业，股东责任权重为 30%，员工责任权重为 15%，供应链责任权重为 15%，环境责任权重为 20%，公益责任权重为 20%。消费行业，提高了供应链责任权重，具体分配如下：股东责任权重为 30%，员工责任权重为 10%，供应链责任权重为 20%，环境责任权重为 20%，公益责任权重为 20%。鉴于制造业对环境影响较大，提高了环境责任权重，具体分配如下：股东责任权重为 30%，员工责任权重为 10%，供应链责任权重为 20%，环境责任权重为 30%，公益责任权重为 10%。鉴于服务业对环境的影响相对较小，降低了环境责任权重，提高了公益责任权重，具体分配如下：股东责任权重为 30%，员工责任权重为 10%，供应链责任权重为 20%，环境责任权重为 10%，公益责任权重为 30%。和讯网社会责任评级评价指标及权重分配情况见表 1-1。

表 1-1　和讯网社会责任评级评价指标及权重

一级指标	二级指标	三级指标
股东责任（30%）	盈利（10%）	净资产收益率（2%）
		总资产收益率（2%）
		主营业务利润率（2%）
		成本费用利润率（1%）
		每股收益（2%）
		每股未分配利润（1%）
	偿债（3%）	速动比率（0.5%）
		流动比率（0.5%）
		现金比率（0.5%）
		股东权益比率（0.5%）
		资产负债率（1%）
	回报（8%）	分红融资比（2%）
		股息率（3%）
		分红占可分配利润比（3%）
	信批（5%）	交易所对公司和负责人处罚次数（5%）
	创新（4%）	产品开发支出（1%）
		技术创新理念（1%）
		技术创新项目数（2%）
员工责任 一般行业（15%） 消费行业（10%）	绩效（5%）（4%）	职工人均收入（4%）（3%）
		员工培训（1%）（1%）
	安全（5%）（3%）	安全检查（2%）（1%）
		安全培训（3%）（2%）
	关爱员工（5%）（3%）	慰问意识（1%）（1%）
		慰问人（2%）（1%）
		慰问金（2%）（1%）
供应链责任 一般行业（15%） 消费行业（20%）	产品质量（7%）（9%）	质量管理意识（3%）（5%）
		质量管理体系证书（4%）（4%）
	售后服务（3%）（4%）	客户满意度（3%）（4%）
	诚信互惠（5%）（7%）	供应商公平竞争（3%）（4%）
		反商业贿赂相关培训（2%）（3%）

续表

一级指标	二级指标	三级指标
环境责任 一般行业（20%） 制造业（30%） 服务业（10%）	环境治理（20%） （30%）（10%）	环保意识（2%）（4%）（2%）
		环保体系认证（3%）（5%）（2%）
		环保投入金额（5%）（7%）（2%）
		排污种类数（5%）（7%）（2%）
		节约能源种类数（5%）（7%）（2%）
公益责任 一般行业（20%） 制造业（10%） 服务业（30%）	贡献（20%） （10%）（30%）	所得税占利润总额比重（10%）（5%）（15%）
		公益捐赠金额数（10%）（5%）（15%）

资料来源：http：//stock. hexun. com/2013-09-10/157898839. html。

综合考虑我国社会责任评级机构的情况，本书以和讯网发布的社会责任评级分数作为衡量企业社会责任的代理变量，原因如下：①金蜜蜂企业社会责任中国网、中国最佳企业公民评选、中国300强社会责任发展指数、RKS样本量相对较小。例如，RKS自2009年发布评级结果起，截至2017年9月，只针对5847份社会责任报告进行评分，还存在部分企业无社会责任评分的情况；中国300强社会责任发展指数只针对国企100强、民企100强和外资企业100强进行社会责任评分，存在样本选择偏误。②和讯网社会责任评级机构联合使用年度报告和社会责任报告对企业社会责任进行评分。一方面，评价指标体系较为完善，涉及企业的财务信息和非财务信息；另一方面，适合大样本研究。和讯网是目前较权威的第三方评级机构，越来越多的文献以其评级分数作为企业社会责任的代理变量。

1.2.1.3 企业社会责任的维度

许多学者探究了企业社会责任的内容，并从内容、范围、层次等角度对企业社会责任进行划分。在组织行为学研究中，企业社会责任的分类通常基于内部社会责任和外部社会责任两个维度（Turker，2009；Rupp and Farooq，2016；Ante and Ken，2014）。内部社会责任聚焦于内部利益相关者，主要关注员工利益。外部社会责任是指企业履行的外部利益相关者的责任，如慈善、环境责任等。有学者将企业社会责任划分为内在社会责任与外在社会责任两个层次。也有学者将企业社会责任划分为战略性社会责任和响应性社会责任。还有学者基于利益相关者理论进一步发展了企业社会责任的定义和内涵，将企业社会责任划分为内部社会责任和外部社会责任。内部社会责任是指对员工的社会责任，外部社会责任专注于对客户、社区和环境的社会责任。其中，对员工的社会责任包括职业机会、组织公正、家庭友好政策、安全、工作保障和工会关系；对客户的社会责任主要涉及企业对客户和产品的责任，包括产品安全、客户服务和处理客户投诉等；对社区的社会责任包括对人道主义事业的支持、慈善捐赠、社区发展投资和与非政府组织的合作；对环境的社会责任包括环境意识投资、污染预防、以自然环境为重点的生态倡议和注重子孙后代可持续增长的做法。基于利益相关者理论对企业社会责任进行维度的划分得到诸多学者的认可。

国内有学者基于利益相关者理论构建了企业社会责任的三维模型，将企业社会责任划分为对内部人的责任、对外部商业伙伴的责任和对社会公众的责任。对内部人的责任主要涉及三类利益相关者，即企业对股东、管理者和员工的责任；对外部商业伙伴的责任涉及四类利益相关者，即企业对债权人、供应商、分销商和消费者的责任；对社会公众的责任也涉及三类利益相关者，即企业对政府、环境和社区的责任。也有学者基于利益相关者理论，结合企业社会责任与创新的紧密关系，将其划分为货币层、人力层和社会层三个维度。货币层社会责任主要指对股东和债权人两类利益相关者的责任；人力层社会责任专指企业对内部员工的责任；社会层社会责任主要指企业对政府、供应商和顾客的责任。

1.2.2 经营风险相关概念界定与衡量方法

1.2.2.1 经营风险概念界定

关于风险的研究由来已久，学者对风险的定义可以归于不确定性和损失两类。Knight（1921）最早将“风险”一词引入经济学研究范畴，认为风险是在特定时点、特定情境下，特定损失发生的可能性。有些学者将风险定义为特定时期、特定条件下，未来结果的不确定性。有学者认为，风险是资产预期收益的不确定性。也有学者认为，风险既可以是收益，也可以是损失。在研究过程中，学者们非常关注风险的来源。有学者认为，风险主要来源于外部不确定性和内部不确定性，其中外部不确定性主要是指与决策任务相关的外部环境因素，而内部不确定性与决策者的价值观、知识结构和个体异质性有关。有学者指出，决策主体对结果价值的判断及其自身条件的不确定性

（包括主体的行为方式、知识结构等）是导致风险的主要因素。根据风险来源的不同，产生了“风险外在性”和“风险内在性”两种不同的观点。“风险外在性”观点认为，风险仅仅是某事件可能发生结果状态的概率分布，是客观存在的，不受决策主体的个体特征影响，一般称为“外在风险”。“风险外在性”强调风险是众多可能结果的概率分布，所有可能结果出现概率的方差越大，风险越高，反之，风险越低。“风险内在性”观点虽然也承认事件存在各种可能性，但认为决策者会重点关注发生概率较大的可能结果，而忽略发生概率较小的可能结果，并且不会在乎可能性较低的结果所带来的后果。“风险内在性”强调风险是决策主体的主观判断，取决于决策者的心理活动。学术界在研究企业经营风险的时候，普遍吸收了“风险内在性”与“风险外在性”的观点，即认为内部和外部因素均会对企业经营风险造成影响，但不同领域对企业经营风险的定义各有侧重。财务领域认为，企业风险是决策可能带来的后果，主要是指可能造成的损失。美国会计准则委员会（1981）认为，企业风险是指企业未来成果的不可预测性，其后果包括利得和损失。2006 年，国务院国资委发布的《中央企业全面风险管理指引》将企业风险界定为未来的不确定性对企业实现经营目标的影响。有学者认为，企业风险是指对组织目标的偏离。目前，学术界对风险内涵的理解仍存在较大分歧，尚没有统一的定义。尽管如此，现有研究普遍认为，不确定性是风险的重要特征，即企业经营风险是企业经营决策所导致的不确定性。但是，对不确定性所带来的后果的认知存在较大分歧，即企业经营风险是仅包含损失，还是同时包含利得和损失。基于上述对企业经营风险研究成果的梳理，本书对企业经营风险作出如下定义：企业经营风险是指企业在经营过程中由经营决策和外部环境影响所导致的经营收益的不确定性，即企业经营收益的波动性。

经营风险有广义和狭义之分。狭义的经营风险是指销售量变动引起的息税前利润（EBIT）变动所引发的风险，用经营杠杆系数（DOL）表示。通常由于固定成本的存在，销售量较小的变动会引起息税前收益较大的变动，此时杠杆大的企业在销售量下降时可能先遭受亏损。广义的企业经营风险是指生产经营过程中的不确定性导致企业收益变动的风险，是企业风险的重要组成部分。经营风险是影响投资必要报酬率的重要因素之一。经营风险的本质是期望收益偏离预期的可能性，是风险或收益的不确定性（Bromiley，1991），通常用收益的波动性（方差和标准差）度量。经营风险不仅受到企业经营战略、产品定价和销售方式等内部环境的影响，也受到宏观经济环境和竞争对手经营策略等外部环境的影响。

1.2.2.2　经营风险的衡量方法

现有教科书认为，DOL是一个较综合的量化指标，可用于度量企业经营风险。所谓经营杠杆，是指息税前收益的变动率相对于销售量变动率的倍数。部分文献采用此方法度量企业的经营风险。于丽萍等（2018）采用经营杠杆系数度量企业的经营风险，通过销售量和EBIT之间的杠杆系数反映企业经营过程中面临的风险。事实上，经营杠杆所反映的风险与经营风险并不一致，经营杠杆系数只能衡量企业的亏损风险，并不能反映企业经营收益的波动性带来的风险（杜媛、方秀凤，2014）。也有文献采用应收账款比率和资本密集度度量经营风险，认为应收账款比例越大，经营收入所包含的现金流含量越低，此时企业的经营风险越大。但是，以现金的持有水平度量企业经营风险是不科学的，企业持有较多现金会带来机会成本的丧失，企业持有的现金并非越多越好。Boubakri等（2011）、余明桂等（2013）、申慧慧等（2010）、褚剑等（2018）和王化成等（2017）均采用总资产收益率（ROA）标准差度量企业的经营风险。翟胜宝等（2014）以会计收益的波动性作为经营风险的代理变量，经营风险会随收益波动的增大而提高。王竹泉等（2017）以过去4年息税前利润率滚动取值的标准差度量企业的经营风险。Eriksson（1999）、廖理等（2009）和廖冠民等（2010）用3年主营业务收入的标准离差率度量企业经营风险，标准离差率等于变量的标准差除以其均值。本章借鉴Allayannis等（2010）、孟庆玺等（2018）的做法，用主营业务收入的标准差度量企业经营风险。

1.2.3　财务风险相关概念界定与衡量方法

1.2.3.1　财务风险相关概念界定

防范财务风险，有利于公司管理层保护投资者和债权人利益，以及监管部门监管上市公司。财务风险研究主要涉及三方面问题：一是如何界定财务风险；二是财务风险判定指标和预测变量选择，即企业持续经营危机的表征；三是判定和预测，即采用何种模型、技术判定和预测持续经营危机（吴世农、卢贤义，2001）。事实上，企业陷入财务风险是一个动态过程，一般会按照“财务状况正常—财务状况恶化—财务风险”的路径发展。企业财务风险发生前可能会有信号，如现金流短缺、资不抵债、削减或者取消股利，甚至贷款违约。

目前，关于财务风险的定义和判断标准尚未形成统一认识。在现有文献中，财务风险、财务失败、财务危机和破产等都有财务风险的含义。总体上，学者们对财务风险、财务失败、财务危机和破产的区分不严格。有关学者把财务风险划分为以下四种：①经营失败。经营失败是指投资项目的投入资本回报率在考虑风险补偿后显著且持续地低于同类投资平均回报率。在这里，经营失败不表示企业经营中断，更多是指经济意义上的概念，即处置抵押后仍给债权人造成损失，或者由于法律纠纷被接管重组，无法按期偿还债务。②无偿付能力。无偿付能力包括技术上无偿付能力和破产意义上无偿付能力。技术上无偿付能力是指企业缺乏流动性，无法偿还到期债务，净现金流不足以支付流动负债；破产意义上无偿付能力是指企业资不抵债，净资产为负。③违约。违约包括技术上违约和法律上违约。技术上违约是指债务人违反合约并可能产生法律纠纷，法律上违约是指债务人无法偿还到期负债。④破产。破产是指企业申请破产后被接管清算。根据上述定义，经营失败表示企业开始出现财务风险，失败表明企业投资的资产现值低于资产本身市值。无法偿还债务是技术上的，即企业无法偿还流动债务，表示企业已经陷入财务风险。这可能只是一种暂时的状态，但一般是企业破产前兆。如果企业负债超过其全部资产，则已经处于无法偿债状态。

Beaver（1966）指出，企业无法偿还到期负债表明财务失败。破产、债券违约、透支银行账户、削减股利都表明企业已经失败。他把破产、无法偿债或者遭清算的公司视为财务困境公司，认为财务困境公司等同于企业破产，即法律意义上破产。他认为财务风险是指这样的事件：无法偿还到期债务、进入破产程序或者与债权人达成明确债务减免协议。企业是现金流入流出的中介，能否持续经营、持续经营的质量取决于企业现金流是否顺畅，现金最主要的来源是债权人和投资者。企业必须按时支付本息或股利，以获得债权人和投资者资金。如果企业发生违约，不支付本息、拖欠股利，将影响企业获得现金的能力，进而影响企业持续经营。有学者根据财务困境事件的严重程度，把企业财务状况划分为财务稳健、取消或者削减股利、技术违约或者债券违约、企业处于破产法保护中、破产清算。很显然，在削减股利、债券违约、破产清算这些状态中，企业已经陷入财务困境。削减股利是企业陷入财务困境的早期信号，破产清算是最严重的财务困境状态。有学者认为，财务困境包括企业破产清算、会计师对企业持续经营持保留意见、债务重组、企业信用评级下调、公司诉讼、资产出售、削减股利支付、股票价格下降。显然，这些财务困境事件的严重程度逐渐下降。最具有代表性的观点是，财务危机是指企业经营活动产生的现金流无法偿还到期负债、券息或贷款本息。具体地，企业财务危机表现在以下两个方面：①企业遭清算后无法支付到期负债（企业失败、债权人或者企业申请企业破产，这里的“破产”指法律意义上的破产）；②企业无法履行还本付息义务（技术上失败、资不抵债、会计失败）。

企业财务风险主要表现在以下四个方面：第一，当企业经营活动产生的现金流下降时，企业盈利能力遭到严重削弱，从而导致偿付能力显著下降。例如，当企业生产、销售状况恶化时，企业主营业务利润下降，企业债务本息偿还能力遭到削弱。第二，企业遭遇流动性短缺。如果企业的短期负债较多或者债务期限较短，那么到期偿债压力就会加大，企业再融资频率就会增加，对信息也会更敏感，尤其在遭遇信贷供给冲击时，短期负债多的企业更容易陷入流动性风险。第三，企业负债结构不稳定使企业陷入财务危机，表现在负债构成和债务期限两方面。在我国，企业直接融资渠道狭窄，资本市场准入门槛较高，债券市场发展严重滞后。相比公募债务（权益和债券）的高成本，私人负债成本更低，也较容易获得。在我国以银行为主体的金融体系下，银行贷款是企业最重要的外部融资来源。此外，商业信用、民间社会资金也是企业的外部融资来源。短期负债越多的企业，越容易遭遇债务展期风险。企业债务结构不稳定会使企业融资决策对信息更加敏感，尤其在行业或者整体经济下行时期。第四，企业资产负债严重不匹配。例如，企业经营活动现金流生成能力弱、营运资金不足、高财务杠杆、偿债能力下降，会导致企业陷入财务困境。

三类企业财务状态可以这样界定：流动性好，即企业经营活动产生的现金流充裕，能够偿还其现有到期债务；财务风险，即企业经营活动产生的现金流不足以偿付其现有到期债务；有可能破产，即企业总资产小于总债务，企业净资产小于零。财务风险描述的是一种低现金流状态，这种财务状态会导致企业发生巨额财务风险成本，而严重恶化的财务状况是导致企业最终破产的重要原因。财务风险一般是介于有偿付能力与无偿付能力之间的状态，表现为企业处于低现金流状态，虽未处于无偿付能力状态，但已遭遇损失。

国内相关研究主要通过上市公司被特别处理事件来界定财务困境企业。长城课题组将首次出现亏损的公司界定为财务困境公司。高培业和张道奎

(2000) 把企业能否按时偿还银行贷款作为企业陷入财务风险的界定标准。吕长江等 (2004) 认为，持续经营最重要的指标是营业活动现金净流量、流动负债、营业利润总资产和营业利润增加额总资产。企业财务风险本质上是其持续盈利能力下降导致的。然而，过度强调资产的高流动性可能导致长期资本支出不足，从而使企业盈利能力下降。流动资产比率过高也不完全是好事，有可能产生财务风险。本书借鉴王诗雨和陈志红 (2018) 的做法，将财务风险定义为企业发生财务困境的可能性。

国外学者对财务风险的定义主要有以下观点：①将财务风险定义为企业无力偿还到期债务的风险，包括破产风险、银行透支、债券违约、拖欠优先股股利。②将已经破产或无力偿还到期债务的企业视为财务困境公司。③将企业提出破产申请的行为界定为企业陷入财务困境。④将申请破产等同于财务困境。⑤将财务困境定义为企业不能按时履行义务，主要表现为资金不充足、流动性变差、权益不足和拖欠债务。⑥企业经营现金流不足以偿还到期债务，企业被迫采取一定的措施改变现状，这时的财务风险必然加大。⑦应从四个方面定义财务困境：企业清算后无力偿付债权人债务；申请破产；无力偿还债务合同的本息；资不抵债，账面净资产小于零。⑧将财务困境定义为企业三年累计净利润为负的概率。⑨将财务困境划分为四种情况：缺乏流动性或资不抵债引起的无偿付能力；企业的日常经营因破产停止；无力偿还到期债务的违约风险；企业提交破产申请。

我国学者对财务风险的定义也有诸多观点。谷祺和刘淑莲 (1999) 认为，财务危机是企业无力偿付到期债务或费用的一种经济现象，主要指资金管理技术性失败、破产以及处于两者之间的情况。高培业和张道奎 (2000) 将企业能否偿还到期债务作为是否存在财务风险的重要标志。吴世农和卢贤义 (2001) 将 ST 公司视为财务困境公司。吕长江和韩慧博 (2004) 认为，财务困境企业需满足两个条件：流动比率连续两年小于 1；连续两年至少有一年营业利润为负。吕长江等 (2004) 区分了财务困境和破产，认为财务困境是一个动态过程，多数公司在破产之前会经历财务困境，但财务困境并不必然引起企业破产。他们将财务状况分为财务闲置、财务充盈、财务均衡、财务困境与财务破产五类，并将财务困境定义为企业偿还到期债务发生困难的情况，主要表现为企业的变现资产小于到期债务，流动资产小于流动负债，现金流入较小而现金流出较大。姜付秀等 (2009) 以 Z 值作为财务困境的判断标准，指出 Z 值越大，企业财务风险越小，通常以 1.8 为分界点，Z 值小于 1.8 表明企业陷入财务困境的风险加大。

1.2.3.2 财务风险的衡量方法

国内外相关文献较多采用 Z 值度量企业的财务风险。姜付秀等（2009）、罗琦和罗洪鑫（2017）、高梦捷（2018）以及徐炜和肖智（2019）利用 Altman（1968）的模型度量企业财务风险。MacKie-Mason（1990）、于富生等（2008）、吴国鼎和张会丽（2015）、胡国柳和彭远怀（2018）利用 Altman（1983）的模型度量财务风险。Altman（1983）的模型是在 Altman（1968）模型基础上用权益的账面价值代替市场价值，Z 值越大，企业的财务风险越小。王诗雨和陈志红（2018）运用 Merton DD 模型度量企业的财务风险。

1.2.4 会计信息风险相关概念界定与衡量方法

1.2.4.1 会计信息风险相关概念界定

Easley 和 O'Hara（2004）将信息风险定义为投资者因某种资产的信息不对称而遭受损失的可能性，借此衡量投资者的信息不对称程度。一些文献用知情交易概率衡量信息风险的大小。Francis 等（2004）将信息风险定义为与投资者定价决策相关的信息低质量的可能性。由于信息不对称会影响投资者的资产估价能力和价值判断能力，而应计质量是可定价的风险因子，所以用应计质量捕捉资本市场信息风险。郑振龙和杨伟（2009）将信息风险定义为信息不对称给投资者带来损失的可能性。本书研究的信息风险定位于会计信息领域，主要基于投资者视角，因为投资者会利用会计信息对公司价值做出估值。本书将会计信息风险定义为会计信息质量较差的可能性，即与投资者定价决策紧密相关的公司特征信息低质量的可能性大小，主要是指会计信息质量的不确定性和波动性。Easley 和 O'Hara（2004）认为，信息披露的数量和质量是影响会计信息风险的重要因素。现有文献直接衡量会计信息风险的不多，它们主要通过信息质量间接衡量会计信息风险。

前期文献对会计信息风险的定义可归纳为两类：一类基于投资者视角，知情交易概率代表投资者对信息的解读程度，侧重研究信息使用环节投资者对信息的获取能力和解读能力；二是基于财务报告质量视角，侧重研究财务报告真实可靠程度带来的会计信息风险，主要使用应计质量波动程度来衡量。本书认为，会计信息风险是企业和投资者之间由于信息不对称引发的风险，会计信息风险的大小不仅取决于信息质量，还取决于投资者的获取能力以及他们在使用信息的过程中对信息的解读程度和应用能力。

1.2.4.2 会计信息风险的衡量方法

由于信息风险不能从市场上直接观测到，因此早期文献主要运用间接方法通过一些替代指标度量信息风险。通常用买卖价差、换手率、方差分解、非系统风险、内部人持股数、股权集中度作为信息风险的间接度量指标。这些替代变量反映信息不对称的结果和原因，如买卖价差、非系统性风险、换手率、方差反映信息不对称的结果，而股权集中度反映信息不对称的原因，并不能准确地度量交易者在资本市场中的信息不对称程度，未经标准化处理的指标不能用来比较不同市场信息不对称的程度。

20 世纪 90 年代中后期的文献倾向于采用直接方法度量信息风险。Easley 和 O'Hara（1996）提出了 PIN 模型，他们用 PIN 模型计算知情交易概率。知情交易概率越大，信息风险越高，实现了对信息风险的直接度量。尽管当时 PIN 模型成为实证研究所采用的经典模型，但仍受到很大质疑。有学者认为，PIN 模型隐含的买卖指令之间的负相关关系与实际买卖指令之间的正相关关系可能不符。Duarte 和 Young（2007）认为，PIN 模型不能满足实际数据买卖指令之间的正相关关系，PIN 值关注价格的流动性，与信息不对称没有关系。郑振龙和杨伟（2009）认为，经典 PIN 模型未考虑交易动机，导致股票会计信息风险被高估，因此在经典 PIN 模型基础上增加交易动机因子，得到修正的 PIN 模型。他们发现，用修正的 PIN 模型度量会计信息风险得到的方差和实际数据较为匹配。

目前，以应计质量波动程度衡量会计信息风险的方法被广泛采用。Francis 等（2004）认为，应计质量是可定价的风险因子，可以捕获资本市场会计信息风险，可以 DD 模型应计质量的波动性衡量会计信息风险。于李胜和王艳艳（2007）以应计质量作为信息风险的代理变量，研究信息风险对市场定价的影响。薄仙慧和吴联生（2011）以 DD 模型残差的标准差衡量会计信息风险。Kravet 和 Shevlin（2010）将会计信息风险分解为固有会计信息风险和可操控会计信息风险，商业模式和经营环境是固有会计信息风险的主要来源，而可操控会计信息风险与会计盈余操控有关，反映固有会计信息风险之外的信息不确定性与风险。固有会计信息风险和可操控会计信息风险与不可分散的系统风险和可分散的特质风险非常相似，会计信息风险的不可分散性主要源于固有会计信息风险（Francis et al.，2004；于李胜、王艳艳，2007)，而可操控会计信息风险与企业特质风险相似，具有可分散的特点，良好的内外部治理机制可以降低可操控会计信息风险。还有部分文献直接将应计质量绝对值作为会计信息风险的代理变量。王冲和谢雅璐（2010）以操控性应计利润的绝对值作为会计信息风险的代理变量，并运用修正 Jones 模型（1995）计算的残差绝对值衡量会计信息风险。向锐等（2011）运用 DD 模型残差的绝对值衡量会计信息风险。

1.3　研究目标与研究内容

1.3.1　研究目标

本书以探究企业社会责任的风险治理效应为总目标，检验企业社会责任对企业经营风险、财务风险和会计信息风险的影响。具体来说，本书的研究目标有以下三个：

第一，企业社会责任对经营风险的治理效应。基于利益相关者理论、资源基础理论和声誉理论，研究企业承担社会责任对企业经营风险的影响，以及制度环境、社会信任程度和机构投资者持股情况对两者关系的影响。进一步分析企业社会责任是否会通过影响经营风险影响企业价值。

第二，企业社会责任对财务风险的治理效应。基于资源基础理论、社会交换理论和声誉理论，研究企业承担社会责任对财务风险的影响，并基于中国的制度背景，研究制度环境、社会信任程度和机构投资者持股情况对上述关系的影响。进一步探讨企业承担社会责任影响财务风险的路径。

第三，企业社会责任对会计信息风险的治理效应。基于利益相关者理论、合法性理论、信息不对称理论和声誉理论，研究企业承担社会责任对会计信息风险的影响。基于中国的制度背景，研究制度环境、社会信任程度和机构投资者持股对上述关系的影响。进一步探讨企业积极承担社会责任降低会计信息风险的路径和作用机理。

1.3.2　研究内容

本书内容安排如下：

第1章，绪论。首先，阐述研究背景，提出本书要研究的问题。其次，介绍本书的理论意义与实践价值。再次，提出本书的研究思路、研究框架，以及采用的研究方法。最后，说明本书研究的创新之处。

第2章，文献综述。围绕企业社会责任与财务活动、企业社会责任与企业风险等，对国内外相关文献进行梳理。在此基础上进行文献述评，力图使本书研究既有所继承又有所突破。

第3章，制度背景与理论基础。归纳总结了我国与企业社会责任相关的法律和法规，梳理了企业承担社会责任的制度背景，介绍了企业社会责任的发展历程。本书以利益相关者理论、资源基础理论、声誉理论、合法性理论、社会交换理论、信息不对称理论和风险管理理论作为企业社会责任风险降低假说的理论支撑。

第4章，企业社会责任对经营风险的治理效应。基于利益相关者理论、资源基础理论和声誉理论，在验证主要假设的基础上，分析制度环境、社会信任程度和机构投资者持股情况对企业社会责任与经营风险关系的影响，并进行异质性分析、作用机理分析和经济后果分析。

第5章，企业社会责任对财务风险的治理效应。基于资源基础理论、社会资本交换理论和声誉理论，提出企业社会责任的风险降低假设，实证检验企业社会责任对财务风险的影响，并分析制度环境、社会信任程度和机构投资者持股情况对企业社会责任与财务风险关系的影响，并进行异质性分析、作用机理分析和经济后果分析。

第6章，企业社会责任对会计信息风险的治理效应。基于利益相关者理论、合法性理论、信息不对称理论和声誉理论，结合道德关注假说和声誉建立假说，提出企业社会责任的风险降低假说。将会计信息风险分解为固有会计信息风险和可操控会计信息风险。鉴于固有会计信息风险的不可分散性，本章仅研究可操控会计信息风险，并在验证主要假说的基础上，分析制度环境、社会信任程度和机构投资者持股情况对企业社会责任与可操控会计信息风险关系的影响，进而展开异质性分析、作用机理分析和经济后果分析。

第7章，研究结论与展望。首先，总结本书的研究结论。其次，结合研究结论提出针对性的建议。最后，指出本书研究中存在的不足，并对未来研究进行展望。

研究内容安排见图1-1。

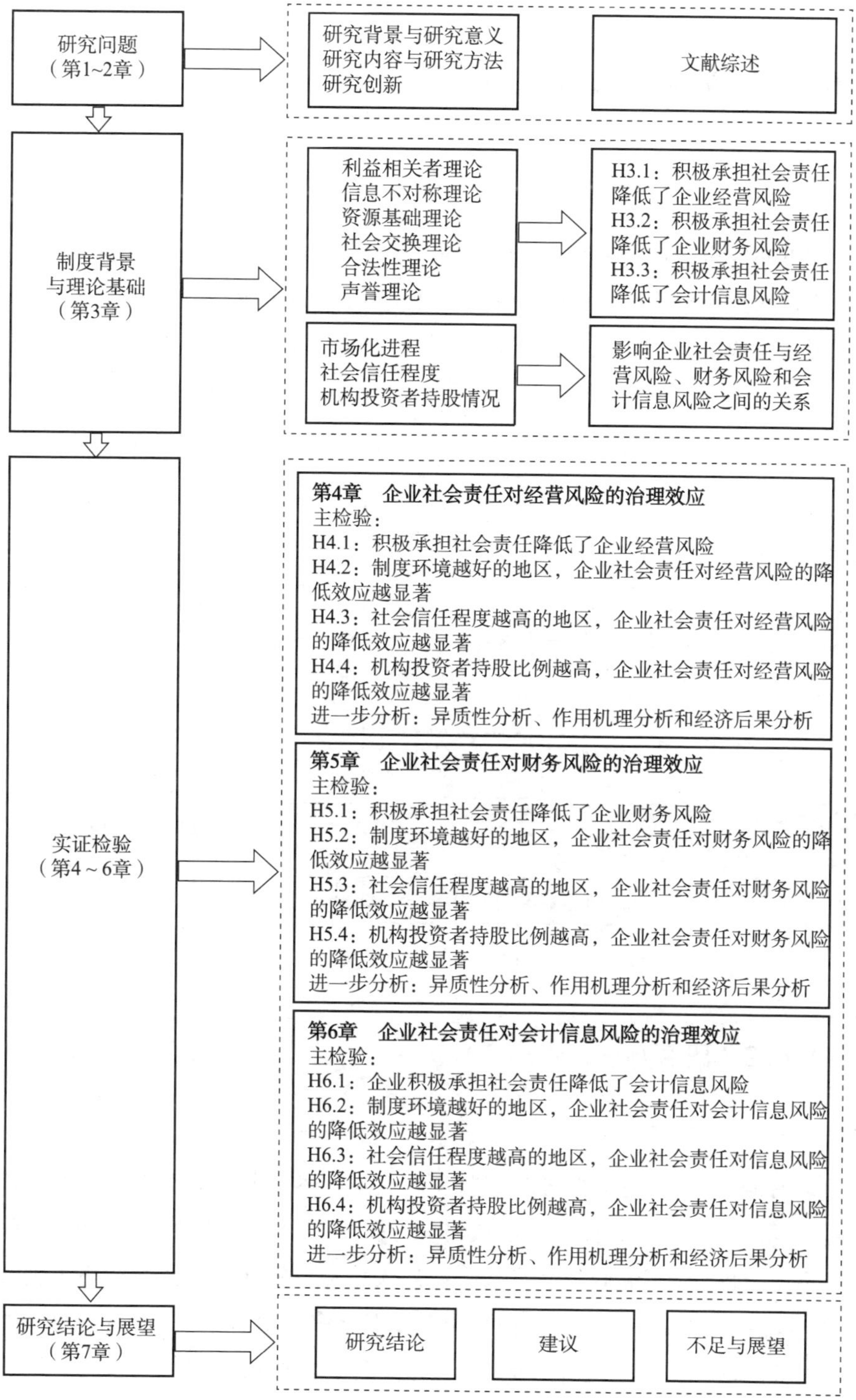
研究问题
（第1~2章）
研究背景与研究意义
研究内容与研究方法
研究创新
文献综述
制度背景
与理论基础
（第3章）
利益相关者理论
信息不对称理论
资源基础理论
社会交换理论
合法性理论
声誉理论
H3.1：积极承担社会责任降低了企业经营风险
H3.2：积极承担社会责任降低了企业财务风险
H3.3：积极承担社会责任降低了会计信息风险
市场化进程
社会信任程度
机构投资者持股情况
影响企业社会责任与经营风险、财务风险和会计信息风险之间的关系
实证检验
（第4～6章）
第4章　企业社会责任对经营风险的治理效应
主检验：
H4.1：积极承担社会责任降低了企业经营风险
H4.2：制度环境越好的地区，企业社会责任对经营风险的降低效应越显著
H4.3：社会信任程度越高的地区，企业社会责任对经营风险的降低效应越显著
H4.4：机构投资者持股比例越高，企业社会责任对经营风险的降低效应越显著
进一步分析：异质性分析、作用机理分析和经济后果分析
第5章　企业社会责任对财务风险的治理效应
主检验：
H5.1：积极承担社会责任降低了企业财务风险
H5.2：制度环境越好的地区，企业社会责任对财务风险的降低效应越显著
H5.3：社会信任程度越高的地区，企业社会责任对财务风险的降低效应越显著
H5.4：机构投资者持股比例越高，企业社会责任对财务风险的降低效应越显著
进一步分析：异质性分析、作用机理分析和经济后果分析
第6章　企业社会责任对会计信息风险的治理效应
主检验：
H6.1：企业积极承担社会责任降低了会计信息风险
H6.2：制度环境越好的地区，企业社会责任对会计信息风险的降低效应越显著
H6.3：社会信任程度越高的地区，企业社会责任对信息风险的降低效应越显著
H6.4：机构投资者持股比例越高，企业社会责任对信息风险的降低效应越显著
进一步分析：异质性分析、作用机理分析和经济后果分析
研究结论与展望
（第7章）
研究结论
建议
不足与展望

图 1-1　研究内容安排

1.4 研究思路与研究方法

1.4.1 研究思路

本书研究企业社会责任对企业内部风险的影响，主要研究企业积极承担社会责任对经营风险、财务风险和会计信息风险的影响，以及制度环境和机构投资者持股情况对企业社会责任与风险之间关系的影响。本书研究思路见图1-2。

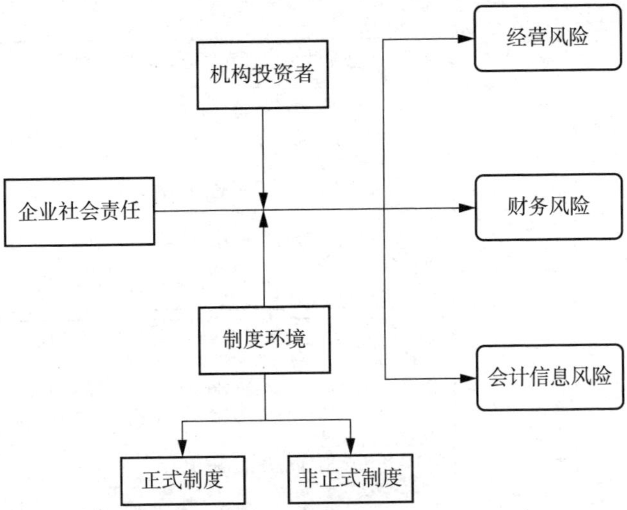

图1-2 研究思路

1.4.2 研究方法

1.4.2.1 规范研究法

本书将规范研究法应用于问题提出、文献综述和理论基础三个方面。第1章提出问题——频发的社会责任缺失事件引发人们对企业社会责任的高度关注，企业、政府监管部门、消费者以及广大投资者的社会责任意识逐步提升。2008年以后，发布社会责任报告的企业逐渐增多。第2章依次对企业社会责任与财务活动、企业风险等方面的国内外相关文献进行了梳理，并进行文献述评。通过对文献的整理和归纳，了解当前研究现状和亟待解决的问题。第3

章主要采用历史分析法和归纳演绎法，结合利益相关者理论、声誉理论、资源基础理论、社会交换理论、合法性理论和信息不对称理论，阐述企业社会责任影响企业风险的理论基础。第 7 章主要采用归纳演绎法，对研究结论进行客观的总结和评价，并提出可行性建议，同时指出本书研究存在的不足，并对未来研究进行展望。

1.4.2.2　实证研究方法

本书第 4 章至第 6 章主要通过实证研究方法提供支持性证据。在数据选取与处理方面，从 2010—2017 年沪深两市 A 股上市公司中选取样本，运用 Excel 2010 和 Stata15 等软件进行数据处理，并依次进行描述性统计分析、相关性分析、多元回归分析、稳健性检验和进一步分析。在多元回归分析部分，主要运用普通最小二乘法（OLS）；在稳健性检验部分，主要运用两阶段最小二乘法（2SLS）和广义矩估计（GMM）控制可能存在的内生性问题。对上述检验过程结果的分析，可为研究假设提供更为充实的证据。在各章理论分析和假设提出部分，主要运用逻辑推理和归纳演绎方法。

1.5　研究创新点

总体来讲，本书探索性地研究了企业社会责任的风险治理效应，丰富了企业社会责任经济后果相关研究。

具体来看，与已有研究相比，本书的创新点体现在以下三个方面：

第一，基于风险治理的视角，探索企业承担社会责任对其经营风险、财务风险和会计信息风险的影响，试图揭示企业社会责任的风险治理效应，较全面地揭示了企业社会责任对企业风险的影响。

第二，基于我国的制度环境，研究市场化进程对企业社会责任和企业风险关系的影响，试图揭示制度环境对企业行为的影响，企业行为内生于一定的制度环境并受到制度环境的影响。基于我国非正式制度环境，研究社会信任程度对企业社会责任和风险之间关系的影响。基于外部监督环境，研究机构投资者持股情况对企业社会责任和风险之间关系的影响。通过研究机构投资者对企业社会责任风险治理效应的影响，试图进一步发展机构投资者超级假说。

第三，基于相应的理论基础，探索企业社会责任降低企业风险的深层次路径和作用机理，同时研究了企业社会责任是否会通过影响经营风险、财务风险和会计信息风险进一步影响企业价值，进而揭示企业社会责任影响企业价值的深层次原因和路径。

第2章

文献综述

现有文献主要从企业社会责任与企业社会责任信息披露等方面展开对企业社会责任影响因素以及经济后果的相关研究。为了能够厘清企业社会责任如何影响企业风险，本章梳理了企业社会责任和企业风险相关文献，分别从企业社会责任对财务活动的影响、企业社会责任与企业风险的关系等方面对现有文献进行归纳总结，以使本书的研究内容既有所继承又有所突破。

2.1 企业社会责任对企业财务的影响

在对国内外文献进行梳理后可以发现，学者们主要从以下三个方面研究企业承担社会责任所带来的经济后果：一是企业社会责任表现对具体财务活动的影响；二是企业社会责任表现对消费者支持、企业声誉和品牌形象的影响；三是企业社会责任表现对员工的影响。本章的文献梳理主要集中于企业社会责任对具体财务活动产生的影响。企业积极承担社会责任对财务活动的影响主要体现在两个方面：一是对企业绩效的影响；二是对企业其他财务活动的影响。

2.1.1 企业社会责任与企业绩效相关文献

企业社会责任与财务绩效之间的关系是学术界一直以来关注的重要话题之一，直至今日，尚未形成统一的结论。有关两者之间关系的研究可追溯到1972年。当时，Moskowitz对67家公司的社会责任水平进行了排名，发现排名靠前的企业股票收益较高。自此，学术界从不同的视角研究两者之间的关系，研究结论支持正相关、负相关和不相关三种关系。有些学者支持企业社会责任与企业绩效正相关的观点。此外，一些学者间接证明企业社会责任对企业绩效产生了积极的影响，如企业社会责任能提高经营效率（Brammer and Millington，2008）、产品市场收益、员工生产力、资本市场收益（Godfrey，2005）、风险管理。也有一些学者研究发现，两者之间存在负相关、先负相关后正相关或不相关的关系（陈玉清、马丽丽，2005；Brammer，2006）。

很多学者研究了企业社会责任对财务绩效、企业价值、企业竞争优势和竞争力、企业声誉和形象、企业身份、企业寿命、投资效率、企业生产率等企业整体表现的影响。一些学者从利益相关者的视角探讨了企业社会责任战略对各利益相关者的影响，如企业社会责任对员工绩效、客户信任和忠诚、社区发展等的影响。也有学者从宏观层面探讨了企业社会责任对国家层面竞争力的影响。值得注意的是，国内外学者虽针对企业社会责任与财务绩效的关系展开了大量研究，但并未获得一致结论。目前，企业社会责任对财务绩效影响的研究结论可以分为四类：一是企业社会责任与财务绩效正相关；二是企业社会责任与财务绩效负相关（Brammer et al.，2006）；三是企业社会责任与财务绩效不相关（Nelling and Webb，2009；石军伟 等，2009）；四是企业社会责任与财务绩效呈非线性关系。虽然学术界对企业社会责任与财务绩效之间的关系仍存在争议，但整体上现有研究倾向于认为两者之间存在显著的正相关关系。

一部分学者借助中介变量和情景变量研究企业社会责任与企业绩效之间的关系，对企业社会责任影响企业绩效的机理以及特定情境进行了深入分析。Pivato 等（2008）认为，企业社会责任总是通过一定的路径影响企业绩效，因此重视诸如顾客满意度、顾客忠诚度和品牌信任之类的中介变量，更有助于深入研究企业社会责任与企业绩效之间的关系。Malik（2015）认为，企业社会责任是一种重要的战略管理工具，通过影响资本市场（市场回报率、资本成本、信息不对称和风险）、产品市场（顾客的忠诚度、产品的差异化、品牌创造和市场份额）、企业运营效率（企业声誉和管理绩效）、员工（员工的忠诚度、工作满意度、工作效率）等影响企业绩效。Barnett（2007）认为，企业社会责任与企业绩效之间的关系存在异质性，企业异质性以及突发事件可能造成企业社会责任与企业绩效关系不统一。在某些特定的情境下，企业社会责任可能与企业绩效正相关，而在其他情境下，两者可能呈负相关或不相关。

本书认为，造成企业社会责任与企业绩效研究结论不统一的原因主要有以下三个：第一，选取的绩效指标和企业社会责任指标不统一。在实证研究中，企业绩效和企业社会责任关系的度量方法很多，导致企业社会责任与企业绩效之间关系的结论不统一。第二，企业社会责任缺乏理论支撑，理论瑕疵造成研究假设存在一定差异。第三，受当时企业社会责任认知水平的影响，早期的研究将慈善捐赠等同于企业社会责任，这样的企业社会责任可能并不会带来企业绩效的增加。此外，早期企业的社会责任战略意识较弱，样本企业的社会责任履行情况较差或样本选择受限。企业社会责任通过影响员工、顾客、社区、投资者以及供应商和监管机构影响企业绩效，具体见图 2-1。

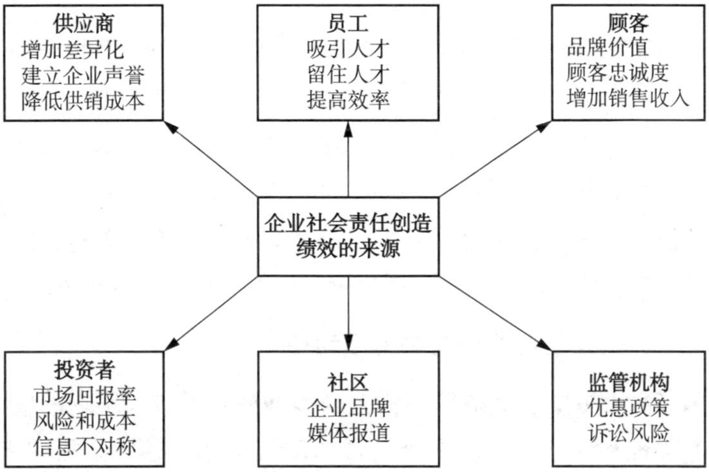

图 2-1　企业社会责任对企业绩效的影响

2.1.2　企业社会责任与具体财务活动相关文献

本书主要从以下三个方面梳理企业社会责任对具体财务活动影响的相关文献：一是企业承担社会责任对投资活动的影响；二是企业承担社会责任对融资活动的影响；三是企业承担社会责任对盈余管理行为的影响。

2.1.2.1　企业社会责任与企业投资相关文献

企业承担社会责任会影响企业的投资活动。现有文献主要研究了企业积极承担社会责任对投资效率、研发投资、投资策略等产生的影响，认为承担社会责任的企业更易于做出正确的投资决策，通常承担社会责任公司的投资效率也较高。曹亚勇等（2012）研究了政府干预、社会责任和投资效率之间的关系，发现企业积极承担社会责任有助于提高企业投资效率，抑制地方政府干预的非效率投资现象。Erhemjamts 等（2013）研究发现，企业社会责任表现影响并购和资本性支出，正面的企业社会责任提高了企业投资支出，而负面的企业社会责任对并购和资本性支出无显著影响。Benlemlih 和 Bitar（2018）以美国上市公司为样本，研究企业社会责任表现对企业投资效率产生的影响，发现企业积极承担社会责任可以降低非效率投资，提高投资效率。Cook 等（2019）研究了企业社会责任与投资效率、创新之间的关系，发现：①企业社会责任业绩越好的公司投资效率越高，这些公司不太倾向于投资净现值为负的项目（过度投资），也不太倾向于放弃净现值为正的项目（投资者不足）；②社会责任绩效较好的企业一般有更多的发明专利；③投资效率与创新在企业社会责任和企业价值之间发挥部分中介效应。Hull 和 Rothenberg（2008）研究发现，与不承担社会责任的公司相比，承担社会责任的公司研发支出较多。Luo 和 Du（2015）发现，企业社会责任通过获取利益相关者的智力资源，促使企业开展创新活动。Benlemlih 和 Bitar（2018）认为，企业社会责任能降低信息不对称，便于企业获取稳定的利益相关者关系，降低代理成本，企业社会责任发挥了优化管理层投资者决策和提高投资效率的作用。

2.1.2.2 企业社会责任与融资活动相关文献

企业融资活动主要包括融资的资金来源和融资条件。融资的资金来源主要包括债务融资和权益融资。融资条件指融资成本、融资金额和契约条款。现有文献主要研究企业社会责任对债务资本成本、债务期限、债务违约风险、权益资本成本、融资约束以及商业信用融资等的影响。很多学者认为，企业社会责任会降低企业的融资成本。Smith（2005）认为，环境和员工方面的社会责任通过降低融资成本增加股东价值。Berman 等（1999）认为，降低融资成本是企业积极承担社会责任的重要动因之一。

Richardson 和 Welker（2001）认为，企业社会责任通过降低信息不对称程度、投资者估计风险以及满足投资者估计偏好降低权益资本成本。Dhaliwal 等（2011）以美国 1993—2008 年披露社会责任报告的 196 家公司为样本进行研究，发现社会责任表现越好的企业，在其披露社会责任报告后权益资本成本越会降低，并且会吸引机构投资者和分析师关注。El Ghoul 等（2011）研究发现，企业社会责任业绩越好，企业的权益资本成本越低，员工关系、环境保护、产品质量方面的社会责任对权益资本成本的降低效应越显著。李姝等（2013）研究发现，与未披露社会责任报告的企业相比，披露社会责任报告的企业权益资本成本更低，且社会责任报告对权益资本成本的影响存在“首次效应”。Wu等（2014）以台湾2007—2010年上市公司为样本研究企业社会责任与资本成本的关系，发现社会责任业绩越好，企业资本成本越低，其中家族企业的社会责任业绩对资本成本的降低作用更显著。Xu等（2015）以中国上市公司作为研究样本，发现社会责任业绩越好，企业的权益资本成本越低，在经济不景气的情况下，企业社会责任对权益资本成本的降低效应越显著。沈艳和蔡剑（2009）研究发现，社会责任意识越强的企业从正规金融机构获得贷款的能力越强，与无社会责任意识的企业相比，有社会责任意识的企业获得贷款的比重平均高出8%。Goss和Roberts（2011）研究了企业社会责任与银行贷款之间的关系，发现在缺乏担保的情况下，放款人对企业社会责任较为敏感。肖翔等（2013）研究发现，积极承担社会责任的企业面临的融资约束较低，所以企业社会责任会降低企业融资约束。李姝和谢晓嫣（2014）研究发现，企业社会责任有助于民营企业获得贷款。Benlemlih（2017）研究发现，企业社会责任优化了债务期限结构。Cheng等（2014）研究发现，企业社会责任业绩与融资约束负相关，企业社会责任业绩以代理成本和信息不对称为路径，降低了企业融资约束。王建玲等（2016）研究发现，与未披露社会责任报告的企业相比，披露社会责任报告的企业债务资本成本更低，尤其是非国有企业和非环境敏感行业，社会责任报告对债务资本成本的降低效应更显著。冯丽艳等（2016）研究发现，企业社会责任与债务违约风险负相关，社会责任业绩越好的企业债务违约风险越低。

2.1.2.3　企业社会责任与盈余管理相关文献

目前，相关文献对企业社会责任与盈余管理之间的关系并未得出一致结论。有些学者提出道德关注假说和声誉建立假说，认为企业社会责任能抑制企业的盈余管理，而基于委托代理理论视角的学者认为，企业社会责任可能会掩盖企业的盈余管理行为，社会责任活动会为企业进行盈余管理提供堑壕机制，成为企业掩盖其盈余管理行为的“遮羞布”。Jensen和Meckling（1976）认为，道德型管理者将企业社会责任作为提高企业信息透明度的重要工具。Kim等（2012）研究发现，履行社会责任企业较少进行盈余管理，而社会责任履行情况较差的企业会进行较多的盈余管理。Choi和Pae（2011）、Hong和Andersen（2011）、Scholtens和Kang（2013）得出了和Kim等

（2012）一致的结论，认为履行社会责任的企业通常具有讲道德和负责任的企业文化，较少进行盈余管理行为。刘华等（2016）研究发现，企业承担社会责任后显著降低了操控性应计，企业社会责任抑制了盈余管理。也有学者提出了自利工具假说和风险策略假说，认为承担社会责任的企业反而会进行更多的盈余管理，管理层将企业社会责任活动作为与利益相关者建立关系、降低企业负面行为影响的工具，通过企业社会责任活动降低盈余管理风险。Fukui（2000）发现，承担社会责任的企业会进行较多的盈余管理，使其所得分布呈现盈余平稳化现象。Prior 等（2008）研究发现，企业社会责任和盈余管理之间存在正相关关系，通常企业的盈余管理行为会降低财务报告质量，企业通过社会责任活动转移利益相关者的注意力。Chih 等（2008）研究发现，社会责任企业会进行较多真实项目盈余管理。Salewski 和 Zülch（2014）研究发现，承担社会责任的企业存在较多的操控性应计，通常会计信息质量较差。Stevens（2008）认为，企业社会责任存在言行不一致现象，讲道德、负责任的企业可能在其他行为中不负责任，这也就解释了为什么有的企业一边积极承担社会责任，一边进行盈余管理。

哪些因素会驱动企业履行社会责任并披露其社会责任行为？目前，学术界主要从制度层面、组织层面和个体层面针对这一问题展开分析（陈宏辉等，2016）。从制度层面出发，企业所感知到的各种来源的制度压力，是企业承担社会责任的主要驱动因素。例如，政府部门及相关组织机构制定的强制性政策产生的规制压力（Campbell，2007），行业或其他非官方组织的规范压力（Tenbrunsel et al.，2000），社会历史、文化积淀形成的认知压力（Ioannou and Serafeim，2012），利益相关者压力（Yu and Choi，2016），媒体关注度（Zyglidopoulos et al.，2011）等影响企业履行社会责任的因素都受到了学者的关注。从组织层面出发，企业之间的竞争与学习（Schultz et al.，2013），企业使命、身份与组织文化（Gupta et al.，2016），企业治理结构（Khan et al.，2013），企业的商业战略或贸易导向（Attig et al.，2016；Cruz et al.，2015），高管团队特征（Harjoto et al.，2015）等都对企业承担社会责任产生了一定的推动作用。从个体层面出发，企业管理层的自利驱动（Aguilera et al.，2007）、内部员工和外部消费者对企业的认同（Flammer and Luo，2016）等都是企业履行社会责任并披露其社会责任行为的驱动因素。

企业社会责任与具体财务活动如图 2-2 所示。

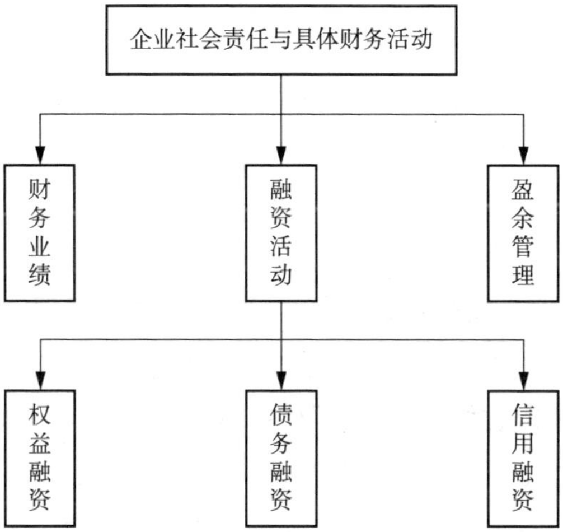

图2-2　企业社会责任与具体财务活动

2.2　企业社会责任对企业风险的影响

现有的企业社会责任对企业风险影响相关文献主要关注企业社会责任及其各个维度与资本市场风险之间的关系，侧重于企业社会责任及其环境维度对企业总风险、系统风险和特质风险的影响。

2.2.1　企业社会责任与企业风险相关文献

现有文献将企业社会责任作为重要的风险管理工具（Husted，2005；Richardson and Welker，2001；Dhaliwal et al.，2011；Cheng et al.，2012）。目前的文献主要基于资本市场风险视角，根据美国 KLD 社会责任度量指标的构成，将企业社会责任分为正面企业社会责任（Strength）和负面企业社会责任（Concern）。Jensen 和 Meckling（1976）认为，有道德的经理人将企业社会责任作为提高企业信息透明度和战略风险管理水平的工具，最终企业风险会随着社会责任业绩的提高而降低。Spicer（1978）以美国污染控制报告作为企业社会责任的代理变量，首次检验了企业承担社会责任对企业风险产生的影响，发现企业社会责任与企业总风险、系统风险存在显著负相关关系。Godfrey（2005）认为，企业履行社会责任可以积累道德资本、建立稳固的利益相关者关系，企业社会责任能起到类似保险的作用，降低企业被利益相关者制裁的可能性，因此，企业社会责任业绩越好，企业面临的风险越低。Husted（2005）研究发现，企业社会责任业绩与企业事前的下行商业风险负相关。Gaspar和Massa（2006）认为，在激烈的竞争环境下，企业通常面临较高的特质风险，此时良好的经营战略，特别是企业社会责任战略，能帮助企业建立稳定的利益相关者关系，降低企业特质风险。Comincioli等（2012）用资本资产定价模型的贝塔系数衡量企业风险，发现贝塔与企业社会责任存在显著的负相关关系，说明履行社会责任能减少企业经营的不确定性，降低企业风险。有些学者研究发现，企业社会责任通过提高企业声誉、道德资本、员工忠诚度和顾客的信任降低企业的特质风险（Lee and Faff，2009；Luo and Bhattacharya，2009）。Lee和Faff（2009）研究了企业可持续发展方面业绩与企业特质风险之间的关系，发现可持续发展方面的业绩与特质风险之间存在显著的负相关关系，即企业可持续发展业绩越好，面临的特质风险越低，特质风险对资本市场定价的影响越大。Luo和Bhattacharya（2009）研究了两个重要的战略营销杠杆（广告支出和研发支出）在企业社会业绩和特质风险之间的调节作用，发现研发支出和广告支出越多的企业，社会责任业绩对特质风险的降低效应越显著。Harjoto和Jo（2011）认为，企业社会责任可降低坏消息对企业造成的损失，将股价下跌风险造成的损失降到最低。Godfrey等（2009）研究发现，社会责任表现越好，负面冲击所造成的股东价值损失越少，再次验证了企业社会责任具有类似保险的功能。Oikonomou等（2012）研究了企业社会责任对系统风险的影响，发现两者之间存在较弱的负相关关系，但企业不负责任的行为会加大系统性风险。Jo和Na（2012）研究有争议行业（酒精、烟草、博彩等）和正常行业的企业社会责任对资本市场风险的影响，发现企业积极承担社会责任降低了有争议行业的资本市场风险。Albuquerque等（2013）利用产业均衡模型检验了企业社会责任对系统性风险的影响，发现企业社会责任会显著降低系统风险，增加企业价值。Mishra和Modi（2013）区分正面企业社会责任和负面企业社会责任进行研究，发现正面企业社会责任降低了企业特质风险，而负面企业社会责任增加了企业特质风险，正面企业社会责任的风险降低效应随财务杠杆的增加而减弱。Bouslah等（2013）研究了KLD各维度的企业社会责任对企业总风险和特质风险的影响，发现负面的员工关系、多元化、公司治理与标准普尔500指数公司的风险存在显著的正相关关系，正面的社区关系（多元化）正向（负向）影响企业风险，对于非标准普尔500指数公司，负面的员工关系和正面的多元化正向影响企业风险，正面的环境责任会显著降低企业的风险。Orlitzky 和 Benjamin（2001）研究发现，企业社会责任与企业风险之间存在负相关关系，市场风险系数比财务风险系数显著。Bouslah 等（2018）研究了国际金融危机前后（2008—2009 年）企业社会责任与企业风险之间的关系，发现国际金融危机前后企业风险存在显著异质性，在国际金融危机所带来的不利经济环境下，企业社会责任积极行为可以作为降低风险的工具。Benlemlih 和 Girerd-Potin（2017）研究了制度环境在企业社会责任和企业风险之间的调节作用，将研究样本按照大陆法系和普通法系进行分组，发现企业社会责任显著降低了大陆法系国家企业的特质风险。也有文献表明，企业社会责任与企业风险无关（Kim et al.，2010；Humphrey，Lee and shen，2012）。Chen 等（2018）按照台湾股市行情，研究不同市场状态下企业社会责任对企业特质风险的影响，发现总体上企业社会责任能降低企业特质风险，而较差的社会责任业绩会增加企业特质风险，特别是在市场下跌的情况下，企业社会责任对企业特质风险的增加效应较显著。Hockerts（2015）认为，将社会责任战略融入企业日常运营可帮助企业建立稳定的利益相关者关系，进而增加企业利润、降低企业经营风险。Shiu 和 Yang（2017）认为，企业社会责任具有类似保险的功能，可以降低突发事件对股价造成的影响。刘媛媛等（2018）研究发现，企业前期积极的社会责任行为能够减少负面事件对股东财富的冲击，企业社会责任对股东财富具有减损效应。Gupta 和 Krishnamurti（2016）将社会责任分为道德资本和交换资本，研究两类资本与破产企业之间的关系，发现道德资本有助于减少破产企业陷入困境的天数，增加陷入困境的企业与债权人签订协议的可能性，而交换资本与破产企业获得债务融资的可能性正相关。此外，有学者从宗教信仰的视角研究企业社会责任的风险治理效应。Cui 等（2017）研究发现，宗教信仰越浓厚的地区，企业社会责任对企业风险的降低效应越显著。

过度投资观（基于委托代理理论的管理层机会主义行为）认为，企业社会责任会增加企业风险。Barnea 和 Rubin（2010）认为，管理层为提高自身声誉或降低未来被替代的可能性，倾向于以牺牲股东的利益为代价过度投资企业社会责任。Surroca 和 Tribó（2008）实证研究表明，企业社会责任是管理层壕沟战略的一部分。Waddock 和 Graves（1997）认为，履行社会责任的企业未来面临不确定性和法律诉讼风险，从而会增加经营风险和运营成本。Kim 等（2014）根据企业社会责任的自利工具假说，认为管理层会通过积极承担社会责任掩盖自身的不当行为，此时履行社会责任可能增加企业的经营风险，甚至使企业面临破产的风险。Humphrey 等（2012）研究了企业社会责任业绩评级对资本成本和企业风险的影响，发现企业的社会投资未对资本成本和企业风险产生显著影响。

部分文献基于风险承担视角研究企业社会责任的风险治理效应。Verwijmeren 和 Derwall（2009）研究企业社会责任的某些方面（员工福利）与最优负债水平之间的关系，发现员工福利水平较高的企业通过降低负债率降低破产风险，员工福利水平较高的企业，信用评级水平也较高。Erhemjamts 等（2013）研究发现，业绩越好、研发能力越强、财务状况越好的企业，社会责任表现越好；同时，以资本支出作为投资的代理变量，研究了企业社会责任与投资之间的关系，发现企业社会责任与资本支出之间存在正向关系。Ayadi 等（2014）研究不同的公司治理结构下，企业社会责任对风险承担产生的影响，发现社会责任业绩较好的企业管理层风险承担水平也较高，较高的公司治理水平能够正向调节两者之间的关系。也有学者基于代理成本的视角进行研究，认为企业社会责任与风险承担之间存在负相关关系。Barnea 和 Rubin（2010）的过度投资假说认为，企业管理层会从社会责任活动中受益，企业社会责任是管理层的“自利工具”。此外，过度自信的管理者也会进行过度投资，目的是从社会责任活动中获取个人声誉（Preston and O'Bannon，1997）。

企业社会责任对战略风险的影响。随着 CSR 理论探讨与实践的逐步深入，出现了将 CSR 与企业风险防范放入同一理论框架的尝试性研究。Ackerman（1976）构建的社会压力回应模型被认为是 CSR 影响战略风险的研究开端，他在此模型中从企业内外压力源视角展开分析：对于企业外部环境的剧烈变动，企业需要重新思量自身与社会的关系，对来自外界的社会与环境等议题作出回应，防范相关风险，避免经营失败；企业内部治理结构的完善程度，股东、管理者等内部利益相关者之间的利益诉求差异等，会给企业战略的制定与实施带来不同程度的风险。因此，企业要充分考虑内外利益相关者的诉求，通过合作确定战略发展方向。Forstmoser 和 Herger（2006）研究后指出，企业的社会责任实践可以提升企业形象，防范声誉风险的发生，同时促使企业实现可持续发展目标。Marta Gonzalez 等（2006）认为，企业把 CSR 分解到经营过程的各个环节，不仅在很大程度上为企业带来了一定的积极影响，还能够规避一些企业的消极影响。Neubaum（2012）等指出，履行内外部利益相关者责任对企业财务绩效的影响非常显著，当企业关注外部自然环境责任时，能够受益更多，并通过有效利用内部利益相关者的权力，获得市场竞争优势，减少竞争风险。Daniel（2012）的研究也证实，通过与内外部利益相关者的互动交流，可以有效传达企业的有效信息，提高企业的声誉资本，拓展品牌形象，减少企业声誉危机等造成的风险。Michel 与 Olivier（2012）基于实践得出结论，两者之间的因果关系及相关关系均能降低企业的特有风险。相玉姣（2017）基于我国上市公司的相关数据，验证了 CSR 履行与企业风险之间的关系，结论显示，CSR 履行对降低企业风险、市场风险有显著的功效。由上述社会责任的研究成果可知，从最初社会责任概念的内涵与外延的探讨到影响因素的识别，再到结果变量之间“黑箱”的打开，社会责任进一步得到完善。

虽然社会责任的相关研究已逐渐丰富，但仍存在一些亟待解决的问题：①目前对社会责任的测量主要采用数据库指标法、内容分析法、问卷量表法等。在问卷量表法中，缺乏基于内外部利益相关者视角的测量量表。虽然部分研究者基于利益相关者视角或其他理论视角开发了适合自己研究的量表，但在利益相关者的分类及测量指标的设置上仍存在较大差别。②对于 CSR 与战略风险之间关系的探究，主要是从社会责任对企业竞争优势、企业声誉、价值创造、企业风险等方面的影响进行间接研究，虽然一些学者分析了社会责任如何通过风险预防行为规避战略风险，但仍未改变当下两者直接关联研究较少的现状，且对社会责任影响战略风险的中介变量及调节变量的研究较为缺乏，即对于 CSR 影响战略风险的具体机制仍需进一步探讨。陈辉宏（2016）通过对比中西方的研究结果发现，在国内学者发表的高水平论文中，极少提及企业承担社会责任对降低企业经营风险的影响。可见，对于如何将 CSR 理念真正融入企业战略风险管理活动、两者有怎样的一致性、CSR 与战略风险管理之间存在什么关系，以及基于 CSR 的战略风险管理体系等问题缺乏深入、系统的研究。

本书在现有研究成果的基础上，对社会责任与战略风险的关系进行拓展，以利益相关者理论、战略管理理论等为基础，研究 CSR 对战略风险的作用机理。注重 CSR 战略决策以及可持续发展在风险管理中的应用，逐步将这些变量纳入企业风险管理的理论框架，将风险管理的目标拓展到利益相关者方面，是 CSR 战略与风险管理综合应用的新趋势。Kim（2014）的研究表明，CSR 有助于企业增加市场份额、提高价值创造能力、开拓新的产品市场，从而降低消费者投诉和抵制风险。

从国内当下 CSR 与风险管理的融合研究成果来看，本书主要集中于 CSR

投资、CSR 信息披露及 CSR 履行等对企业合法性、竞争优势和风险管理目标实现方面的研究。CSR 投资是指企业在决定投资项目时，会综合考虑员工、消费者及社区环境等因素，而不只考虑企业的财务绩效问题。它是一种基于社会责任活动的投资理念。从企业长期发展的角度来看，企业在社会责任方面的投资支出不仅可以带来利润的增长，还可以为自身可持续发展提供新的理论依据。李朝晖（2009）认为，CSR 投资要基于经济、社会与环境产生三重盈余的目的，增加 CSR 层面的资金投资，进而影响企业的风险投资目标选择、投资内容范围边界及风险退出方式，为企业投资者和社会大众创造共同的生存空间及共享价值。贾兴平等（2016）指出，来自利益相关者层面的压力会激发企业对资源及合法合规性的进一步需求，同时促使企业积极履行社会责任，而企业积极履行社会责任又有助于企业价值的提高。田虹和王汉瑛（2016）在社会责任投资理念的指引下，系统分析了在经济新常态发展的情境下，企业构建包括组织层次、东西方文化融合、治理、时间跨度四个维度的社会责任投资模型对在业务经营中避免冲突、创造社会价值的意义。

CSR 信息披露是企业对外界做出的一种“非财务性”信息报告，通过此机制，社会大众能够详细了解企业在环境保护、公司治理、公益慈善、客户关系维护及社区发展等方面的具体情况。彭华岗（2009）指出，自愿进行信息披露的企业，可以提前识别战略风险、法律风险、运营风险、市场风险及社会责任风险等。李新娥和彭华岗（2010）通过对我国企业五百强中的前一百强 CSR 信息披露水平与企业声誉之间关系的实证分析，得出结论：CSR 信息披露的评分越高，企业的声誉得分也越高，即 CSR 信息披露水平与企业声誉之间存在正相关关系。宋献中等（2017）基于我国上市公司数据，分析了 CSR 信息披露对企业股价崩盘风险的影响，并指出 CSR 信息披露能够降低内外部的信息不对称程度，提升投资者的投资热情，降低企业未来股票价格大跌的风险。履行社会责任是企业在追求经济利益的同时，维护社会大众利益、对社会负责的具体体现。李海琴和张子刚（2010）研究发现，企业通过社会责任行为，可以在产品市场上树立良好的声誉与形象，吸引消费者注意，赢得员工忠诚，与其他利益相关者建立良好的关系。刘红（2014）指出，企业履行社会责任可以大大降低期货公司的战略风险、操作风险、法律风险和声誉风险。杨艳和兰东（2015）研究表明，企业履行对股东、员工、顾客、环境和社区发展等内外部利益相关者的责任均能降低企业的特有风险。相玉姣（2017）基于我国上市公司的相关数据，验证了 CSR 履行与企业风险之间的关系，结果显示，CSR 履行对降低企业风险、市场风险有显著作用。

企业社会责任与经营风险。现有关于社会责任表现与企业经营风险关系的文献，大多是从资本市场风险视角研究企业承担社会责任的影响，理论分析的基础是 Godfrey（2005）提出的企业承担社会责任具有类似保险的功能。考虑到已有文献中关于企业社会责任表现与企业价值的关系缺乏合适的理论支持，Godfrey（2005）从风险管理的视角提出了理论解释，即参与诸如慈善等社会责任活动能够帮助企业形成良好的道德资本，而且这种道德资本作为企业特有的无形资产，可对股东财富发挥“类似保险”的保护作用：当企业遭受负面事件影响时，一方面可以防止关系类无形资产的减少，另一方面能够缓和并减少利益相关者对企业的惩罚，降低企业未来现金流的风险和脆弱性，发挥风险管理功能，进而减少企业价值的损失。Godfrey（2009）对该理论进行了实证检验，发现在受到负面事件冲击时，社会责任表现好的企业股东价值损失较少，证实了企业承担社会责任确实可以发挥“类似保险”的作用，有助于企业应对风险的冲击。Jo 和 Na（2012）基于烟酒、博彩等争议性行业样本，直接检验了社会责任表现对企业资本市场整体风险的影响。他们以企业股票收益的标准差作为企业经营风险的度量指标，发现企业社会责任表现与企业资本市场整体风险负相关，良好的社会责任表现可以降低企业的资本市场风险。根据 KLD 社会责任度量指标的构成，企业社会责任表现可分为正面行为和负面行为，而企业资本市场风险包括系统性风险和非系统性风险，所以有学者在研究中对企业社会责任表现和企业资本市场风险进行了细分。Luo 和 Bhattacharya（2009）、Mishra 和 Modi（2013）直接检验了企业社会责任对企业非系统性风险的影响。Luo 和 Bhattacharya（2009）的研究证实了良好的社会责任表现可以降低企业的非系统性风险，并且由于企业的广告支出和研发支出可以促进道德资本的形成，从而在企业社会责任与非系统性风险的关系中发挥正向调节作用，当企业广告支出、研发支出较高时，企业社会责任对风险的影响更明显。Mishra 和 Modi（2013）将企业社会责任区分为正面社会责任和负面社会责任，并指出企业的正面社会责任会降低企业的非系统性风险，但负面社会责任将会增加非系统性风险，并且当企业财务杠杆较高时，正面社会责任对非系统性风险的降低作用会减弱。与 Mishra 和 Modi（2013）的思路类似，Oikonomou 等（2012）也对企业社会责任做了区分，不过他们研究了企业社会责任对贝塔系统性风险的影响，发现承担社会责任与企业系统性风险呈弱负相关关系，但企业的不负责任行为则与企业系统性风险呈现显著的正相关关系，并且当资本市场波动较大时，投资者的风险厌恶程度会提高，企业社会责任对企业风险的降低作用将更明显。Bouslah 等（2016）基于金融危机影响的分析也得出了类似的结论，即在金融危机期间，企业正面社会责任对风险的降低作用更明显。与大多数研究不同，Francois 和 Savaria（2004）、Lee 和 Faff（2009）从社会责任投资的视角进行了对比分析，发现社会责任表现落后的投资组合收益率明显高于社会责任表现领先的市场投资组合，原因在于社会责任表现落后企业的非系统性风险较高，给投资者的风险补偿溢价较高，而从企业视角来看，积极承担社会责任可降低企业的非系统性风险。此外，由于企业环境责任是企业社会责任的一个重要方面，Salama 等（2011）、Cai 等（2016）、Muhammad 等（2015）从企业环境责任视角研究社会责任对企业资本市场风险的影响，发现企业在环境责任方面的积极表现将会提高利益相关者的满意度，形成良好的声誉，从而减少未来由环境问题引起的现金流变动，降低资本市场风险。不过，Cai 等（2016）发现，环境责任与企业资本市场风险的关系会受行业的影响：制造业企业对环境的破坏性较大，积极承担环境责任可以降低企业资本市场风险；服务业企业对环境的影响较小，承担环境责任发生的支出会增加企业资本市场风险。

企业社会责任与信息风险。根据信息风险的定义，会计信息风险主要取决于会计信息质量，而盈余信息是会计信息的核心内容，所以社会责任表现与盈余信息质量即盈余管理的关系，可以反映社会责任表现对会计信息风险的影响。不过，基于不同的理论基础，现有文献对企业社会责任表现与盈余管理关系的研究结论并不一致。从委托代理理论出发，Hemingway 和 Maclagan（2004）认为，管理者的机会主义行为会引发其利用承担社会责任来掩盖自身不端行为的动机。Prior 等（2008）通过实证分析证实，由于承担社会责任能够与利益相关者建立良好的关系，获取利益相关者的支持，管理者常常利用承担社会责任来掩饰盈余管理特别是盈余操纵行为，所以大量进行盈余操纵的企业也可能有较为积极的社会责任表现，企业社会责任与盈余管理正相关。Jennifer 和 Isabel（2015）也证实，企业社会责任具有壕沟战略效应，通过承担社会责任可以较好地满足利益相关者的需求，从而减少来自利益相关者的监督和激进行为，为企业管理者的盈余管理等不道德行为掩护。不过，在利益相关者保护制度不完善的国家，社会责任与盈余管理的正相关关系会减弱。Jennifer 和 Isabel（2015）认为，由于社会责任可以提高企业声誉，并降低资本成本，所以企业管理者会通过积极承担社会责任来掩饰盈余管理行为，从而缓和企业盈余管理对企业声誉造成的损害，避免由于盈余管理导致的资本成本上升，而资本市场并不能很好地识别管理者所采用的社会责任“壕沟战略”，当企业盈余管理水平较高时，依然会对企业社会责任给予较高的评价。从社会责任的道德伦理要求和约束出发，Kim 等（2012）认为，社会责任要求企业在经营活动中遵守诚实、守信、道德等较高的行为标准，所以积极承担企业社会责任形成的较高道德伦理标准会约束管理者做合法正确的事情，避免盈余管理等不道德行为，表现为积极承担社会责任的企业应计和真实活动盈余管理水平都比较低，并且较少受到证券监管部门的调查和处罚，管理者提供的会计信息质量比较高。Shafer（2015）认为，企业的社会责任道德氛围会影响会计人员的职业行为，当企业的社会责任道德氛围浓厚时，会计人员会减少盈余操纵行为。Choi 等（2013）则从利益相关者理论出发，认为企业社会责任是利益相关者关系管理的一种有效手段，为了增强与利益相关者的关系，管理者会减少盈余管理等短期行为，积极提高信息质量，以期促进与利益相关者的沟通，尽可能满足利益相关者的需求，所以企业社会责任与盈余管理水平呈负相关关系，但这种负相关关系在财团控制和股权集中的企业中会减弱，而在机构投资者持股比例较高的企业中会增强。

与上述研究基于盈余管理视角不同，有学者从会计信息质量等视角研究了企业社会责任的影响。Gelb 和 Strawser（2001）从企业信息披露整体水平视角进行研究后指出，信息披露是企业承担社会责任、进行利益相关者管理的一种行为，积极承担社会责任的企业会披露更多、更广泛的财务信息，在投资管理报告中获得的信息披露排名也会比较高。Choi 和 Pae（2011）从盈余管理、稳健性和应计项目准确性三个方面研究了企业社会责任对会计信息质量的影响，发现道德伦理水平较高的企业较少有盈余管理，会计盈余更加稳健，对未来现金流的预测也更加准确，会计信息质量比较高。Chih 等（2008）则从盈余平滑、盈余激进和亏损规避三个方面，研究了企业社会责任对盈余信息质量的影响，发现具有良好社会责任表现的企业较少有盈余平滑和亏损规避行为，但盈余激进行为较多，所以企业社会责任会影响盈余信息的质量。Cheng 和 Kung（2016）基于中国上市公司的研究发现，企业社会责任作为一种公司治理机制，可以促使企业披露稳健的财务报告，降低信息不对称程度，不过这种作用在国有企业表现较弱。

企业社会责任与自愿性信息风险。根据信息风险的定义，自愿性信息风险主要取决于自愿性信息的披露数量和质量，所以社会责任表现与企业自愿性信息披露数量和质量的关系，可以反映社会责任表现对自愿性信息风险的影响。当前，企业自愿性披露的信息主要包括社会责任报告和管理层盈利预测报告，但由于近年来人们对企业社会责任的关注度较高，从社会责任报告视角研究企业社会责任承担产生影响的文献较多，主要关注的问题是企业社会责任表现与社会责任报告披露意愿和披露质量之间的关系。社会责任表现主要反映企业社会责任实践的履行程度，而社会责任报告则是企业对自身社会责任实践情况的自我表述，同时是利益相关者判断和识别企业社会责任履行情况的重要信息来源。为了影响利益相关者的判断，企业管理者可能会利用社会责任报告和鉴证的自愿性进行选择性，甚至虚假性自我表述，从而使企业社会责任表现与社会责任信息披露之间呈现多种相关关系，现有文献基于不同的理论基础和研究背景分别得出了正相关、负相关或不相关和 U 形关系多种情况。

正相关：从信号传递理论视角来看，企业社会责任表现的优劣会决定社会责任信息披露的数量和质量（Spence，1974），绩优企业会通过自愿信息披露机制将企业自身的优势信号传递出去，使外部人员了解企业的真实情况并作出合理的决策，以帮助企业获得良好的发展机会，企业社会责任表现与社会责任信息披露水平呈正相关关系。Al-Tuwaijri 等（2014）对环境信息披露内容进行分析后发现，环境绩效与环境信息披露、经济绩效存在正相关关系。Clarkson 等（2011）根据 GRI 的可持续发展指导设计了内容分析指数，并将其作为评估环境绩效的代理变量，针对美国五大高污染行业的 191 家企业和 51 家澳大利亚企业的研究发现，环境绩效好的企业会披露更多的环境信息。黄语等（2012）以我国 2008—2009 年上证治理板块 398 家上市公司为样本进行研究，发现社会贡献度与环境信息披露显著正相关，并且政府贡献率、职工贡献率对环境信息披露影响显著。吴红军（2014）针对 2006—2008 年中国化工行业上市公司的研究表明，企业环境信息披露水平与环境绩效呈正相关关系。Herbohn（2014）利用 Ullmann（1985）的利益相关者模型，对澳大利亚矿业能源行业上市公司进行研究，发现公司可持续性绩效与其可持续性信息披露显著正相关，具有积极沟通战略的公司会更多披露其社会责任信息。Qiu 和 Amama（2013）认为，与资源基础理论和自愿信息披露理论一致，前期良好的经济绩效会促使企业披露社会责任信息，并且较高的社会责任信息披露水平能够提高企业的市场价值。

负相关或不相关：在制度合法性压力下，企业可能会利用信息披露影响社会公众对企业的认识和了解，进行合法性管理（Dowling and Pfeffer, 1975），从而影响企业社会责任信息披露的客观性，产生信息披露不完全甚至扭曲，即企业社会责任表现与社会责任信息披露水平负相关或不相关。Freedman 和 Wasley（1990）针对环境绩效评级排名位于前列的美国公司的研究发现，环境披露和真实的环境绩效之间没有关系。Patten（2002）采用有毒物质排放指标度量环境绩效，发现环境绩效和环境披露之间呈负相关关系。Rockness（1985）将财务分析人员、环保组织成员、环境相关法律制定者等不同职业人员对企业年报进行分析得到的综合评价作为环境信息披露变量，将企业环境绩效排名作为环境绩效变量，得到了环境信息披露与环境绩效负相关的结果，这说明环境绩效不好的企业对其环境信息披露更加充分。

U 形关系：有学者利用信号传递理论和合法性理论进行分析后认为，企业社会责任表现与社会责任信息披露水平可能呈现 U 形相关关系。例如，沈洪涛等（2014）融合信号传递理论和合法性理论，基于 2008—2010 年中国重污染行业上市公司的数据，检验发现企业环境表现与环境信息披露之间存在显著的 U 形关系：当企业环境表现水平较高时，环境表现越好的企业环境信息披露水平越高，并且信息质量较高；当企业环境表现水平较低时，环境表现越差的企业环境信息披露水平越高。这一特征在国有企业中尤为显著，并且以披露的信息数量而非质量取胜。Dawkins 和 Fraas（2011）以标准普尔 500 企业为研究样本，用 KLD 排名度量环境绩效，利用回归分析发现环境绩效和披露是 U 形曲线关系，表明环境绩效好和环境绩效差的企业都会披露较多的环境信息。此外，Lee（2015）研究了管理层盈利预测信息质量是否会受到企业社会责任的影响：一方面，基于利益相关者理论进行分析，认为重视社会责任的企业为了在利益相关者中提升诚实守信、高透明度的企业声誉，将会披露准确性较高的盈利预测信息；另一方面，基于代理理论，认为如果管理者基于机会主义动机开展社会责任活动，那么有可能会操纵盈利预测信息，使得盈利预测信息的准确性较低。他还基于 2001—2009 年 KLD 的数据进行了实证检验，结果表明，企业社会责任表现与盈利预测准确性正相关，具有良好社会责任表现的企业披露的盈利预测信息质量较高，但这种积极作用在 2000 年美国证券交易委员会（SEC）颁布 RegFD（Regulation Fair Disclosure，公平披露规则）和 SOX（萨班斯·奥克斯利法案）前并不明显。

与前述研究者关注某一方面信息披露质量不同，Cho 等（2013）、Cui 等

(2016)、Kerstin 等（2016）研究了企业社会责任对整体信息环境的影响。Cui 等（2016）基于利益相关者理论和声誉基础理论进行分析，认为承担社会责任有助于企业获取利益相关者的支持，提高声誉，而为了保持这种良好的声誉，企业会尽力创造良好的信息环境。良好的企业声誉也可以作为一个积极的信号，促进企业与利益相关者的沟通，从而降低信息不对称程度。实证结果也表明，企业社会责任表现与信息不对称程度呈负相关关系，并且在高风险企业中这种降低作用更显著。Cho 等（2013）的研究也证实，企业社会责任能够降低信息不对称程度，并且负面社会责任表现对信息不对称的降低作用比正面社会责任表现大，机构投资者由于自身的信息优势，会减弱企业社会责任对信息不对称的降低作用。Kerstin 等（2016）从投资者的视角进行研究，发现社会责任表现好的企业内部交易者获取的超额收益比较低，说明良好的企业社会责任表现能够增强投资者的信心，降低信息不对称程度，进而使投资者要求的收益比较低。Cahan 等（2015）研究了企业社会责任对媒体关注的影响，发现社会责任表现好的企业受到媒体的正面关注较多，从而可以获得更加正面的媒体形象，降低资本成本。Wang 和 Tuttle（2014）研究了企业社会责任对财务报告可信性的影响，认为良好的社会责任表现有助于形成管理层诚实可信的整体印象，在“晕轮效应”下这种印象有助于提高投资者对财务报告可信性的评价。

2.2.2 企业社会责任之环境责任与企业风险相关文献

环境责任作为企业社会责任的重要分支之一，受到理论界和学术界越来越广泛的关注。近年来，我国的生态环境面临日益严峻的形势，社会各界对环境问题高度重视。例如：党的十八大明确提出绿色发展理念，认为保护生态环境相当于保护生产力，将生态环境视为重要的生产力要素；党的十九大将生态文明建设和生态环境保护提上前所未有的高度，将防治环境污染作为三大攻坚战之一。Sharfman 和 Fernando（2008）关注企业社会责任的环境维度，发现环境风险管理可以降低系统风险，企业风险管理以系统风险为路径降低权益资本成本。Salama 等（2011）对美国 1994—2006 年的数据进行分析后发现，企业环境责任降低了系统风险。Cai 等（2016）发现，企业环境责任能降低企业风险，但是两者之间的关系受到行业因素的影响，制造业的环境责任对企业风险的降低作用较为显著，而服务业的环境责任与企业风险并不存在显著关系。Benlemlih 和 Bitar（2018）发现，企业环境和社会信息披露可降低企业总风险与特质风险，这与利益相关者理论和资源依赖理论相符。部分文献分维度研究企业社会责任与企业风险之间的关系，发现企业环境责任与企业风险存在显著的关系。Bouslah 等（2013）研究发现，正面的环境社会责任显著地降低了企业风险。

2.3　文献述评

2.3.1　企业社会责任与企业财务相关文献述评

现有文献主要基于财务绩效、投资活动、融资活动和盈余管理等视角研究企业社会责任对财务活动的影响。前期较多文献研究了企业社会责任对财务绩效和盈余管理的影响，但目前并未得出一致结论；基于委托代理理论和利益相关者理论进行研究得出了不同甚至完全相反的结论。针对企业社会责任与投资活动的研究主要聚焦于投资效率、研发投资和投资策略；而企业社会责任与融资活动的相关文献主要基于融资约束、债务融资（融资期限、债务资本成本、债务违约风险、债券利差等）、股权融资（权益资本成本）等视角，较多学者认为企业积极承担社会责任能够降低资本成本和融资约束。

针对企业社会责任与企业绩效（盈余管理）关系的研究目前尚未得出一致结论，主要原因如下：一是研究方法和数据的不一致造成了研究结论的差异，目前企业社会责任的衡量标准不统一，采用的方法主要有问卷调查法、专业机构评分、声誉指数法、内容分析法、污染指数与企业慈善法等。二是企业绩效的衡量标准不一致，目前的衡量标准主要有市场收益指标和会计指标。市场收益指标主要指股票的收益率和股价的变动，会计指标主要包括总资产报酬率、净资产报酬率和每股收益。三是企业社会责任的理论基础不统一。

2.3.2　企业社会责任与企业风险相关文献述评

在企业社会责任对企业风险的影响方面，目前为数不多的文献并未得出一致的结论。针对企业社会责任的风险治理效应主要存在风险降低效应和风险增加效应两种观点。现有文献主要基于国外的制度背景，我国目前相关文献相对较少。

第一，现有文献主要基于美国的制度背景和数据进行研究，国内类似的文献较少。美国的制度背景和中国有很大差异，企业社会责任的发展历程和中国也截然不同，因此立足中国的制度背景探讨企业社会责任风险治理效应具有更加重要的理论意义和现实意义。

第二，现有文献主要从资本市场风险视角探讨企业社会责任的风险治理效应。资本市场风险主要基于投资者视角，是企业在经营和发展过程中面临的风险，现有研究较少涉及企业发展过程中面临的其他风险，如经营风险、财务风险和会计信息风险，因此全面研究企业社会责任对企业风险的影响有利于帮助企业制定合理的风险管理策略，合理规避风险。

第三，国外只有少量文献基于制度背景研究企业社会责任的风险治理效应。例如，Benlemlih（2017）基于法系制度背景，将样本按照大陆法系和普通法系进行分组，发现企业社会责任显著降低了大陆法系国家的企业特质风险，鲜有文献基于中国地区经济发展不均衡以及社会信任程度较低这些制度环境研究企业社会责任的风险治理效应。

第3章

制度背景与理论基础

3.1 企业社会责任的历史发展与演进逻辑

1916年Clark提出企业社会责任的思想以后，这一思想不断发展和完善，与之配套的法律法规也在不断地建立和完善。20世纪20—60年代是西方企业社会责任基本框架形成的时期。20世纪60年代以来，以美国为代表的发达国家进入后工业化时代，企业生存和发展的环境发生很大变化，主要表现在以下三个方面：

第一，竞争日益激烈。由于产品需求结构的变化、产品和技术的快速更新，企业之间的竞争加剧。很多企业被迫走出国门，寻求新的市场，跨国公司迅速发展起来。全球经济一体化，既给企业提供了机会，也给企业带来了挑战。

第二，资源短缺与环境污染。生产力的迅速提高，加快了资源消耗和对环境的破坏。以能源为代表的资源短缺局面经常出现，突发性事件频繁。世界经济的发展引发了对全球资源的开发与利用，导致环境被严重破坏。

第三，政府和公众给企业的压力加大。20世纪上半叶，经济的迅速发展带来了负面影响。经济波动带来的社会动荡、价格垄断、通货膨胀、虚假广告、环境污染、财务欺诈、血汗工厂等日益引起公众的不满，他们要求政府对企业实施更严格的管制。20世纪60年代，美国工商业活动中出现了一系列丑闻，引起公众的强烈反对，要求政府给出积极回应。借鉴前人的归纳总结，企业社会责任的发展历程可归纳为五个阶段。

3.1.1 萌芽阶段

早在18世纪中后期英国完成第一次工业革命后，现代意义上的企业就有了充分的发展，但企业社会责任的观念还未出现，实践中的企业社会责任局限于业主个人的道德行为。企业社会责任思想的起点是亚当·斯密（Adam Smith）的“看不见的手”。古典经济学理论认为，一个社会通过市场能够最好地确定其需要，如果企业尽可能高效率地使用资源以提供社会需要的产品和服务，并以消费者愿意支付的价格销售它们，企业就尽到了自己的社会责任。到了 18 世纪末期，西方的企业社会责任观发生了微妙的变化，表现为小企业的业主们经常捐助学校、教堂和穷人。进入 19 世纪以后，两次工业革命的成果带来了社会生产力的飞跃，企业在数量和规模上得到较大程度的发展。这个时期受“社会达尔文主义”思潮的影响，人们对企业的社会责任观是持消极态度的，许多企业不是主动承担社会责任，而是对与企业有密切关系的供应商和员工等极尽盘剥，以求尽快变成社会竞争中的强者，这种理念随着工业的大力发展产生了许多负面影响。19 世纪中后期，企业制度逐渐完善，劳动阶层维护自身权益的要求不断高涨，加上美国政府接连出台《反托拉斯法》和《消费者保护法》以抑制企业不良行为，客观上对企业履行社会责任提出了新的要求，企业社会责任观的出现成为历史必然。

1916 年，Clark 发表的 *The Changing Basis of Economic Responsibility* 一文首次提出企业社会责任思想。1924 年，美国学者谢尔顿（Oliver Shelton）正式提出企业社会责任的说法。对企业社会责任的广泛关注是在 20 世纪 50 年代之后，主要集中在企业社会责任的定义上。1953 年，鲍恩在《商人的社会责任》一书中将企业社会责任定义为“企业家按照社会的目标和价值制定政策、作出决策和采取行动的义务”。鲍恩被誉为“企业社会责任之父”。20 世纪 60 年代之后，人们的关注点从企业所有者或者说商人的社会责任转向整个企业组织的社会责任。Davis（1960）认为，企业社会责任是指企业突破狭隘的经济、技术和立法要求的议题，既实现传统的经济目标，又兼顾社会目标，并在此基础上提出“责任铁律”。1967 年，Davis 在《认识社会责任之谜》一书中不断完善企业社会责任的概念，将企业社会责任从个人视角延伸至整个社会制度。McGuire（1963）认为，企业不仅负有经济和法律义务，对这些义务以外的其他义务也应该承担相应的责任，拓宽了对企业社会责任的理解，首次将企业社会责任的关注点从管理者个人转向整个企业组织。

20 世纪 50—70 年代，企业社会责任处于萌芽阶段，该阶段的企业组织被认为是社会的一部分，企业出于道德原因应该对社会负责。1970 年 9 月 13 日，诺贝尔奖得主、经济学家米尔顿·弗里德曼在《纽约时报》刊登题为

《商业的社会责任是增加利润》的文章，指出“企业的一项，也是唯一的社会责任是在比赛规则范围内增加利润”。社会经济观认为，利润最大化是企业的第二目标，企业的第一目标是保证自己的生存。为了实现这一点，他们必须承担社会义务以及由此产生的成本。他们必须以不污染、不歧视、不从事欺骗性的广告宣传等方式来保护社会福利，融入自己所在社区及资助慈善组织，从而在改善社会中扮演积极的角色。1976 年，经济合作与发展组织（OECD）制定了《跨国公司行为准则》，这是迄今为止唯一由政府签署并承诺执行的多边、综合性跨国公司行为准则。这些准则虽然对任何国家或公司都没有约束力，但要求更加保护利益相关人士和股东的权利，提高透明度，并加强问责制。2000 年，该准则重新修订，更加强调了签署国政府在促进和执行准则方面的责任。

3.1.2　概念扩展阶段

20 世纪 70—80 年代是企业社会责任进一步深化的十年，此阶段出现了各种不同的企业社会责任声音和定义，主要研究企业社会责任的衡量方法和经济后果。Friedman（1970）认为，企业社会责任实质上是管理层代理成本，企业投资社会责任是以牺牲股东的利益为代价换取管理层利益的行为，企业唯一的社会责任是在遵守法律和道德准则的前提下最大限度地创造利润，除此之外无须承担额外的义务。Johnson（1971）认为，企业在追求利润最大化的同时，应考虑利益相关方的利益，该想法是后来利益相关者理论的雏形。Johnson（1971）的论点被后来许多著作引用并做进一步分析和拓展。1971 年，美国经济发展委员会用三个同心圆解释企业社会责任，即内、中、外三个责任圈，内圈代表企业最基本的提供产品、服务和就业机会的责任，中圈代表企业对社会和环境承担的责任，外圈指其他促进社会进步的责任。Frederick（1978）发表了企业社会回应的著名论文《从 CSR1 到 CSR2：企业与社会思想的成熟》，将社会回应观作为企业社会责任发展的第二阶段。

20 世纪 70 年代，企业社会绩效作为由企业社会责任衍生的综合概念被广泛关注。Carroll（1979）对之前相互独立的企业社会责任、社会回应和社会议题进行整合，提出三维企业社会绩效模型，该模型包括企业社会绩效的基本定义、企业承担的社会区域范围和企业作出回应的范围，为企业社会责任研究开辟了新的视野。

3.1.3 战略制定阶段

20 世纪 80—90 年代，可持续发展理论和利益相关者理论发展为企业社会责任的重要理论基础，人们对企业社会责任战略制定的要求更为严格。20 世纪 80 年代是获得更负责任的战略方法的时期，该阶段可持续发展的理念对企业社会责任的发展具有重要影响。

20 世纪 80 年代最有影响力的是 Freeman 对利益相关者理论的研究，他将对组织的目标结果有影响或受影响的个人或组织作为企业的利益相关者，认为满足利益相关方需求是价值增值过程。战略化阶段对企业社会责任的关注点转向寻求替代方案和主题。Frederick 将企业社会责任认定为企业回应社会压力的能力，即企业既要在规范上履行社会责任，又要积极联系周围利益相关方。此外，在战略化阶段，学术界较为关注企业承担社会责任对企业绩效的影响，该阶段有大量的学术文献研究企业社会责任与企业绩效的关系，得出了到目前为止完全不统一的研究结论，主要有正相关、负相关、不相关或 U 形关系等。20 世纪 80 年代，企业社会责任运动在欧美发达国家兴起，包括环保、劳工和人权等方面的内容，由此导致消费者的关注点由单一关心产品质量，转向关心产品质量、环境、职业健康和劳动保障等多个方面。一些涉及绿色和平、环保、社会责任和人权等的非政府组织以及舆论也不断呼吁，要求社会责任与贸易挂钩。迫于日益增大的压力和自身的发展需要，很多欧美跨国公司纷纷制定对社会作出必要承诺的责任守则（包括社会责任），或通过环境、职业健康、社会责任认证应对不同利益团体的需要。

在战略制定阶段，企业社会理念继续发展的一个重要方面是 Elkington 在 1980 年提出了“三重底线”的概念。1997 年，Elkington 出版了《拿叉子的野人：二十一世纪企业的三重底线》一书，此后“三重底线”受到理论界和学术界的高度重视。“三重底线”具体是指经济底线、社会底线和环境底线。20 世纪 90 年代初期，美国劳工及人权组织针对成衣业和制鞋业发动了“反血汗工厂运动”。利用“血汗工厂”制度生产产品的美国服装制造商 Levi-Strauss 被新闻媒体曝光后，为挽救公众形象，制定了第一份公司生产守则。在劳工及人权组织等非政府组织（NGO）和消费者的压力下，许多知名公司相继建立了自己的生产守则，之后演变为“企业生产守则运动”，又称“企业行动规范运动”或“工厂守则运动”。企业生产守则运动的直接目的是促使企业履行自己的社会责任，但这种跨国公司自己制定的生产守则有着明显的商业目的，而且其实施状况也无法得到社会的监督。在劳工组织、人权组织等 NGO 组织的推动下，生产守则运动由跨国公司“自我约束”（self-regulation）的“内部生产守则”逐步转变为“社会约束”（social regulation）的“外部生产守则”。到 2000 年，全球共有 246 个生产守则，除其中 118 个由跨国公司自己制定外，其余皆是由商贸协会、多边组织或国际机构制定的所谓“社会约束”的生产守则。这些生产守则主要分布于美国、英国、澳大利亚、加拿大、德国等国家。

2000 年 7 月，“全球契约”论坛第一次高级别会议召开，参加会议的 50 多家著名跨国公司的代表承诺，在建立全球化市场的同时，以“全球契约”为框架，改善工人工作环境、提高环境保护水平。“全球契约”行动计划已经有包括中国在内的 30 多个国家的代表、200 多家著名大公司参与。2001 年 2 月，全球工人社会联盟公布了一份长达 106 页的由耐克公司资助完成的报告。该报告的内容是印度尼西亚 9 家耐克合约工厂的劳工调查。这份报告的新意在于它是由耐克公司出资完成的，而耐克公司又不能拒绝公布。耐克公司对这些问题的反应将会为服装公司建立新的基准。2002 年 2 月，在纽约召开的世界经济峰会上，36 位首席执行官呼吁公司履行社会责任，其理论根据是公司社会责任“并非多此一举”，而是核心业务运作至关重要的一部分。2002 年，联合国正式推出《联合国全球协约》（*UN Global Compact*），该协约共有九条原则，联合国恳请公司对待员工和供货商时都尊重这九条原则。

在战略制定阶段，企业社会理念继续发展的另一个重要方面是“企业公民”概念的提出，此概念是由企业社会责任衍生出来的，强调企业在社会上的公民形象。世界经济论坛将企业公民概括为四个方面：一是环境责任，主要强调使用清洁能源提高环境质量，共同应对气候变化和保护生物多样性；二是社会和经济福利贡献；三是员工责任，保护员工安全和薪酬公平；四是法律责任，遵守法律法规、道德行为准则和商业原则。美国波士顿学院将企业公民理论定义为公司对日常商业实践与社会基本价值进行整合的行为方式。企业公民理论认为，企业是社会的有机组成部分，在享受社会公民权益的同时，需要承担相应的社会责任。

3.1.4 方案制定阶段

20 世纪 90 年代的主要议题是企业社会绩效和利益相关者理论，企业社会责任成为其他相关概念的基石，许多新的理念和方案都将企业社会责任包含在内。Wood（1991）制定了企业社会责任绩效框架，将企业社会责任相关原则、回应过程和企业可能存在的行为后果纳入该框架。Carroll 在 1991 年发布第二个模型——企业社会责任的金字塔模型，该模型有助于明晰利益相关者的利益和轻重缓急，金字塔从下到上依次是经济责任、法律责任、伦理责任和慈善责任，其中前三种责任为必尽责任，慈善责任为愿尽责任。

20 世纪 90 年代，企业社会责任的利益相关者方案被广泛讨论。1990 年，美国商业圆桌会议发布《公司治理声明》，认为善待企业员工、服务消费者、良好的供应商关系、到期偿还债务均是股东长期利益所在，唯有考虑其他利益相关者利益的企业，才能实现可持续发展。1998 年，英国公司治理委员会发布《Hamper 报告》，指出公司只有通过发展保持与企业员工、企业消费者、企业供应商、企业债权人、所在社区以及政府等利益相关方的关系，才能为股东谋取长期利益。1999 年，韩国发布《韩国公司治理最佳实务准则》，针对如何惩罚损害公司利益相关方利益的行为，以及如何让利益相关方参与公司治理制定了详细而明确的方案。同年，OECD 发布《公司治理原则》，强调利益相关者的重要性，认为公司的成功是集体智慧的结晶，是各类资源作出贡献的结果，因此应尊重和确认各利益相关方权益。

3.1.5 全球化发展阶段

在全球经济一体化背景下，制定适用于全球的社会责任标准迫在眉睫。全球化发展阶段的关注点从是否承担社会责任以及履行社会责任的动因转向如何引导企业更好地承担社会责任，如何将社会责任战略融入企业的日常运营。美国安然公司的倒闭使人们对企业社会责任的关注点向全球化转变，这一时期出现了各种版本的企业社会责任标准，最具有代表性的有 SA8000、GRI 和 ISO 26000。

SA8000 又称“社会责任标准”，是由国际社会责任组织（SAI）发布的核心标准。该标准是根据国际劳工组织公约、世界人权宣言和联合国儿童权益公约制定的首个全球道德规范国际标准，适用于世界各地、任何行业和不同规模的企业。SA8000主要对企业不得使用童工或支持使用童工、不得支持强迫性劳动、工作时间要符合法律规定等作出了相应的规定，既注重保护企业内部劳工的权利，又规定了企业必须承担的社会和利益相关者的责任。SA8000标准的应用标志着人类从注重资本、科技到注重人的发展，要求企业在追求经济利益的同时，注重保护利益相关者的利益，同时要求供应商提供的产品符合社会责任标准的要求。

2000年，GRI发布《可持续发展报告指南》，为企业编制社会责任报告或可持续发展报告提供指引。该指南自发布以来不断更新。2016年10月，GRI公布最新版本的可持续发展报告框架（GRI standards），于2018年7月取代原来的G4指南。GRI报告框架的目标旨在提供一套广为接受的体系，供公司或组织报告其经济、环境及社会绩效。GRI报告框架包含四个部分：《可持续发展报告指南》、各类《指标规章》（*Indicator Protocols*）、《技术规章》（*Technical Protocols*）及《行业附加指引》（*Sector Supplements*）。

ISO在2010年发布社会责任国际标准指南ISO 26000，基于全球利益相关者共识制定了全新的标准，侧重于组织生产实践活动中的社会责任，阐述社会责任的范围、社会责任遵循的原则、利益相关者参与、社会责任融入组织指南等，统一了社会各界对企业社会责任的认识。该指南适用于包括政府在内的所有社会组织，是第一个社会责任领域的全球标准，又称"社会责任国际标准化组织指南准则"，由54个国家和24个国际组织共同参与制定。ISO 26000首次在全球范围内定义企业社会责任，认为组织应该对其决策和活动给社会和环境造成的影响承担责任，将社会责任融入整个组织并践行于各个关系中，回答了组织为什么要承担社会责任，奠定了企业社会责任的全球化发展基础。社会责任的定义是整个ISO 26000中最为重要的内容，而ISO用SR代替CSR，使得以往只针对企业的指南扩展到适用于所有类型的组织。ISO秘书长Rob Steele在该指南发布当天接受记者采访时指出，最初社会责任工作组讨论的是企业社会责任，但是各方很快意识到CSR的七项原则——组织管理、人权、劳工实践、环境、公平运营、消费者权益、社区参与和发展不仅适用于私人部门，同样适用于公共部门，所以把CSR推广到SR是顺理成章的事情。撇开这些细节，ISO把CSR推广到SR，使得指南的适用范围大为扩展，这个变化是整个社会责任运动的里程碑，也是ISO自身的里程碑，因为这是ISO第一次突破技术和管理领域，涉足社会领域标准的制定。因此，ISO 26000是社会责任发展的里程碑和新起点。企业社会责任发展历程见图3-1。

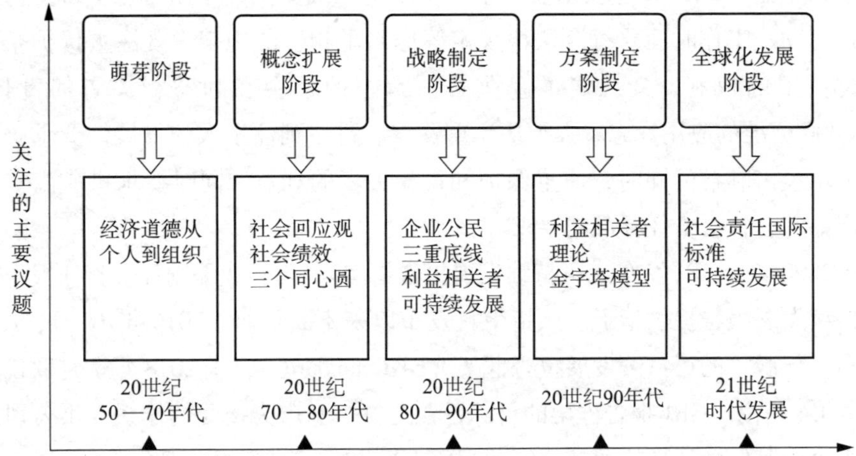

图 3-1　企业社会责任发展历程

3.2　我国企业社会责任制度背景

中国企业社会责任有别于西方国家。20 世纪 50 年代中期，有关企业社会责任的讨论在西方国家已经比较普遍了，而在我国的发展有一定的滞后性。首先，SA8000 标准给企业带来巨大压力。SA8000 标准作为民间制定的标准，对各国企业并不产生法律约束力，但是该标准为消费者提供了一套价值判断标准。如果企业没有通过 SA8000 标准，就可能被认定为违反劳工标准，其产品就有可能被下游厂商和消费者拒绝购买。国内学者呼吁企业遵循 SA8000 劳工标准，认为该标准可能演化为隐形的贸易壁垒。SA8000 标准是依据国际劳工组织条例建立的国际性社会责任标准。企业履行社会责任有助于解决就业问题。企业除通过增加投资、新增项目、扩大就业外，最重要的是提倡各企业科学安排劳动力，扩大就业门路，创造不减员而能增效的经验，尽量减少因把人员推向社会而加大就业压力。过去只有 ISO 9000 和 ISO 14000 国际认证，SA8000 标准明确规定了企业需保证工人工作环境的干净卫生、消除工作安全隐患、不得使用童工等，切实保障了工人的切身利益，不仅可以吸引劳动力资源，激励他们创造更多的价值，更重要的是可以树立良好的企业形象，获得美誉度和信任度，从而实现企业长远的经营目标。从这个意义上说，企业履行社会责任有助于解决就业问题。

企业履行社会责任有助于保护资源和环境，实现可持续发展。企业对资源和环境的可持续发展负有不可推卸的责任，它们通过技术革新可减少生产活动各个环节对环境造成的污染，同时可以降低能耗、节约资源、降低企业生产成本，使产品价格更具竞争力。企业还可通过公益事业与社区共同设置环保设施，以净化环境，保护社区及其他公民的利益。这将有助于缓解城市，尤其是工业企业集中城市的经济发展与环境污染严重、人居环境恶化间的矛盾。企业履行社会责任，有助于缩小贫富差距，消除社会不安定的隐患。一方面，大中型企业可集中资本优势、管理优势和人力资源优势对贫困地区的资源进行开发，扩大生产和经营范围，获得新的增长点，弥补贫困地区的资金不足，解决当地劳动力和资源闲置的问题。另一方面，企业可通过慈善公益行为帮助落后地区的人民发展教育、社会保障和医疗卫生事业，既解决当地政府因资金困难而无力投资的问题，帮助落后地区逐步发展社会事业，又通过公益事业达到广告效应，提升企业的形象和消费者的认可度，提高市场占有率。

与西方发达国家相比，正处于转型期的中国的企业社会责任有鲜明的中国特色。近年来，在可持续发展和构建资源节约型、环境友好型和谐社会理念的指引下，企业社会责任引起了社会的广泛关注，目前已形成中央和地方政府立法、监管部门出台指引或文件、行业协会发布相关标准、科研机构推动相结合的新形势。2006年以来，企业社会责任在我国取得了长足发展。本章结合政府、监管部门、行业协会、科研机构等的推动作用对中国社会责任制度背景进行梳理。

3.2.1 政府推动

政府通过立法在推动企业履行社会责任方面发挥了重要作用，主要体现在企业编制和发布社会责任报告方面。2006年以来，中央政府和地方政府出台了一系列法律法规，以自愿和强制相结合的方式鼓励企业发布社会责任报告，借此告知利益相关者企业履行社会责任的情况。

3.2.1.1 中央政府的推动作用

2005年10月，全国人大常委会颁布修订后的《中华人民共和国公司法》，其中第五条规定，“企业从事生产经营活动要遵纪守法，自觉接受政府和社会公众的监督，承担相应的法律责任”，将企业社会责任写入法律。2006年10月，中共十六届六中全会通过了《中共中央关于构建社会主义和谐社会若干重大问题的决定》，着眼于增强企业和各种组织的社会责任。2007 年 10 月，党的十七大对社会责任提出具体要求，指出和谐社会的建设需要全社会付诸行动，积极承担社会责任。2007 年底，在中央经济工作会议上，胡锦涛总书记强调企业要树立现代经营理念，积极承担社会责任。

2008 年，国务院国资委印发《关于中央企业履行社会责任的指导意见》，中央企业走在了履行社会责任领域前列。2013 年，党的十八届三中全会颁布了《关于全面深化改革若干重大问题的决定》，将企业社会责任上升为国家战略，将企业积极承担社会责任作为未来国有企业改革的重要方向。2014 年，党的十八届四中全会通过了《中共中央关于全面推进依法治国若干重大问题的决定》，要求加强企业社会责任立法。2015 年，党的十八届五中全会颁布了《中共中央关于制定国民经济和社会发展第十三个五年规划的建议》，倡导绿色、创新、协调、开放、共享的发展理念，要求各行业将企业承担社会责任作为工作的切入点。经济转型时期的中央政府在推动企业社会责任方面发挥了重要作用，为企业承担社会责任提供了重要动力。2018 年 9 月，证监会发布新版《上市公司治理准则》，对上市公司履行社会责任，披露环境、扶贫及治理信息提出了更加明确的要求，预计企业在信息化时代将更加注重信息披露的及时性与合规性。随着证监会、中国证券投资基金业协会、中国上市公司协会等机构不断推动责任投资理念落地和社会责任投资产品、工具研发，社会责任投资将从理念走向现实。中国社科院编制的《中国企业社会责任报告白皮书 2018》显示，2018 年企业社会责任报告数量持续增长，创历史新高，其中民营企业异军突起，成报告主力军。2019 年，国家脱贫攻坚、污染防治进入关键时期，企业进一步提高政治站位，充分发挥资金、技术、人才等方面优势推动精准扶贫，同时逐步把绿色环保理念贯穿设计、生产、制造、销售、消费等各个环节。党的十八大以来，习近平总书记对企业社会责任高度重视，多次强调，企业做得越大，社会责任、道德责任就越大。只有富有爱心的财富才是真正有意义的财富，只有积极承担社会责任的企业才是最有竞争力和生命力的企业。中国企业社会责任由此进入了高速发展阶段，企业积极响应国家战略，将防范化解重大风险、精准脱贫、污染防治三大攻坚战作为履责重点。

3.2.1.2 地方政府的推动作用

在中央政府的影响和感召下，各级地方政府陆续出台了地方性的企业社会责任指导文件和标准。2004 年 5 月，江苏省常州市发布了《企业社会责任标准》。2007 年 5 月，深圳市政府出台了《关于进一步推进企业履行社会责任的意见》，提出企业社会责任包括法律责任和道义责任。从深圳实际出发，当前推进企业履行社会责任应当以推进企业履行法律责任为重点，促使企业严格遵守劳动保障、劳动安全卫生、消费者权益保护和环境保护等方面的法律法规。同时，引导和鼓励企业及企业家关爱社会、回馈社会，积极履行道义责任，充分发挥企业的主体作用和社会各方面的促进作用。

2007 年，上海浦东新区发布《浦东新区企业社会责任导则》，从维权敏感性、环境敏感性、诚信敏感性和和谐敏感性四个方面构建三级企业社会责任相关标准，同年发布了《浦东新区推进企业履行社会责任的若干意见》和《浦东新区推进建立企业社会责任体系三年行动纲要（2007—2009）》。浦东新区表示，将尽快构建企业社会责任诚信体系，通过整合劳保、工商、财政等 16 个部门的征信资源，探索建立各部门联动的联合诚信体系和信息发布平台，形成统一的诚信体系。此外，将强化企业产品质量安全责任，加大 ISO9000 系列非强制性规范的推广力度，倡导实施缺陷产品召回制度。2008 年 2 月，浙江省人民政府发布了《浙江省人民政府关于推动企业积极履行社会责任的若干意见》。《2014 年度浙江省企业社会责任建设白皮书》阐述了新时期企业社会责任对浙江省可持续发展的重要意义，浙江省政府、广大企业和公众高度重视企业社会责任在浙江的推动与进展。该白皮书提出了浙江企业社会责任工作的发展方向：转变政府职能，发挥社会组织的专业力量；抓住企业需求，带动企业内生的责任动力；注重规划建设，突出社会责任的全局观念；发挥龙头作用，形成以点带面的有力态势；创新传播模式，加强社会舆论的良好导向；加强交流合作，推动社会责任的能力建设。2008 年 3 月，山东省烟台市发布《烟台经济技术开发区企业社会责任考核评价体系实施意见（试行）》。

2011 年 6 月，上海浦东新区发布《浦东新区推进建立企业社会责任体系三年行动纲要（2011—2013）》，鼓励政府、企业和中介共同参与企业社会责任。浦东新区已成为国内企业社会责任建设的示范引领区，国内外影响力日益扩大。浦东新区的企业社会责任建设主要有以下五个特点：一是建立“四位一体”推进机制，实现规模化发展。浦东新区建立了政府引导、行业自律、企业自愿、社会监督“四位一体”的企业社会责任推进模式，遵循以人为本、创新示范原则，在各功能区域、开发区、重点行业全面开展企业社会责任体系建设，推动企业发展和履行社会责任良性循环，促进社会进步，提高社会文明，共建共享和谐浦东。二是发布指导性文件，建立标准化达标评估体系。浦东新区的《企业社会责任导则》于2009年正式上升为上海市地方标准，是我国首个也是唯一的省级地方标准。在《企业社会责任导则》的基础上，浦东新区围绕员工权益、环境保护、诚信建设与社会和谐制定了67条具有可操作性的评估标准，率先在全国开展企业社会责任达标评估，使企业履行社会责任更具标准性、规范性。目前，已有多个地区效仿借鉴浦东新区标准和模式推进当地企业社会责任工作。三是加快转变政府职能，联动推进体系建设。浦东新区商务委、环保局、总工会等17个政府部门共同构建“浦东新区建立企业社会责任体系联席会议制度”，在商务委设立浦东新区企业社会责任办公室，形成了政府职能部门积极参与、合作协商的工作机制，通过制定相应的支持政策，为已达标企业提供更多的市场机会。四是区域示范效应日益显现，企业意识普遍增强。截至2010年底，浦东新区共有3000家企业建立了诚信机制，1500家企业提出了企业社会责任达标评估申请，其中200家企业率先通过评估成为浦东新区“企业社会责任达标企业”，300家企业发布社会责任年度报告。2009年，浦东新区获评“中国最具和谐竞争力城市（区）”。在对中国8个地方政府推进企业社会责任建设政策的评估研究中，浦东新区居首位。浦东新区积极参与国内外地区、政府部门、企业的企业社会责任交流活动，宣介推进模式和实践经验，协助指导其他地区开展相关工作。五是发布首份区域责任竞争力报告，进一步巩固国内领先地位。2010年，浦东新区以地方政府名义发布了第一份区域竞争力报告，荣获“金蜜蜂2010企业社会责任报告·特别贡献奖”，并入选《WTO导刊》“2010年国内社会责任十件大事”，得到商务部、工信部领导的高度评价。

2012年2月，上海市文明办出台了《上海市文明单位社会责任报告指导手册（试行）》。实施文明单位社会责任报告制度有三个重要环节：一是编写社会责任报告；二是开展评价与管理；三是组织发布与反馈整改。该指导手册是文明单位开展社会责任报告工作的依据和指引，在明确了报告编制原则、边界、编写流程、报告结构、报告评价与管理的同时，对企业、事业、机关、社团四种不同类型单位的五大社会责任内容作出了规定。

3.2.2 监管机构推动

2002年，证监会发布《上市公司质量准则》，首次提出“利益相关者”

概念，要求企业在实现股东利益最大化的同时，重视企业社会责任，维护非股东利益相关者的利益，特别是职工的利益。该准则阐明了我国上市公司治理的基本原则，投资者权利保护的实现方式，以及上市公司董事、监事、经理等高级管理人员应当遵循的基本行为准则和职业道德等内容。2006 年 9 月，深圳证券交易所推出《上市公司社会责任指引》，鼓励企业积极承担社会责任。该指引所称的上市公司社会责任，是指上市公司对国家和社会的全面发展、自然环境和资源，以及股东、债权人、职工、客户、消费者、供应商、社区等利益相关方应承担的责任。上市公司应在追求经济效益、保护股东利益的同时，积极保护债权人和职工的合法权益，诚信对待供应商、客户和消费者，积极从事环境保护、社区建设等公益事业，从而促进上市公司与全社会的协调、和谐发展。上市公司在经营活动中，应遵循自愿、公平、等价有偿、诚实信用的原则，遵守社会公德、商业道德，接受政府和社会公众的监督；不得通过贿赂、走私等非法活动牟取不正当利益，不得侵犯他人的商标、专利和著作权等知识产权，不得从事不正当竞争行为。上市公司应按照该指引要求，积极履行社会责任，定期评估上市公司社会责任的履行情况，自愿披露上市公司的社会责任报告。该指引适用于股票在深圳证券交易所上市的公司。

2007 年 4 月，国家环境保护总局制定了《环境信息公开办法（试行）》，鼓励企业以环境年度报告方式公布社会责任信息。企业环境信息是指企业以一定形式记录、保存的，与企业经营活动产生的环境影响和企业环境行为有关的信息。2007 年 12 月，中国银监会颁布了《关于加强银行业金融机构社会责任的意见》，要求银行业金融机构定期发布企业社会责任年度报告。该意见突出强调了银行业金融机构履行社会责任的重要性，指出这是构建和谐社会的必然要求和提升银行业金融机构竞争力的重要途径，督促银行业金融机构将社会责任建设纳入构建价值观和企业文化的活动中，以实现企业经济效益和社会效益的统一。该意见列出了履行社会责任的具体措施，并要求主要银行业金融机构发布社会责任报告。

2008 年 1 月，国务院国资委下发了《关于中央企业履行社会责任的指导意见》，鼓励中央企业在履行社会责任方面当好“排头兵”。该指导意见顺应国际国内企业履行社会责任的发展趋势，广泛听取、吸收了专家学者和社会各个方面的意见及建议，体现了各利益相关方对中央企业履行社会责任的要求和期望。企业履行社会责任，要自觉遵守法律法规、社会规范和商业道德，在追求经济效益的同时，对股东、职工、消费者、供应商、社区等利益相关者和自然环境负责，实现企业和社会、环境的全面协调可持续发展。中央企业是我国国民经济的骨干力量，在经济社会发展中具有重要地位和作用。中央企业积极履行社会责任具有十分重要的现实意义。该指导意见指出，中央企业履行社会责任，是全面贯彻党的十七大精神，深入落实科学发展观的实际行动，是全社会对中央企业的广泛要求，是实现中央企业可持续发展的必然选择，是中央企业参与国际经济合作交流的客观需要。2008 年 5 月，《上海证券交易所上市公司环境信息披露指引》发布，对企业承担社会责任作出了具体要求。

2008 年 12 月，上海证券交易所发布《关于做好上市公司 2008 年年度报告工作的通知》，要求纳入上海证券交易所“公司治理板块”的上市公司、海外上市公司以及金融类上市公司发布社会责任报告。在深圳证券交易所上市的“上证公司治理板块”样本公司、发行境外上市外资股的公司及金融类公司，应在 2008 年年报披露的同时披露董事会对公司内部控制的自我评估报告（简称“内控报告”）。深圳证券交易所鼓励其他有条件的上市公司在 2008 年年报披露的同时披露内控报告。深圳证券交易所鼓励上市公司聘请审计机构对其内部控制进行核实评价，并披露审计机构的核实评价意见。在深圳证券交易所上市的“上证公司治理板块”样本公司、发行境外上市外资股的公司及金融类公司，应在 2008 年年报披露的同时披露上市公司履行社会责任的报告（简称“社会责任报告”）。深圳证券交易所鼓励其他有条件的上市公司在 2008 年年报披露的同时披露社会责任报告。上市公司披露内控报告、社会责任报告的，董事会应分别单独进行决议。内控报告、审计机构对上市公司内控的核实评价意见、社会责任报告应作为年报的附件在深圳证券交易所网站披露。

2008 年 12 月，深圳证券交易所发布了《关于上市公司 2008 年编制年度报告的通知》，要求“深圳 100 指数成份股”公司遵循企业社会责任指南披露社会责任报告。同时鼓励其他公司披露社会责任报告，后续主板和中小板在 2015 年、创业板在 2016 年将该规定纳入定期报告披露相关事项的《信息披露业务备忘录》（主板第 1 号，中小板第 2 号，创业板第 10 号）。2008 年 2 月，环保部发布了《关于加强上市公司环境保护监督管理工作的指导意见》，引导企业履行环保责任。2009 年 6 月，环保部发布《企业环境报告书编制导则》，对环境报告书的框架、内容和编制原则作出相应的规定。2009 年，商务部发布了《外商投资企业履行社会责任指引》。2010 年，财政部、证监会、审计署、银监会和保监会五部委联合发布《企业内部控制应用指引第 4 号——社会责任》。2011 年，民政部发布了《中国慈善事业发展指导纲要（2011—2015 年）》。监管机构为推动企业履行社会责任发布的文件见表 3-1。

表 3-1　监管机构为推动企业履行社会责任发布的文件

部门	年份	文件名称
深圳证券交易所	2006	《上市公司社会责任指引》
深圳证券交易所	2008	《关于上市公司 2008 年编制年度报告的通知》
上海证券交易所	2008	《上海证券交易所上市公司环境信息披露指引》
上海证券交易所	2008	《关于做好上市公司 2008 年年度报告工作的通知》
国家环保部	2007	《环境信息公开办法（试行）》
国家环保部	2008	《关于加强上市公司环境保护监督管理工作的指导意见》
国家环保部	2009	《企业环境报告书编制导则》
银监会	2007	《关于加强银行业金融机构社会责任的意见》
国务院国资委	2008	《关于中央企业履行社会责任的指导意见》
商务部	2009	《外商投资企业履行社会责任指引》
五部委	2010	《企业内部控制应用指引第 4 号——社会责任》
民政部	2011	《中国慈善事业发展指导纲要（2011—2015 年）》

资料来源：作者整理。

3.2.3　行业组织的行业标准推动

行业组织通过发布行业标准推动企业履行社会责任。2008 年，中国纺织工业协会发布了《中国纺织服装企业社会责任报告纲要》和《中国纺织服装企业社会责任报告验证准则》，开了中国行业组织发布社会责任报告的先例。2008 年，中国工业经济联合会、煤炭工业协会等联合发布《中国工业企业及工业协会社会责任指南》，开了由行业组织联合发布社会责任指南的先河。2009 年，中国银行业协会颁布了《中国银行业金融机构企业社会责任指引》，规定金融业要进行社会责任信息披露。积极履行社会责任，是银行业金融机构必须具备的时代品格，在金融危机进一步深化的背景下，银行是经营风险的企业，只有取得社会公信的银行，才具有更强的竞争力，才能实现健康持续发展。2010 年，中国汽车工业协会颁布了《汽车行业上市公司每股社会责献值披露指引》，鼓励企业披露每股社会贡献值。2010年，中国对外承包工程商会颁布了《中国对外承包工程行业社会责任指引》，引导企业树立全球责任观念，从质量安全、员工发展、业主权益、供应链管理、公平竞争、环境保护和社区发展七个方面，对企业履行社会责任提出了具体要求，明确了社会责任管理的要点。

2011年，中国化学工业联合会和中石油联合发布《责任关怀实施准则》。同年，中国林业产业联合会和林产工业协会共同发布了《中国林产业工业企业社会责任报告编写指南》。制定该指南的目的是提升我国林产工业企业的社会责任，规范企业在遵纪守法、伦理道德、安全、健康、环境等方面的职责，明确企业因气候变化带来的在环境保护、低碳生产、节能减排等方面的义务，引导社会从善和我国林产工业企业的健康发展，遵守中国消费者协会发布的《良好企业保护消费者利益社会责任导则》。为了有效指导我国林产工业企业编写社会责任报告，规范社会责任报告的格式与内容，引导我国林产工业企业编写具有行业特色的社会责任报告，2012年，中国电子工业标准化技术协会公布了《电子信息行业社会责任指南（草稿）》。该指南为电子信息行业的企业和有关组织履行社会责任提供了指引。2013年，中国建筑业协会、电力建设企业协会联合制定了《关于建筑业企业履行社会责任的指导意见》和《建筑业企业履行社会责任报告编写指南（试行）》。建筑业是国民经济的重要支柱产业，在建设中国特色社会主义事业中作用重要、使命光荣。行业组织对企业社会责任的贡献见表3-2。

表3-2 行业组织为推动企业履行社会责任发布的文件

行业组织	年份	文件名称
中国纺织工业协会	2008	《中国纺织服装企业社会责任报告纲要》
中国纺织工业协会	2008	《中国纺织服装企业社会责任报告验证准则》
中国工业经济联合会、煤炭工业协会等	2009	《中国工业企业及工业协会社会责任指南》
中国银行业协会	2009	《中国银行业金融机构企业社会责任指引》
中国汽车工业协会	2010	《汽车行业上市公司每股社会贡献值披露指引》
中国对外承包工程商会	2010	《中国对外承包工程行业社会责任指引》
中国化学工业联合会、中石油	2011	《责任关怀实施准则》

续表

行业组织	年份	文件名称
中国林业产业联合会、林产工业协会	2011	《中国林产业工业企业社会责任报告编写指南》
中国电子工业标准化技术协会	2012	《电子信息行业社会责任指南（草稿）》
中国建筑业协会、电力建设企业协会	2013	《关于建筑业企业履行社会责任的指导意见》

资料来源：作者整理。

3.2.4 研究机构和新闻媒体推动

中国社会科学院企业社会责任研究中心致力于推动我国企业社会责任建设，2009年发布了国内首份《企业社会责任蓝皮书》，随后公布了企业社会责任发展指数，对国有企业100强、民营企业100强和外资企业100强的社会责任履行情况进行评价。中国社会科学院企业社会责任研究中心在社会责任标准制定方面发挥了重要作用，于2009年公布首本社会责任报告编写指南《中国企业社会责任报告编写指南（CASS-CSR1.0）》，于2011年发布《中国企业社会责任报告编写指南（CASS-CSR2.0）》。2.0版本得到企业的广泛认同，至此编制企业社会责任报告的企业逐年增多。为增加指南的国际性、通用性和工具性，中国社会科学院企业社会责任研究中心在2012年对2.0版本指南进行了修订，以确保其在提高企业社会责任信息披露质量方面发挥更大作用。目前，该中心共发布10余本分行业指南。

新闻媒体和NGO在推动企业社会责任方面也发挥了重要作用，促进了社会责任评奖项目的发展。目前，企业社会责任评奖项目主要有人民网推出的“人民社会责任奖”、《中国新闻周刊》主办的“中国企业社会责任国际论坛”、WTO经济导刊杂志社的“金蜜蜂企业社会责任·中国榜”、《南方周末》的“中国企业社会责任评选”、胡润百富公司的“胡润企业社会责任50强”、《21世纪商业评论》的“中国最佳企业公民评选”等。尽管这些评奖项目都存在不完善之处，但对推动中国企业社会责任发展功不可没。

中国企业社会责任在上述力量的推动下取得了很大的进步，发布CSR报告的企业逐年增多。据第三方评级机构润灵环球统计，2009—2017年，发布CSR报告的企业数量分别为471家、518家、582家、644家、681家、701

家、708家、747家、795家。自愿披露CSR报告的企业也呈逐年增多态势，2009—2017年分别为170家、189家、233家、267家、282家、285家、299家、324家、378家。2009—2017年披露CSR报告情况见图3-2。

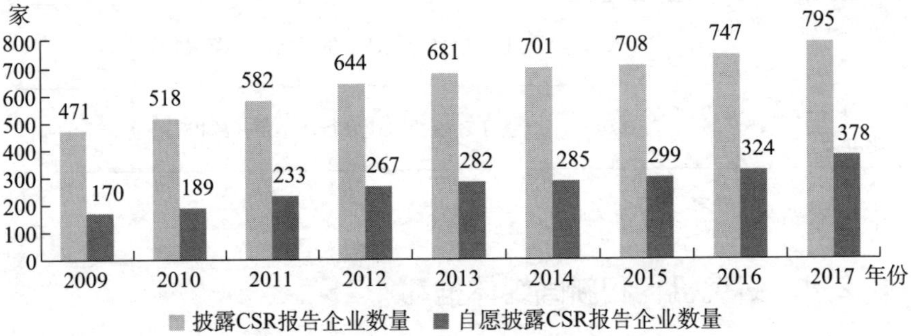

图3-2　2009—2017年披露CSR报告情况

3.3　我国企业社会责任发展历程

中国企业社会责任的发展历程如下：

第一，萌芽阶段（2002—2006年）。此阶段的重要特征是企业社会责任开始受到关注。2002年，证监会颁布的《上市公司治理准则》第六章第八十一条至第八十六条首次提出企业应履行对利益相关者的社会责任。2004年，新修订的《中华人民共和国公司法》第五条第一款涉及企业社会责任。在国际销售商、品牌商的推动下，我国逐步重视社会责任问题，建立了相关准则、标准和体系。中国企业开始接受跨国公司实施的社会责任方面的工厂审核。

第二，自愿披露社会责任报告阶段（2006—2008年）。2006年，《中华人民共和国公司法》要求企业承担社会责任。2006年9月25日，深圳证券交易所在《上市公司社会责任指引》中对披露的内容作出规定，之后企业陆续发布社会责任报告。例如，中国电网2006年首次发布CSR报告。由于此阶段属于自愿发布，发布CSR报告的企业屈指可数。中国的学术机构、非政府组织以及在华国际组织开始对社会责任进行系统的介绍和广泛的研究、讨论。政府部门也开始关注企业社会责任建设工作。劳动部、商务部调查中国企业社会责任建设情况。

第三，强制兼自愿阶段（2008年至今）。2008年，鼓励企业根据自身特点进行信息披露的文件——《上海证券交易所上市公司环境信息披露指引》

发布，并在评选上证“公司治理板块”时优先考虑这些企业。上海证券交易所和深圳证券交易所分别于2008年12月30日和31日发布了强制性文件，要求部分企业披露社会责任报告。企业履行社会责任，实现经济责任、社会责任和环境责任的动态平衡，会提升自身竞争力，树立良好的声誉和形象，从而提升品牌形象，给利益相关者留下良好印象，增强投资者信心，进而吸引人才并留住人才。《中华人民共和国公司法》第五条规定，公司从事经营活动，必须遵守法律、行政法规，遵守社会公德、商业道德，诚实守信，接受政府和社会公众的监督，承担社会责任。公司的合法权益受法律保护，不受侵犯。《中华人民共和国公司法》第二百一十九条规定，本法自2006年1月1日起施行。我国举办的企业社会责任案例评选，获奖企业均是在社会公益、公益传播和环境保护方面作出突出贡献的企业。

3.4 理论基础

3.4.1 利益相关者理论

企业社会责任思想由来已久。早在2000多年前的古希腊时代就有人提及企业社会责任，但一直没有公认的科学理论作为支撑。20世纪80年代，利益相关者理论的提出，使得企业社会责任的相关研究有了理论依据（沈洪涛，2005），也为企业履行社会责任明确了履责主体（高汉祥，2012）。根据利益相关者理论，企业的本质是一组由各方利益相关者缔结的“契约”（Jensen and Meckling，1976；Freeman and Evan，1990）。利益相关者理论打破了传统“股东至上”的理论，重新定义了“公司应当为谁承担责任”，将所有利益相关者纳入企业应当承担责任的范围。该理论认为，债权人、供应商、消费者以及政府等监管机构都应该是企业的委托者（张兆国、刘晓霞、张庆，2009；高汉祥，2012），因为根据利益相关者理论，企业赖以生存和发展的物质基础不仅包括股东投入的资本，还包括债权人投入的资金、企业员工奉献的人力资本、消费者和供应商在企业消费端与供应端投入的市场资本、政府提供的公共基础设施等（张兆国 等，2013）。因此，企业不能只为股东的利益服务，也应兼顾其他利益相关者，开展生产经营活动；企业的目标不应局限于股东财富最大化，还应追求企业价值最大化。为响应当前或未来利益相关者的期望，企业必须投资实施更负责任的战略、商业模式、管理实践与治理规则。有学者清晰地阐释了利益相关者理论，即使管理者能够理解利益相关者并科学地管理他们，还开创性地提出务实的方法，以使组织认识到利益相关者对取得卓越绩效的作用。组织应该管理所有利益相关者的利益，而不仅仅是股东的利益。内部的利益相关者（所有者、消费者、雇员与供应商）和外部的利益相关者（政府、竞争者、消费者、拥护者、环保主义者、特殊利益集团与媒体）会随着环境的变化而变化。与利益相关者的良好关系，有助于实现公司的长期增长和股东价值（如公司收入、市场份额、品牌认知度、招聘和留住人才的能力、声誉评级等）。利益相关者在提高企业绩效中发挥着有益的作用，管理者需要考虑所有能够影响企业业绩的群体、个体或被企业业绩影响的群体和个体。

Hillman 和 Keim（2001）指出，帮助企业开发竞争优势（无形且有价值的资源），同主要利益相关者（如员工、顾客、供应商、社区）建立良好关系，能够增加股东价值。如果没有这些利益相关者参与企业的运营，企业将不能生存。也有学者指出，企业的生存与持续盈利取决于其履行经济和社会目标的能力，企业要创造足够分配的财富与价值，确保每个主要利益相关者群体继续成为利益相关者系统的一部分。有效地管理与主要利益相关者的关系有助于积累无形的、复杂的社会资源，提高企业竞争力。

随着利益相关者理论的进一步发展，讨论的焦点已经不再是“是否”需要维护利益相关者的权益，而是企业在发展中“如何”与各利益相关者维持稳定和谐的关系，遵守“契约”。Davenport（2000）认为，积极承担社会责任是实现这一目的的有效途径。马龙龙（2011）研究发现，中国消费者会对企业履行社会责任情况作出回应，并据此调整自己的购买决策。通过履行社会责任，企业可以赢取利益相关者的支持，稳定和各利益相关者之间的契约关系，为企业生存和发展源源不断地获取信贷支持、人力资本、政府支持等资源和良好的经营环境（张兆国 等，2013）；如果企业违背契约，损害利益相关者权益，可能会导致声誉损失、客户流失、员工辞职、与供应商合作关系被取缔、面临更严苛的融资环境甚至监管者处罚等。李正（2006）发现，承担社会责任并不会降低企业价值。孟晓俊等（2010）发现，社会责任信息披露会降低企业资本成本。张兆国等（2013）发现，企业 $T-1$ 期社会责任履行情况与当期财务绩效显著正相关。

自 1963 年美国斯坦福研究所首次定义利益相关者以来，学术界对利益相关者进行了诸多解释。被学术界一致认可的是 Freeman（1984）对利益相关者的定义：影响一个组织或被组织影响的任何团体或个人。利益相关者理论是研究企业与利益相关者之间关系的学说，该理论的出现对传统的股东至上理论提出了严峻的挑战，是研究企业社会责任问题的重要理论基础之一。在知识经济时代，不断增强的人力资本专用性和团队性、不断提高的物质资本社会化和证券化程度，以及企业间更加紧密的战略合作伙伴关系，会使传统的股东至上理论面临严峻的挑战。利益相关者理论存在的合理性体现在以下三个方面：一是企业剩余形成的物质资本不仅包括股东投入的权益资本，还包括其他利益相关者投入的智力资本、债务资本和公共环境资本等。按照“谁贡献，谁受益”的原则，利益相关者有权参与公司剩余资本的分配。二是知识经济时代，人力资本所有者承担的风险比物质资本所有者承担的风险大，企业风险由各利益相关者共同承担，因此利益相关者有权参与公司控制权的分配。三是利益相关者参与公司治理可形成有效的内部制衡机制，降低企业的代理成本。

契约理论和产权理论是利益相关者理论的两大重要思想基础。企业由各利益相关者缔结的一系列契约组成，包括股东、债权人、经理人、员工、供应商、客户和社区等之间的契约（Jensen and Meckling，1976；Freeman and Evan，1990）。参与契约签订的个人或团体为企业提供资源，也希望获得相应的收益。契约理论要求各利益相关者的权益都被适当“照顾”，以达到利益相关者之间的长期合作目标。因而，契约理论被作为利益相关者理论最重要的思想基础之一。企业存在多重委托代理关系，除股东和管理者之间的委托代理关系外，还包括债权人、员工、供应商、政府、客户等其他利益相关者和股东或管理者之间的委托代理关系（Hill and Jones，1992）。因此，委托代理理论构成了利益相关者理论重要的思想基础之一。

利益相关者理论对企业社会责任研究做出了重要贡献。第一，利益相关者理论明确了企业社会责任的概念、对象和内容，使企业社会责任的概念更加清晰，将企业承担社会责任的对象具体化，其责任内容由责任对象的利益诉求构成。第二，利益相关者理论是衡量企业社会责任水平的重要理论基础，并为衡量企业社会责任提供了理论方面的指导，使原本抽象的概念转化为具体的可以量化的指标，可以通过衡量企业利益相关者的利益评价企业的社会责任表现。第三，利益相关者理论为企业社会责任相关问题的研究扫清了障碍。传统的股东至上思想是企业社会责任问题研究面临的最大理论障碍，而利益相关者理论修正了传统的股东至上逻辑。以股东利益最大化为经营目标会带来环境污染、劳工权益和食品安全等问题，这与我国当前的和谐社会建设相背离。利益相关者理论强调平衡利益相关者利益的重要性，企业的经营目标是利益相关者整体利益最大化，但满足利益相关者利益过程的实质是企业承担社会责任的必然结果。可见，利益相关者理论为企业社会责任问题提供了理论依据，为扫清企业社会责任问题在理论上的障碍提供了坚实的基础。

对利益相关者概念的合理界定及边界范畴的确定，是开展 CSR 研究的基础。只有明确利益相关者的相关概念，才能明确认知企业利益相关者的具体构成，体验到各利益相关者纵横交错的关系网，深挖出他们可能对企业经营与可持续发展造成的影响，这无疑为企业对利益相关者压力源的识别及分类管理提供了科学依据。因此，对利益相关者概念的科学界定，是利益相关者理论研究的首要任务。纵览现有文献，多位学者对利益相关者进行了不同的定义。Freeman（1984）认为，利益相关者是指可以对企业行为产生作用或者被企业行为所作用的个体或组织。此定义从企业与利益相关者相互作用的视角出发，把涉及个人（顾客、员工等）与组织（政府、社区及大众传媒等）不同层次的对象纳入研究范畴。该理论构架虽获得了学术界的大力支持，也有诸多学者追随，但对利益相关者的界定太过宽泛，在实际操作和实证检验时遭遇了极大的困难。有学者将利益相关者纳入管理学范畴，指出“为了制定切合实际的企业目标愿景，一定要充分考虑各利益相关者的冲突索取权，他们可能就是管理者、员工、股东、原料供应商等”。Clarkson（1995）提出，“利益相关者是在企业过去、当下及未来活动中拥有或主张所有权、权利或利益的个人或团体。这里主张的权利或利益是与企业进行交易或采取行动的结果，它可能是合法的或合乎道德伦理的，也可能是个人层面或集体层面的”。这一概念认为，企业和其主要利益相关者之间的关系具有相互依存的特征。Fassin（2009）从股权视角对利益相关者进行界定，认为利益相关者是指以股东拥有股份的方式在组织中维持股份的个人或集团。虽然此定义确实承认了“股权”这个特征，但它限制了企业的定义，因此不适合一般用途。Miles（2012）指出，利益相关者是指在项目中存有利益或者某些权利或所有权的个人或团体，他们可以影响项目或受项目影响，以知识或其他支持的形式作出贡献。但是，利益相关者的概念比单纯的项目范围更为广泛。国内学者贾生华和陈宏辉（2002）也对利益相关者作出了颇具代表性的定义：“那些为了获得企业所有权或利益而自愿承担相应风险的组织及个人，通过对企业进行专用性投资而影响企业的价值实现，同时企业的价值实现也会反作用于利益相关者。”此定义以资产专用性投资为研究起点，重点关注利益相关者与企业之间的互利共赢关系。

对利益相关者，大体可从狭义和广义两个层次进行研究。广义的概念一般以描述为基础，重点关注企业生产经营过程中受到最大影响的个体或者群体，无论这些个体或群体有无合法的权利。狭义的概念则是以规范性原则为出发点，重点关注具有合法权利的个体或群体。一般来说，狭义概念只关注利益相关者的某一个重要特征，与企业的现实经营活动更为相符，且操作简单。广义概念能对 CSR 的对象作出更加全面的反应，狭义概念则更为关注一小部分关键利益相关者。

利益相关者的分类。对利益相关者的合理界定及分类是利益相关者理论要解决的关键问题。通过分析利益相关者理论的演进过程及利益相关者概念的多重定义可以发现，诸多学者认为利益相关者与企业存在着互动关系，而且会将专用性投资运用到企业的生产经营活动中。但也有学者指出，简单地对利益相关者进行定义，并不能帮助我们深入了解利益相关者的特质，所以如何科学地对利益相关者进行类别划分成为诸多学者的研究热点。通过文献整理可以发现，当前大多数研究是基于米切尔评分法和多维度细分法进行的。Freeman（1984）构建了包括 11 个利益相关者的原始框架，但该模型最常见的版本包括 7 个利益相关者，即股东（或金融家）、客户、供应商、员工、竞争对手、政府和社区。随着研究的不断深入，Freeman（2003）增加了更多的利益相关者群体，其中最著名的是压力团体。Freeman（2003）将该模型缩减为 5 个内部利益相关者，即金融家、客户、供应商、员工和社区（放弃竞争对手），围绕这 5 个利益相关者又引入政府、环保主义者、非政府组织、评论家、媒体和其他人 6 个外部利益相关者，并用箭头标出彼此之间的联系。Carroll（1998）将企业利益相关者确定为所有者、社会和社区、顾客/消费者、雇员、供应商和战略合作伙伴、政府和政府间机构、银行和其出借人与特殊利益 NGO 8 个类别。Clifton 和 Amran（2011）认为，那些直接影响企业实践的团体以及被企业实践直接影响的团体都属于利益相关者，即利益相关者由股东、员工、客户、贷方、政府和当地社区组成。有学者依据合法性（Legiitmacy）、权力性（Power）和紧急性（Urgency）三个属性对利益相关者进行评分，接着依据分值的高低筛选出企业利益相关者的个体或者群体，并划分出类型。其中，合法性是指在规范与价值观引导下向企业进行索取的正当性；权力性是指能够参与企业的经营与发展的决策能力；紧急性是指利益相关者要求被立即关注的程度。按照上述属性的强弱，可将利益相关者分为8种类型：休眠型、自由裁量型、苛刻型、支配型、危险型、依赖型、确定型和非利益相关者。拥有这三重属性的利益相关者被认为是确定型利益相关者，而其他类型可能只拥有一个或两个属性。值得注意的是，利益相关者的每一种类型都有可能影响一个组织的正常运营。有学者在米切尔评分法基础上，采用问卷调查法对我国企业的利益相关者类别进行细致的划分，依据重要性、主动性与紧急性分为10种利益相关者：股东、企业管理者、雇员、投资者、供应商、分销商、顾客、政府、社区与非营利性组织。有学者对Mitchell等（1997）的利益相关者类型划分进行了完善，将苛刻型利益相关者重新分类为非利益相关者，并将其移出模型，最终将利益相关者分为六种类型，即蛰伏型、自由裁决型、支配型、危险型、依赖型和明确型。

3.4.2 资源基础理论

1959年，Penrose在《企业成长理论》一书中指出，企业是异质生产资源的集合体，是将所有潜在的产品和服务综合起来的有机整体。经理人的任务是用企业已经创造的行政机构控制企业资源。Penrose（1959）的观点被看作资源基础理论的起源。1978年，Pfeffer和Salancik在《组织的外部控制》一书中重点探讨外部环境如何约束和影响企业组织，以及企业如何应对外部环境的变化，认为外部环境和企业组织是相互影响的动态过程。1984年，美国学者Wernerfelt较为系统地提出资源基础观，认为企业的生产经营需要各种资源，企业是各种资源的蓄水池，独特的异质资源是企业获取竞争优势并产生超额获利能力的源泉。1991年，Barney在《企业资源与持续竞争优势》一书中将企业资源定义为企业拥有和控制的能帮助企业提升效率的所有资产、能力、组织过程、企业特征和信息资源。企业资源只有具有价值性、稀缺性、不完全可模仿性和不可替代性，才能为企业带来持续竞争优势。资源基础理论在很多学者的推动下得到发展和完善。学术界认为，企业承担社会责任是企业与利益相关者之间的双向互动。营销、运营及组织行为等领域的研究已经支持企业社会责任对关键利益相关者的作用。企业承担社会责任能够更好地获取对企业发展具有重要意义的关键资源。企业积极地履行社会责任，能够吸引市场资源、优秀的人才资源、资本资源以及制度资源等。因此，组织的生存与成功依赖管理者创造的足够财富和使主要利益相关者满意的能力。

由于企业是各类资源的整合组织形式，加之企业所拥有资源在质上的差异，以及控制或者利用资源的方式和方法上的差异，因此企业间资源就出现了普遍的异质性，而这种异质性资源的拥有会直接影响企业获取竞争优势的方式和路径。围绕资源获取及其对竞争优势的不同影响，资源基础理论的主要观点如下：①独特的异质性资源是企业竞争优势的来源。企业的经营决策从本质上说，就是企业配置资源的组合以及围绕各种组合进行最优判断的过程。这就意味着一旦选定了某一资源运用的特定组合，企业经营决策就完成了，而且由于资源的稀缺性，这种经营决策是不可逆的，或者说如果改变的话，机会成本将大大增加。资源的获取情况对企业管理决策的影响非常明显，一旦资源确定，企业经营决策行为就会确定，而且这种资源的获取对企业竞争优势的影响具有显著的路径依赖。资源基础理论认为，企业竞争优势的差异来自其拥有的异质性资源，只有异质性资源才能为企业带来超额经济利润。根据该理论，有价值的、稀缺的、无法模仿的、无法替代的资源，才是带来企业竞争优势的异质性资源。②无法模仿的资源特性是企业持久竞争优势的来源。为了获取超额经济利润，没有独特异质性资源的企业必然试图积极模仿优势企业。这一模仿行为的结果是产业内企业资源趋向雷同，超额经济利润难以保持，但这并不意味着独特的异质性资源或者获取超额经济利润的优势企业行为都会被竞争对手所模仿。原因如下：①内在联系复杂。外部环境的高度不确定性和经营决策的显著复杂性，以及企业超额经济利润与企业行为的复杂函数关系，使得企业各种资源利用活动与超额经济利润之间内在关系的复杂性异常突出。竞争对手的模仿和学习无法清晰分析其内在关系。②路径依赖性。异质性资源带来的超额经济利润，会使竞争对手不断模仿和学习。跟风式的模仿存在一个很大的弊端，就是一旦大部分企业认同并模仿优势企业的某种资源，那么在这个资源要素市场上，该资源的获取成本就会大幅度提高，从而使模仿企业的超额经济利润未必能实现，而原先拥有这种资源或优势的企业则持续保持竞争优势。③模仿成本。模仿成本不仅是企业在模仿行为上的人、财、物等显性成本，也蕴含着企业的机会成本。更重要的是，企业模仿行为必然对现有企业系统产生直接影响，如果不能将所模仿的资源和企业原有系统进行有效整合，那么模仿只能做到形似，而这样的结果是使企业的机会成本大大提高。

资源基础理论对竞争优势来源于企业内部资源或者能力而非来源于企业所处的外部产业环境的研究结论，对现代企业的长远发展产生了非常积极的引导作用。在资源基础理论的指导下，很多企业着力打造自身的独特异质性资源，培养企业的核心能力。但是从实践来看，资源基础理论更接近于一种管理思想，而非具体的操作程序。那么企业如何获取具有竞争优势的资源，并将竞争优势保持下去呢？综合相关学者的观点，企业可从以下三个方面着手构建具有竞争优势的资源：①组织学习。所有支持资源基础理论的学者都将企业的知识和能力作为企业竞争优势资源的主要内容，但是这种企业的知识和能力必须通过学习的形式才能拥有。有组织的学习不仅可以提高个人或者组织的知识和能力，还可以将外在的资源优势内化为凝结于结构的能力集合。②知识管理。知识只有和组织中应用这种知识的人员相结合，才能体现其对构建竞争优势的真正作用。知识与人员的结合主要表现在企业获取外部知识，以及在企业活动中形成的内部知识上。在这一过程中，企业知识管理的过程和结果对企业竞争优势的形成有着巨大的影响。③建立外部网络。不少组织试图通过自身的力量或者努力来建立具有竞争优势的知识或者能力，但需要注意的是，这个过程是非常漫长的，需要高额投入，同时也存在高风险。因此，是否坚持依靠自身力量构建知识和能力是需要仔细斟酌的。更多的企业，特别是一些弱势企业，可以通过建立战略联盟、知识联盟等外部网络形式学习优势企业的知识和技能。

企业的生产经营活动建立在企业拥有或控制的有形资源和无形资源基础之上，并非所有资源都能为企业带来竞争优势，战略性资源以及异质性资源和能力是企业获取竞争优势的源泉。资源的竞争优势主要体现在：难以模仿、持续存在、高占用性、难以被替代性、优越性。资源的异质性是企业绩效差异的主要来源。资源基础理论的发展经过多个阶段，但其包含的两个基本假设从未改变：一是企业是什么；二是企业如何形成和维护可持续的竞争优势。资源基础理论使企业之间的竞争从传统意义上的产品层面竞争上升到资源层面竞争，是对利益相关者理论的延伸和发展。

自 20 世纪 90 年代起，资源基础理论被学者们应用至企业社会责任问题研究。Hart（1995）首次从资源基础理论视角分析企业履行环境责任的原因。Branco 和 Rodrigues（2006）认为，履行社会责任可帮助企业获取具有价值性、稀缺性、不完全可模仿性和不可替代性的稀缺有形资源与无形资源，促进企业竞争优势的形成。Russo 和 Fouts（1997）发现，环境责任提高了企业产品设计的创新能力，有助于获取稀缺且难以模仿的竞争资源和能力，促进企业竞争优势的形成和财务绩效的提高。Hillman 和 Keim（2001）融合资源基础理论和利益相关者理论进行研究后发现，侧重利益相关者管理的企业社会责任能够帮助企业获取声誉、和谐的利益相关者关系等稀缺资源。McWilliams 和 Siegel（2001）基于资源基础理论和经济理论分析企业社会责任带来的竞价机制与社会价值，在资源基础理论基础上首次提出“战略性社会责任”的概念。总之，基于资源基础理论的企业社会责任能够促进企业获取创新资源、文化资源、声誉和人力资源等无形资源，上述无形资源是企业获取持续竞争优势的源泉。

3.4.3　合法性理论

合法性理论是研究企业社会责任问题不可或缺的理论基础。合法性的概念最早由马克斯·韦伯提出，主要应用于政治领域。哈贝马斯在韦伯的基础上对合法性理论进行拓展，认为合法性是一种政治制度，是政府权威的来源。在韦伯（1966）的概念中，“合法性”一词有“power”（权力）和“authority”（权威）双重含义，这两个词意思相关联。根据韦伯的著作，Mitchell 等对这两个词之间的关系作出了解释：“power gains authority through legitimacy”（权力通过合法性获得权威）。也就是说，权力本身并不具备权威，除非权力持有者被认为是合法的。这就意味着，有些个体或团体具有比别的个体或团体更高的权力和权威。为了维持权力，这些持有权力的个体或团体不得不说服那些在其权力管制下的团体，他们既定的权力和权威是值得继续保留的。为了维持这种许可，权力持有者必须保证其权力位置并被其权力管制下的团体接受。有学者认为，任何权力和权威的基础都会沿着受其权力和权威管制群体的信仰发展下去。该观点表明，合法性与感知到的权力实施的方式有关。如果权力持有者有能力影响受其权力管制群体的信仰、感知和行为，那么为持续拥有权力，树立合法性对权力持有者来说是一件任重道远的事情。韦伯（1966）的合法性的基本概念是，一个拥有权力和权威的群体需要从受其权力管制的群体那里获得认可，这不仅适用于政府和公民，也适用于那些拥有一定权力且需要获得对权力的认可的任何社会组织。对一个已经拥有权力和权威并被普遍认为有效的组织，是否具备合法性似乎不那么重要。只有当其他人的感知导致对权力与权威如何作用产生疑惑时，组织的合法性才可能被质疑。哈贝马斯（2000）进一步完善了韦伯的合法性概念，认为合法性问题就是一个政治制度、一个政权的威严和权威能否得到人们信任与承认的问题，并提出“合法化危机”的概念，用于分析资本主义发展过程中遇到的问题。

有些学者认为，合法性更贴近组织观，并将其应用于企业社会责任信息披露研究。Dowling 和 Pfeffer（1975）提出，当组织行为导致组织的社会价值体系与更大范围的社会价值体系之间产生实际的或潜在的不一致时，组织的合法性就会受到质疑，这可能导致企业无法持续经营及实现自身目标。合法性在组织社会价值与社会价值观之间建立了联系。Dowling 和 Pfeffer（1975）的描述表明，组织会在这两套价值观之间寻求一致性。Sethi（1979）认同 Dowling 和 Pfeffer（1975）的观点，并认为当社会对组织行为的感知与社会预期不一致时，就会出现合法性问题。他将这种差异称作"合法性缺口"，并指出该缺口可宽可窄。当缺口比较宽时，就存在企业管理层管理其组织合法性的动机。Hybels（1995）将合法性定义为人们对持续变化的社会的看法，该定义指出了人们态度的关键性。"社会持续方面"暗示合法性与已建立的价值体系相关。简单来说，合法性就是组织与社会价值观之间的相互关系。Suchman（1995）将合法性概念引入组织与企业研究，认为组织合法性是指在一个由社会构建的规范、价值、信念和定义的体系中，组织的行为被认为是可取的、恰当的、合适的、一般性的感知和假定，即组织合法性探讨的是组织与其所处的外部环境之间的紧密关系。他还将组织合法性细分为实用合法性、道德合法性和认知合法性，并对企业获得和维持合法性战略进行了探讨。上述对组织合法性概念的描述，基本适用于所有社会组织。组织合法性，即社会特定群体感知到的组织行为与社会价值观一致。目前，学术界普遍接受 Suchman（1995）对组织合法性的定义。本书所讨论的合法性也是指 Suchman（1995）的组织合法性，仅指组织合法性，而非政治合法性。

Suchman（1995）认为，组织合法性是指组织获得社会公众、利益相关者的承认、支持和服从，关注组织的价值体系与社会价值体系的一致性，组织的目标符合社会期望。Scott（1995）从规制合法性、规范合法性和认知合法性三个维度对组织合法性进行归类：规制合法性是指符合政府、机构和行业协会等部门的规章制度；规范合法性主要是指是否符合道德规范；认知合法性主要来源于既定的知识和信息。组织合法性要求组织不仅遵守法律法规的要求，还要关注全球和当地的价值观念、风俗和习惯，获得公众对产品和企业的认可。合法性是一个动态变化的过程。Hybels（1995）认为，合法性是人们对持续变化的社会的看法。组织在获得合法性时，需要考虑法律法规的变化以及人们的态度和看法，并且这些会随着时间的改变而改变。因此，组织合法性会不断变化。

组织可以通过获取合法性地位为其赢得可信度，进而降低企业未来生产经营活动中可能面对的风险。合法性可以通过两种途径实现：一是满足强制的合法性要求，包括法律法规等正式制度的硬性要求和来自利益相关者的期望等非正式的强制性要求；二是积极妥当地应对组织面临的外部环境的不确定性，如企业对一项研发项目未来能否转变为无形资产的不确定性。进一步地，Lindblom（1994）将合法性和合法化加以区分，即获取企业合法性地位的过程叫“合法化”，而最终实现的状态是“合法性”，合法化是对合法性的努力和管理。以往研究讨论组织行为合法化问题多基于两个角度：制度观和战略观。制度观认为，组织行为合法化的关键在于及时、全面地调整自身行为以适应外在制度的要求，而不需要考虑外部利益相关者的价值观是否与企业理念相符，可以只通过与其他组织行为趋同这种相对保守的方法避免与外部利益相关者价值观冲突。战略观认为，合法性地位会成为组织的资源，组织应该发挥其主观能动性，调适自身与周边环境的关系，而且合法性地位会带来其他资源。在战略观指导下，组织可以通过三种不同层级的方法获取合法性地位：积极适应环境、主动选择环境和控制环境。适应环境，是指组织只需要确保其行为符合法律法规等制度的规范性要求和社会公众的一般性价值观；选择环境强调组织可以自主地选择与自身行为特征更匹配、更吻合的环境，使组织行为与所处环境更好地融合；控制环境的难度相对前两者较大，强调组织可以在不改变自身固有行为的前提下，通过某种途径改变利益相关者的价值观，让利益相关者主动适应企业的行为、理念。

很多学者提出，合法性是一个动态概念。Lindblom（1994）指出，一个组织可能出于多种原因被社会认为不具有合法性，随着社会期望的变化，以前被接受的企业行为现在可能不再被接受。Barkemeyer（2007）指出，组织合法性不是一个固定的、统一的概念。一家企业是否具有合法性或其行动是否被认为合法，是一个社会构成的判断，会随着企业所处社会环境的变化而变化。Dowling 和 Pfeffer（1975）认为，社会规范和价值观不是不可改变的，社会规范和价值观的变化是组织改变的动机，也是组织合法化的压力来源。那么，面对潜在的、可能从特定群体那里失去合法性的问题，组织能做什么呢？这里有两个主体：一个是可授予组织合法性资格的社会群体，另一个是可以影响那些授予群体的组织本身。也就是说，组织合法性是一个双向概念，它虽是由组织外部的人或群体授予的，但也受组织本身影响（Ashforth and Gibbs，1990）。企业与利益相关者之间的关系是双向的，该现象的存在使那些合法性存在问题的组织努力寻求合法化途径解决问题。社会规范和价值观的改变是引起组织变化并寻求合法化的压力来源之一。

关于如何评价组织的合法性，大概有以下三种观点：第一种观点认为，企业只要在经济上有生存能力就具备合法性；第二种观点认为，企业既有经济生存能力又能与法律保持一致才具备合法性；第三种观点认为，合法性同时考虑经济生存能力、与法律的一致性及与普遍接受的社会规范和价值观一致三个方面（O'Donovan，2002）。关于这三种观点，有一个非常重要的问题需要强调——由于合法性是基于感知的，所以无论企业行为是怎样的，在某种程度上总是会被一些人认为是合法的。但是，个人对合法性概念的构建也许与普遍接受的社会规范和价值观相差很大，因此本书中的组织合法性基于普遍接受的社会规范与价值观。上述第一种观点显然是狭隘的并被广泛拒绝的，第二种观点要区别基于法律意义上的合法性与基于普遍接受的社会规范和价值观的合法性。法律正式通过的行为也许与社会期望的产生冲突，如烟酒生产企业既满足经济上对股东的需要，也经过法律的批准，但随着近年来社会公众对健康的诉求越来越高，这些企业已经越来越不符合普遍接受的社会规范和价值体系下的社会合法性。企业并不会为了最大限度地获得组织合法性而在广大的社会公众中展开竞争，而是会明确哪些群体是企业最重要的有能力授予或撤销其合法性的利益相关者，然后尽力使企业的行为与那些利益相关者的社会预期及价值观保持一致。

Suchman（1995）将合法性分为三个层次：①实效合法性（pragmatic legitimacy），根植于组织利益相关者的自身利益。该类型合法性是为了获得可见的回报。②道德合法性（moral legitimacy），基于群众对企业行为是否符合道德的自觉判断。与实效合法性相比，该类型合法性不只根植于企业自身利益。③认知合法性（cognitive legitimacy），基于认知或者组织自身或其行为被认为是可理解或想当然的。该类型合法性与前两种类型合法性具有本质的不同，它并不是组织与其利益相关者之间具有沟通性质的披露而产生的结果。如果说实效合法性反映的是社会公众对企业是否“正确地做事”的判断，那么道德合法性反映的就是社会公众对企业是否“做正确的事”的判断，而认知合法性更加强调被社会公众所“理解和普遍接受”。组织合法性的获得与维持，从易到难形成了一个序列：实效合法性—道德合法性—认知合法性。在该序列中，合法性越来越难以获得，也越来越难以操控。企业只要遵从法律法规等基本规章制度，就具备了实效合法性，而道德合法性与认知合法性包含更多的文化规则，两者的关系也不一定是先有前者再有后者。比如，有些企业虽不完全符合社会道德规范和价值观，但是社会公众耳熟能详并且普遍接受的，这样该企业就具备了认知合法性，但并不具备道德合法性。相比之下，Suchman（1995）对合法性的划分要比 Matthews（1993）的划分更深入、更细致，后者将合法性二分为实效合法性和道德合法性。在前一个层面上，企业信息披露就是合法性推动；在后一个层面上，管理层想展现企业行为是在社会契约的约束下进行的。

合法性理论在其发展过程中逐渐形成了既有联系又有区别的战略视角和制度视角，这两种视角都针对组织与其外部环境的关系。Barkemeyer（2007）认为，战略视角和制度视角的根本区分是，战略视角管理层“往外看”，并且假设组织对其合法化进程有较强的管理操控手段，在该视角下合法性被看作组织可利用的一种资源。制度视角合法性更宽泛，可理解为组织被整个社会“看进来”，关注的焦点是组织如何适应其所在的制度环境进而管理其合法性。在此视角下，合法性更像对组织行为的一系列外部约束。简单来说，战略视角就是组织管理者角度，制度视角就是整个社会角度。Tilling（2004）与 Barkemeyer（2007）的观点基本相同，他认为合法性包括两层含义。第一层为制度合法性，关于组织结构如何作为一个整体从通常意义上的社会获得认可。在该层次下，合法性与制度性实质上为同义词（Suchman，1995）。在会计研究领域，在给定时间框架的情况下，经济环境、资本结构、政府民主性等通常也确定了，即研究基于稳定的环境。这种假设在做相当长时间段的纵向分析时要慎重考虑。第二层为组织合法性（有时也被称作“战略层面”），将合法性看作企业需要的、可操控的一种资源。组织合法性视角下的社会责任信息披露研究，将企业的社会责任信息披露视作管理层的一种战略选择，以迎合企业所处的外部环境，确保企业的持续发展。

组织合法性是企业社会责任研究的重要理论基础之一。后来学者将合法性理论引入组织管理领域，因此合法性理论包括政治合法性和组织合法性。组织合法性的概念由 Talcott Parsons 于 1960 年提出，主要源于公众对社会责任的关注。20 世纪 60 年代，随着消费者主权运动、环境保护运动的兴起，企业组织更加关注社会公民的义务，考虑到组织对外部环境的影响，形成了组织合法性的雏形。财务会计领域通常用合法性理论解释信息披露，认为信息披露是组织遵守或证明其合法化的一种重要方式。组织通常以信息披露的形式影响利益相关者对组织合法化的感知（O'Donovan，2002）。Dowling 和

Pfeffer（1975）认为，管理层通过改变战略目标和信息披露等方式应对合法性危机。随着环境污染的加剧，企业社会责任引起越来越多的关注。披露社会责任信息是公司向利益相关者证明组织合法性的一种重要方式，合法性理论常常被用于企业社会责任和信息披露问题研究。Patten（1992）认为，重污染行业受到较多法律法规的管制，公司通常会披露较多的环境和社会绩效信息，以降低所面临的法律诉讼成本与合法性危机。Brown 和 Deegan（1998）研究发现，当企业的合法性因环境事故遭受质疑时，企业通过披露社会责任信息建立与利益相关者沟通的平台，通过社会责任信息缓解企业的合法性危机。Deegan（2002）基于合理性理论视角，研究 1983—1997 年 BHP 公司社会和环境信息披露情况，发现该公司通过披露较多正面的社会和环境信息缓解负面新闻报道对企业造成的影响，从而确保公司的合法性不受影响。IsIam 和 Deegan（2010）研究发现，企业环境和社会信息披露与负面新闻报道存在显著的正相关关系，公司通常会披露社会和环境信息，以应对负面新闻报道对企业合法性造成的负面影响。综上所述，合法性理论是企业社会责任研究的重要理论之一。

3.4.4 声誉理论

企业声誉是公众对企业心理认知的转变过程，说明企业的行为得到了社会的认可，从而会获得资源、机会和支持。企业声誉是一种稀缺的、有价值的、可持续的且难以模仿的无形资产，能够帮助企业获取战略竞争优势。声誉理论是资源基础理论的延伸与发展。Kreps 等（1982）建立了经济学中标准的声誉模型，随后有关声誉的理论研究日渐丰富。目前，有关声誉的研究主要集中在三个方面：声誉交易理论、声誉信息理论和声誉第三方治理理论。声誉交易理论将声誉作为一种可交易的无形资产，认为声誉信息的传播能提高资本市场运作效率，声誉信息在利益相关者之间的传播和交换提高了交易的透明度，降低了交易成本。声誉信息理论认为，声誉是反映行为人历史记录与特征的信息。声誉第三方治理理论认为，第三方治理机制使声誉的形成更为有效（Milgrom et al.，1990）。

在企业内部治理机制不透明的情况下，投资者对公司治理的判别更多地依赖外部治理机制的有效性（Healy，2001）。经理人市场机制能够在信息不对称的情况下，实现对经理人的有效激励，使其更好地为股东利益服务，在一定程度上弥补了内部激励契约的失灵。Fama（1980）认为，“时间”可以无成本地解决委托代理问题，长期的委托代理关系可以利用“声誉效应”激励和约束代理人的行为，即使没有显性激励契约，代理人迫于经理人市场的竞争压力和长期的职业发展考虑也会努力工作。虽然声誉机制本身会有一定的滞后效应，但是作为一种人力资本的甄别机制，它对经理人的激励非常有效。声誉激励不仅可以满足管理者薪酬、股权激励等物质上的需求，使企业获得更高的社会声誉、更好的行业口碑，还可以满足他们被尊重和自我实现的更高层次的心理需求，这弥补了管理层权力过大导致的内部激励偏差。

Holmstrom 等（1982）和 Krepdeng（1982）进一步使用更为严谨的数理推导及更为正规的数学模型对 Fama（1980）的思想进行验证和补充。Holmstrom 等（1982）在研究代理人“搭便车”和“竞争”问题时，证明了 Fama（1980）提出的声誉可以替代显性激励对代理人产生激励作用，同时考虑个体生命周期，对 Fama（1980）的思想进行了补充。他提出代理人—声誉模型，认为竞争本身是没有价值的，但代理人之间的竞争作为一种优化信息提取的手段是有价值的。他建立了一个在信息不对称情况下长期劳动契约的动态均衡模型，该模型中的代理人是风险规避的，具有未知的能力和生产力，风险中性的委托人通过观察代理人在一段时间内的产出来了解代理人的生产效率。有关研究发现，竞争可以提高代理人的工作效率，竞争形成的声誉机制可以发挥激励作用。但是，声誉的激励作用会受年龄的影响，年轻的代理人更重视自己的职业生涯和声誉积累，声誉的激励作用更显著。Krepdeng（1982）将动态博弈的思想引入静态委托代理模型，构建了标准声誉模型。该模型将参与人分为两种类型：一种是承诺类型，即该类参与人对自己的行为进行可信的承诺；另一种是机会主义倾向类型，即该类参与人虽然能力较强，但是可能选择较低的努力程度。在存在非对称信息的重复交易中，参与人希望通过合作实现各自长期的收益最大化，一旦有人展现出较低的努力程度，就会暴露自己的类型（声誉），并引发其他人的不合作，从而损失自己的长期收益。因此，从长期来看，参与人会约束自己的短期机会主义行为，在多次重复的交易中使其他参与人对其形成一个“好的看法”（高声誉），以获取长期合作的收益。

现有文献将声誉理论应用于企业社会责任问题研究。Fombrun 和 Shanley（1990）将企业声誉定义为企业在与内部员工及外部利益相关者关系中所处的位置。Fombrun（1998）将企业声誉划分为六个方面：企业财务业绩、企业产品质量、企业与雇员关系、企业的社区参与、环境表现和组织事务。企业声誉理论依赖利益相关者理论，其构成要素与利益相关者理论高度契合。现有文献从理论和实证两个方面论证企业社会责任表现对企业声誉的助推作用。Carroll（1979）从理论上支持企业社会责任的声誉建立假说，认为企业社会责任可以帮助企业建立良好的声誉。Wood（1991）认为，企业履行社会责任能够助推企业声誉建设。Brammer 等（2006）实证研究发现，企业社会责任表现是影响企业声誉的因素之一。也有学者将声誉用于风险治理效应研究领域。Koch（1994）对 1987 年 *Fortune* 杂志 AMAC 上榜企业进行分析，发现声誉越好的企业利润越多，市场风险越小，股东投资回报率相对越高。Cui 等（2018）在利益相关者理论的基础上提出了“声誉建立假说”，指出履行社会责任有助于提高企业的声誉，承担社会责任的企业需要较好的信息环境以维护其声誉，因此声誉降低了企业的信息不对称程度。随着企业和投资者之间信息不对称程度的降低，企业的风险也会降低（Benlemlih et al.，2017）。

3.4.5 社会交换理论

社会交换理论是“二战”后在西方社会学界逐渐兴起的一种社会学理论。近年来，社会交换理论已成为研究雇佣关系最有影响的理论之一。古典经济学家把人看作理性人，认为人们在自由和竞争的市场里同他人进行交易或交换时总是会寻求物质利益或效用的最大化。社会交换理论正是对这一古典经济学功利主义假设的借用和修正（特纳，2001）。早期的社会交换理论聚焦于个体交换过程，代表人物是乔治·卡斯伯·霍曼斯。霍曼斯把一切社会行为都看作交换，认为社会行为是“一种至少在两人之间发生的、或多或少要获得报酬或付出成本的、有形或无形的交换活动”。霍曼斯倾向于个人主义方法论和心理还原论，即以个人心理的解释推导群体行为，把社会现实看作个人行动结果，把社会结构看作由个人行动创造维持。行动、互动、情感、刺激、报酬、成本、投资、利润、剥夺等概念构成了霍曼斯理论的“基石”，它们相互结合建构了关于人类行为的一般命题系统。霍曼斯还认为，环境由彼此差不多的行动者占据着，每一个人都希望能控制或调节自己所处的情境，以使自己的利益最大化。他又指出，一部分人由于掌握着一些他人急需的特殊资源而被给予较高的地位，社会分层体系由此形成。他还提出了“公平分配原则”，即人们在交换中要对成本和报酬、投资和利润的具体分配比例作出判断，判断的依据是个人的客观经验，即行动者过去的经验和行动者认同的比较群体。不过，霍曼斯关于社会交换完全贯彻对待原则的思想并不完全符合社会生活的实际，他忽视了生活中存在不对等交换和由此产生的权力，因而是不真实的。

彼得·迈克尔·布劳提出了更广泛意义上的交换形式。他以微观个体结构和简单交换过程为出发点，以宏观组织结构和复杂交换过程为落脚点，将社会交换归于社会结构的制约与社会规范的引导。布劳也把社会交换设想为社会生活中一个极其重要的社会过程，但与霍曼斯不同，他并不认为所有社会行为都属于社会交换。布劳指出，社会交换是一种包括未被细化的未来的责任关系，当一方给予另一方帮助或恩惠时，就会期望在将来得到回报，而将来的回报建立在一方相信另一方必定会在长期内公平地回报他的基础之上。此外，一种行为要成为社会交换的对象，必须满足两个条件：一是该行为的最终目标只有通过与他人互动才能达到；二是该行为必须采取有助于实现这些目的的手段。对于社会交换，布劳还提出了五项基本原则。由于交换是一种以期待回报和换取回报为目的的行动，因此参与交换的行动者与精于计算的“理性经济人”模型类似，他们按照“行动价值可能性”公式行动。它包括两方面内容：一旦发生社会交换受惠，一方必须承担和履行回报义务；一旦破坏和违反互惠规范，交换过程就会自行中止。它对既定的交换关系中报酬与代价的比例所做的规定，直接制约着人们对报酬期待程度的边际效用。人们从事某一特定行为得到的报酬越多，该行动的价值越小，并且他们越不可能从事此活动。在社会单位中，某些交换关系越是稳定和均衡，其他交换关系就越可能变得不均衡和不稳定。布劳将社会交换过程划分为以下五个环节：①吸引。个人由于期待内在的或外在的报酬而被吸引到交换中，爱、荣誉、社会地位、美的追求等可视为内在的报酬，而金钱、服务、商品等属于外在的报酬。当行动者发现对方拥有自己所需的社会资源而又确信对方愿意提供这种资源时，他们之间就产生了相互吸引。②竞争。在交换关系中，各方会尽可能地显示自己的报酬能力，以吸引其他人同自己交换。每个交换者都试图在竞争中占据有利的交换地位，以顺利实现交换。③由于人们拥有的资源在种类、稀有程度、质量及数量上的不均衡，竞争的结局必然是那些占有资源优势的人顺利实现交换而成为优胜者，而那些缺乏有效资源的人则未能按照自己的期望得到公平的回报，成为失败者。布劳概括了四种一般性报酬，即金钱、社会赞同、尊重和服从，并以此作为结构分化的分类依据。当资源缺乏者以服从回报资源提供者时，就形成了权力分化。④整合。布劳通过阐述权力向权威的转化过程来说明权力结构在群体中所起的整合作用。权力被定义为个体或群体不顾他人反抗而将自己的意志强加于他人的能力，它以强制性为显著特征；权威则是指群体中的一种合法性，即合乎群体规范的权力，它的实施无须借助强制。资源地位较低的人发现，用服从换来的好处大于拒绝交换所带来的损失；而资源地位较高的人认为，自己提供的资源与换取的服从至少应是价值相当的，于是群体中形成了对权力结构的集体赞同，从而确立了权力结构的合法性。合法权威的确立改变了群体成员之间的互动模式，群体成员不用再为每次具体的交往讨价还价，从而减少了分歧和争执，提高了效率。同时，每个成员已经被安置在固定地位上，只需按照自己地位的角色要求行事就能得到相应的回报，而无须通过自我显示来争取更为有利的交换地位，从而减少了竞争和摩擦。⑤对立。在正式组织中，即使可以发展出对权力的集体赞同形成合法权威，也存在着对立和冲突的可能。常见的情况是集体内部的报酬结构发生了变化，不再符合群体成员的报酬期待或者群体成员的报酬期待结构发生了变化，原有的报酬结构已经不再能满足他们的需求。不论出现哪种情况，都会使某些参与交换的成员感到对方没有履行互惠义务，自己在交往中付出的代价多于获得的报酬，由此产生被剥夺意识。其结果是瓦解了合法权威赖以存在的集体赞同和统一规范，削弱了群体成员之间的相互控制，使权威蜕变为强制性权力，从而导致上下级之间的对立。如果下级成员接触机会较多，就有可能形成某种共同意识使个人不满或由对立发展为集体性的敌对行动。在这种情况下，下级对上级命令的反应是消极抵制或者采取报复性行动。

20 世纪 60 年代，社会交换理论兴起于美国，继而在全球范围内广泛传播。该理论以古典经济学和行为心理学为基础，将人的行为看作计较得失的理性行为，认为人的互动行为是为了追求自身利益最大化而发生的交换。社会交换理论由霍曼斯创立，主要代表人物有布劳和埃默森。霍曼斯的行为交换理论认为，人是社会学的主要研究单位，对社会现象的合理解释必须将人性的内在心理结构作为基础，人与人之间的互动实质上是一种交换过程。布劳的结构主义交换理论基于社会结构的原则，论述人与人之间的社会交换过程。布劳理论试图从人际关系的最小单位推演到较大的研究单位——社会结构，研究了权力、规范等社会生活中的复杂结构问题。

社会交换理论（Social Exchange Theory，SET）是理解组织行为最有影响力的理论之一（Cropanzano and Mitchell，2005）。该理论被广泛应用于管理学、社会学、社会心理学、组织行为学和人类学等多个领域（Cropanzano et al.，2017）。该理论的核心思想是人们会在获得回报的预期下与他人进行交换。霍曼斯（1958）首次对社会行为进行定义，认为“社会行为就是货物交换，既包括有形物质也包括无形物质的交换，如认可和声望等”。在交换过程中，一个人在给予他人时，会企图从他人那里得到同等的回报，达到一种交换的均衡。Blau（1964）进一步发展了社会交换理论，认为社会交换是指个人的自愿行为，这些行为是由自身预期会从他人那里获得回报所激发的。在拓展社会交换理论的同时，Blau（1964）将交换区分为社会交换与经济交换，并对两种交换进行了比较。他指出，只有社会交换倾向于产生义务、感激和信任等感觉，而纯粹的经济交换不会产生上述情感。Blau（1964）更强调从经济交换的角度进行分析，认为个体之间交往是因为可使彼此通过交换获得相应的报酬。类似地，Foa（1980）提出了资源理论，认为人际行为实际上是一种资源的交换，资源被认为是从一个人传递到另一个人的任何东西，并归结了 6 种交换资源，即爱、地位、信息、金钱、物品和服务。

互惠原则（reciprocity）和感恩图报（repayment in kind）被认为是社会交换理论的核心原则（Cropanzano and Mitchell，2005）。Gouldner（1960）将互惠定义为一种提供帮助和有回报义务的道德规范，并提出了满足互惠原则的两个最低要求，即“人们应该帮助那些帮助过自己的人”以及“人们不应该伤害那些帮助过自己的人”。Gouldner（1960）区分了三种不同类型的互惠：第一种是相互交换的互惠（mutually contingent exchange），强调有条件的人际交往，即一方在接受另一方提供的帮助后应当以实物形式回报；第二种是民间信仰的互惠（folk belief），强调一种“人们得到他们应得的”的社会价值观；第三种是道德规范的互惠（moral norm），强调一种“不承担互惠义务的一方会受到惩罚”的强制性文化。Cropanzano 和 Mitchell（2005）指出互惠原则是人际交往的基本原则，是解释个人行为的主要框架。个体在交换中遵循互惠原则，主要是为了确保长期的工具性回报，并在情感上满足社会心理需要（陆欣欣、孙嘉卿，2016）。

交换双方也可以通过协商原则（negotiated rule）实现有益于彼此的交换。不同于互惠原则，协商原则下的交换更加直接，交换条件更加明确，并且主要涉及经济交换。Molm 等（2000）将社会交换关系分为互惠型交换关系（reciprocal exchanges）和协商型交换关系（negotiated exchanges）。在互惠型交换关系中，参与者的交换是分开执行、没有事先协商的，人们不知道自己能否得到回报、什么时候得到回报以及得到多大程度的回报；在协商型交换关系中，交换双方联合参与决策过程，并就交换条款达成协议，任何一方无法达成共同协议都不能获得利益。Molm 等（2000）还指出，在同等条件下，互惠型交换相比协商型交换，能够产生更强的信任和情感承诺。Cropanzano 和 Mitchell（2005）认为，互惠型交换能够产生比协商型交换更好的工作关系，并允许个人更加相信并致力于彼此之间的关系。除了上述两种交换类型外，Meeker（1971）指出，人际交往本质上是个人决策的过程，人们在作决策的过程中需要遵循某些准则，并将这些准则分为互惠型、合理型、利他型、集体获益型、地位一致型和竞争型。其中，合理型是指使用逻辑与方法实现可能的结果；利他型是指人们宁愿自身付出代价也要使他人受益；集体获益型将所有好处放在一个“池子”里，个人可从这个“池子”中获取所需的信息；地位一致型则根据个体在社会群体中的地位来分配收益；竞争型与利他型相反，意味着即使自身付出代价也要伤害他人。

社会交换理论被应用到企业社会责任研究领域。在政治锦标赛激励下，政府将本应由其承担的社会责任转嫁给企业（Shleifer and Vishny，1994；周黎安，2007）。依据 Homans（1958）的社会交换理论，组织之间的互动实质上是一种交换，通过交换满足各自需求。企业承担社会责任和政府转嫁社会负担给企业实质上是一种交换，作为交换的一方——企业在帮助政府解决就业或社会捐赠问题之后，有强烈的动机获取政治资源，作为承担社会责任的交换价值，弥补其社会责任支出。现有研究表明，企业承担社会责任后换取的政治资源会给企业带来融资便利、税收优惠、政府补助、投资机会以及科技资源等（唐清泉、罗党论，2007；张敏 等，2013；戴亦一、潘越、冯舒，2014；张振刚 等，2017）。

3.4.6 信息不对称理论

信息不对称理论由美国经济学家约瑟夫·斯蒂格利茨、乔治·阿克尔洛夫和迈克尔·斯彭斯提出，认为市场中买卖双方掌握的信息是不对等的，信息优势方可以通过向信息劣势方出售信息获得收益。该理论能够解释很多市场现象，构成了现代信息经济学的核心，被广泛应用于现代公司治理领域。信息不对称的存在会产生逆向选择和道德风险问题。由于交易双方的信息不对称，拥有信息较少的一方或信息劣势方通常会作出错误的选择，即逆向选择。道德风险是由参与人选择错误行动引起的问题，主要指市场参与者在得到第三方保障的情况下，不必完全承担其决策和行为所引起的损失。市场信号可以在一定程度上缓解信息不对称问题。

信息不对称理论是信息经济学的经典理论，是现代信息经济学的核心，被广泛应用于传统的农产品市场、现代金融市场等领域。Modigliani 和 Miller（1958）提出的 MM 理论认为，资本市场是完备的，企业的外部资本和内部资本可以相互替代，企业的投资行为不会受到自身债务结构的影响。但在现实生活中，市场是不完备的，企业的外部融资成本高于内部融资成本，从而会产生融资约束。George Stigler（1961）提出，信息具有搜寻成本，市场不完备的主要原因在于信息不对称。信息不对称理论是由 Greenwald 等（1984）提出的，他们认为企业融资约束与信息不对称的程度正相关。信息不对称是指市场交易双方掌握的信息在数量和质量上存在差异，交易一方掌握的信息数量多、质量高，而交易另一方则恰恰相反。掌握信息数量多、质量高的一方在经济活动中具有优势，可以通过向掌握信息少、质量低的一方传递可靠信息而获益。

George Akerlof（1970）的“旧车市场”模型开了信息不对称理论的先河。有些学者对这一领域进行了深入研究，指出交易中的卖方比买方更了解商品信息，买卖双方中拥有信息少的一方会努力从交易另一方获得更多的信息，市场信号在一定程度上可以弥补信息不对称。De Weerdt Joachim 等（2019）从家庭网络的视角分析了信息不对称。

Tomislava Majic 等（2015）阐述了信息不对称的重要性，根据信息不对称发生的时间点对信息不对称模型进行分类，从而得出逆向选择和道德风险模型。信息不对称分为事前信息不对称和事后信息不对称：事前信息不对称是指在交易发生之前就已经存在的信息不对称，事后信息不对称是指在交易发生之后、合同签订之后发生的信息不对称。事前信息不对称会导致逆向选择。事后信息不对称会导致道德风险，道德风险包括隐藏行动的道德风险和隐藏信息的道德风险。逆向选择，是指当市场交易的一方能够利用多于另一方的信息使自己受益而对方受损时，信息劣势一方便难以顺利地作出买卖决策，于是价格发生扭曲，无法发挥平衡供求、促成交易的作用，进而导致市场效率降低。在逆向选择下，会发生由交易双方信息不对称和市场价格下降产生的劣质品驱逐优质品，进而使市场交易产品平均质量下降的现象。信息不对称可能导致逆向选择，这一观点是由 Arrow（1963）首次提出的。针对逆向选择，他在 1970 年发表的《柠檬市场——质量的不确定性和市场机制》一文中作了进一步阐述，通过研究柠檬市场，建立了二手车市场模型，证明了信息不对称中的逆向选择会导致市场失灵。从经济学角度解释，逆向选择是指交易一方对另一方的了解不充分，双方的地位不平等。现有学者使用委托代理理论分析逆向选择。信息不对称中拥有信息优势的一方被称为“代理人”，不具有信息优势的一方被称为“委托人”。在委托人签订委托代理合同前，代理人已经掌握了某些委托人不了解的信息，而这些信息有可能是对委托人不利的。代理人利用这些有可能会对委托人不利的信息签订对自己有利的合同，而委托人处于信息劣势，因此会作出对自己不利的决策，从而有可能出现“低质量”代理人驱逐“高质量”代理人，委托人只能选择“低质量”代理人的局面。逆向选择被广泛应用于旧车市场、保险市场、劳动力市场以及信贷市场等。逆向选择还被广泛应用于资本市场。Bollazzi Francesco 等（2018）研究了信息不对称对意大利资本市场风险投资（VC）逆向选择的影响过程。道德风险是 20 世纪 80 年代西方经济学家提出的经济哲学范畴的概念，即“从事经济活动的人在最大限度地增进自身效用的同时采取不利于他人的行动”。道德风险也称“道德危机”，是由信息不对称引起的。道德风险通常是指交易双方在交易协定签订后，其中一方利用多于另一方的信息，有目的地损害另一方的利益而增加自己利益的行为。

信息不对称理论被广泛应用于企业社会责任研究领域。依据信息不对称理论，负责任的企业会努力降低企业和利益相关者之间的信息不对称程度。道德型管理者将企业社会责任作为降低企业和利益相关者之间信息不对称程度的重要工具（Jensen and Meckling，1976）。在行为人之间存在信息不对称的情况下，个人或组织要建立和维持一种声誉，这种声誉会对行为人或组织产生激励作用。此外，声誉建立假说也支持企业社会责任对信息不对称程度的降低作用。Cui 等（2018）基于声誉建立假说，认为企业社会责任有助于提高企业的声誉。也有学者认为，积极承担社会责任的企业需要较好的信息环境维护其声誉，因此该类公司的企业信息不对称程度较低。在信息不对称程度较低的公司，企业和利益相关者通常有更良好的沟通平台与信任合作机制，企业更容易获取利益相关者提供的核心关键资源，该类企业在发展过程中面临的经营风险较低（Benlemlih，Girerd and Potin，2017）。

3.4.7 风险管理理论

越来越多的学者认为，企业风险管理为企业提供了一种比传统风险管理视角更全面的风险管理方法，是目前管理组织面临风险的基本范式（Hoyt and Liebenberg，2009）。企业风险管理可以降低企业的总体失败风险，通过采用系统的和一致的方法（或过程）管理组织面临的所有风险，从而提高企业绩效与组织价值。可以说，企业风险管理是一个行业组织为了增加组织对利益相关者的短期和长期价值，而对所有来源的风险进行评估、控制和监测的规范。学者们对整个风险管理系统虽有很多定义，但其本质是一样的。最引人注目和被高度认可的是COSO（美国反虚假财务报告委员会下属的发起人委员会，2004）给出的定义：企业风险管理是一个持续的闭环过程，由企业董事会、管理层和其他人员实施，应用于战略规划与实施和整个企业经营活动，旨在识别可能影响企业的潜在风险事件，并将风险管理纳入其风险偏好范围，为实现企业目标提供合理的保证。根据COSO（2004）的观点，组织的企业风险管理系统应该着眼于实现以下四个目标：①战略，即高层次的目标，与该组织的使命相一致并为其提供支持；②运营，即有效和高效地使用组织的资源；③报告，即组织报告系统的可靠性；④合规性，即组织遵守适用的法律和法规。COSO（2004）提出的企业风险管理的四个目标，扩展了COSO（1992）提出的狭义的企业风险管理的概念——内部控制框架，并且明确将内部控制框架纳入了战略管理目标。美国上市公司会计监督委员会（2007）发布的第五号审计准则也强调了对上市公司进行广泛风险管理的重要性。英国财务报告委员会（FRC）2005年的报告在制定英国上市公司内部控制相关规章制度的同时，重点关注组织风险管理的广义概念。

在企业风险管理框架发展过程中，COSO（2004）认识到适当的企业风险管理系统可能因企业而异。事实上，没有一个理论框架或模型可以预测影响企业的风险管理与其战略绩效之间关系的关键因素。根据现有文献，环境不确定性、行业竞争、企业规模、企业复杂性和董事会监督5个因素对理解企业风险管理与企业战略绩效之间的关系至关重要（Gordon et al.，2009）。由于影响组织的未来事件越来越不可预测，环境不确定性给组织带来了困难。与企业相关的风险以及对此类风险的适当反应可能会因企业面临环境的不确定而有所不同。行业竞争是所有组织关注的基本问题。在一定范围内、一个行业内，有许多企业生产（销售）类似的产品（服务）；企业规模与组织结构之间的关系一直是组织结构理论研究主要考虑的因素，企业对采用风险管理系统的反应与其规模正相关；商业交易的多样性可能导致信息整合程度降低，而组织内的管理控制系统会遇到更多困难；有效的企业风险管理系统依赖董事会的积极参与。

企业应遵循愿景中所设定的目标，制定可行性较高的风险防控目标。战略目标是企业发展的指路明灯，在制定战略目标时，企业要将风险偏好纳入其中，使计划收益和风险偏好有机结合起来。企业的资源配置方案取决于企业的风险偏好。管理者在各业务部门间分配资源时，应考虑企业的风险偏好和各业务部门为取得预期收益所采用的战略。

3.5 本章小结

本章系统地梳理了国内外企业社会责任的历史发展和演进逻辑，并在此基础上根据制度背景归纳总结了我国企业社会责任的推动力量，以期为研究企业社会责任风险治理效应提供制度依据。理论基础部分的归纳总结为本书研究提供了坚实的理论基础。具体来说，首先，归纳总结了国外企业社会责任的发展历程，从萌芽阶段一直梳理到全球化发展阶段。其次，根植于我国的制度背景，强调了政府的立法、监管机构的政策、行业组织的行业标准、研究机构发布的社会责任发展指数和新闻媒体所设社会责任评奖项目在企业社会责任发展过程中的推动作用。再次，梳理了新中国成立之后我国企业社会责任的发展历程。最后，具体阐述了企业社会责任的理论基础，主要包括利益相关者理论、资源基础理论、合法性理论、声誉理论、社会交换理论、信息不对称理论和风险管理理论。

第4章

企业社会责任对经营风险的治理效应

企业社会责任日益受到重视，特别是2008年国际金融危机之后，越来越多的企业积极承担社会责任并披露社会责任报告（Galema et al.，2008）。企业社会责任的“价值创造”假说认为，企业社会责任是企业的风险管理工具，有助于企业与利益相关者沟通，降低企业和利益相关者的信息不对称程度，减少企业的融资约束（Cheng，Ioannou and Serafeim，2014）。本章实证检验企业社会责任与经营风险之间的关系。

2019年3月5日，全国两会开幕式当天，李克强总理在政府工作报告中24次提到“风险”。3月9日，国务院国资委就国有企业改革发展问题举行了答记者会，在短短的一个多小时中，12次提到“风险”。可见风险管理对企业未来发展的重要性。企业应根据自身行业特点、业务特点对风险进行排查，在防范和化解风险方面提出应对策略。如何降低企业风险是当前摆在企业面前的重要议题之一。本章研究企业社会责任对企业经营风险的影响。

党的十九大将建设生态文明作为中华民族永续发展的千年大计，将污染防治作为决胜全面建设小康社会的三大攻坚战之一。日益严峻的环境问题引发人们对企业社会责任的高度关注，要求企业承担社会责任的呼声越来越高。自2008年中国沪深证券交易所颁布相关法律法规以来，越来越多的企业通过发布CSR报告形式展示社会责任承担情况。企业通过承担社会责任，可以树立负责任的社会形象。那么，树立了负责任的社会形象的企业一定会作出负责任的行为吗？已有研究对企业承担社会责任的动机所持态度不一，目前主要有两派观点——“自利工具”和“价值创造”（薄仙慧、吴联生，2009）。“自利工具”假说基于委托代理理论视角，认为管理层通过承担企业社会责任满足自身私利需要，借此掩盖自身的机会主义和败德行为，企业社会责任发挥了“遮羞布”的作用。“价值创造”假说认为，负责任的企业通常会考虑利益相关者利益以及企业长期价值，企业社会责任是维护关系的无形资产，可吸引社会责任感强的投资者和消费者，进而获取融资便利和提升经营业绩。

围绕上述两派观点，与本书相关的文献主要聚焦于社会责任对企业总风险、系统风险、特质风险、财务风险和破产风险的影响，目前主要存在三种结论。第一种结论：企业承担社会责任能降低总风险、系统性风险、特质风险、财务风险和破产风险，而企业不负责任的行为将提高非系统性风险，较差的社会责任业绩将增加企业特质风险。第二种结论：企业社会责任会提高企业风险。Waddock 和 Graves（1997）认为，履行社会责任的企业未来将面临不确定性和法律诉讼风险，企业的经营风险和运营成本会提高。Kim 等（2014）根据企业社会责任的“自利工具”假说，认为管理层会通过积极承担社会责任掩盖自身的不当行为，此时企业承担社会责任可能会提高经营风险，甚至面临破产。第三种结论：企业社会责任投资不会对企业风险产生显著影响。鲜有文献涉及企业层面的经营风险。本书以经营风险为切入点，从利益相关者的视角研究企业社会责任对经营风险的影响，为企业加强风险管理、实现高质量发展提供重要的理论和实证依据。

近年来，企业社会责任受到全社会的广泛关注。现有文献主要从企业社会责任的定义、衡量方法、影响因素、动机和经济后果等方面展开研究，其中经济后果相关文献聚焦社会责任信息披露对盈余管理、现金持有决策、融资约束、权益资本成本、分析师关注、股价同步性以及股价崩盘风险等的影响。部分文献聚焦企业社会责任对财务绩效、企业价值、投资效率、研发投资、投资策略、债务期限以及债务违约风险等的影响。少量国外文献研究企业社会责任对资本市场风险的影响，认为企业社会责任产生的道德资本和声誉资本为企业提供了“类似保险”的作用，降低了系统风险和商业风险，尤其是有争议行业的系统风险。Benlemlih 等（2017）研究发现，企业社会责任显著降低了大陆法系国家企业的特质风险。

2008 年国际金融危机爆发以后，企业社会责任的重要性被提上议事日程。2008 年底，上海证券交易所和深圳证券交易所均发布了关于企业披露社会责任报告的文件。① 据第三方评级机构润灵环球统计，2009—2017 年中国 A 股

---

① 2008 年 12 月 30 日，上海证券交易所发布《关于做好上市公司 2008 年年度报告工作的通知》，12 月 31 日，深圳证券交易所发布《关于上市公司 2008 年编制年度报告的通知》，要求企业在 2009 年 4 月 30 日之前完成 2008 年年度报告的准备、提交和披露工作，如果未在 2009 年 5 月 1 日前提交报告，上市公司将面临退市或摘牌的惩罚，公司的相关负责人也将受到公众的谴责。

上市公司发布的企业社会责任报告呈逐年增多态势。企业逐渐认识到履行社会责任的重要性。很多学者研究发现，企业承担社会责任能够实现社会和企业的双赢，不仅有利于提高社会福利水平，也有利于企业自身的发展。前期有大量文献研究企业社会责任与财务业绩之间的关系。本章基于企业风险视角研究企业社会责任与经营风险之间的关系，发现企业社会责任会影响企业的风险管理决策，进而影响企业的经营风险。

风险管理通过减小预期的金融、社会或环境危机对企业现金流的不利影响来降低企业风险（Sharfman and Fernando，2008），或通过企业社会责任积累的道德资本和声誉资本为企业提供“类似保险”的功能（Godfrey，2005；Godfrey et al.，2009）。虽然以前有些文献涉及企业社会责任与企业风险之间的关系，但仅聚焦单一方面的企业风险或基于发达国家资本市场进行研究（Jo and Na，2012；Oikonomou et al.，2012；Kao et al.，2016）。本章研究企业社会责任对经营风险的影响，同时分析制度环境、社会信任程度和机构投资者持股对上述关系的影响。

本章通过理论分析和实证检验验证企业社会责任与经营风险之间的关系。研究发现，企业积极承担社会责任会降低经营风险。利用两阶段最小二乘法（2SLS）和广义矩估计（GMM）控制可能存在的内生性问题，同时利用公司前 3 年和前 5 年资产收益率（ROA）的波动率、盈利的波动程度以及经行业调整的 ROA 标准差度量企业经营风险并进行稳健性检验，可知本章的研究结论具有一定的稳健性。有关研究发现，机构投资者持股比例越高，企业社会责任对企业经营风险的降低效应越显著。本章将制度分为正式制度和非正式制度，发现以市场化进程为代表的正式制度环境越好，企业社会责任对企业经营风险的降低效应越显著；以社会信任为代表的非正式制度环境越好，企业社会责任对经营风险的降低效应越显著。异质性分析发现，当企业存在不当行为时，企业社会责任对经营风险的降低效应不显著。进一步对作用机理进行分析发现，提高企业声誉、信息不对称程度和代理效率是企业社会责任降低经营风险的三条重要路径。有学者拓展分析了企业社会责任风险降低效应所产生的经济后果，发现企业社会责任通过降低经营风险提高了企业价值，经营风险在企业社会责任和企业价值之间发挥着中介作用。

本章的研究意义体现在以下三个方面：第一，结合 2019 年全国两会热议的风险问题，根植于我国的制度背景，实证检验企业社会责任对经营风险的影响，丰富了企业社会责任经济后果的相关研究。企业社会责任经济后果的相关文献主要聚焦财务业绩、资本成本、分析师关注等，本章的结论丰富了企业社会责任的相关研究。第二，前期文献较多关注金融风险，本章从微观视角关注企业经营风险，并从企业社会业绩角度研究其对企业自身风险的影响，丰富了经营风险相关文献。第三，将制度分为以市场化进程为代表的正式制度和以社会信任水平为代表的非正式制度，研究正式制度、非正式制度和机构投资者持股情况对企业社会责任与经营风险关系的影响。

4.1 理论推导与研究假设

国外学者大多基于资本市场数据度量企业风险，从企业总风险和特质风险的视角研究企业社会责任与资本市场经营风险之间的关系（Godfrey et al.，2009；Jo and Na，2012；Cai et al.，2016；Bouslah et al.，2013），基于相关理论验证企业社会责任对经营风险的影响。

4.1.1 企业社会责任与经营风险

前期的文献主要运用利益相关者理论论证企业社会责任的经济后果。众多文献表明，企业社会责任不仅有益于社会，企业自身也会受益（Porter and Kramer，2006）。Godfrey（2005）认为，企业社会责任形成的声誉资本和道德资本具有"类似保险"的作用，能够降低法律诉讼或环境成本给企业带来的不确定性（Dhaliwal et al.，2011），减少负面事件对企业的冲击（Karen and Marc，2005）。企业社会责任具有风险降低效应，特殊时期和特殊行业的风险降低效应更显著（Jo and Na，2012；Cai et al.，2016；Bouslah et al.，2013）。

首先，基于利益相关者理论，Freeman（1984）认为，企业管理者为确保组织的生存和发展，应平衡股东、员工、客户和社区的利益。事实上，企业会为提高声誉而完成社会绩效，并增加利益相关者的利益。利益相关者被认为是企业重要的资源提供者，积极承担社会责任有利于企业与利益相关者建立良好的关系（Choi and Wang，2009），而与利益相关者建立良好的关系能保障其所提供资源的数量和质量，从而帮助企业提升竞争力、降低经营风险。此外，承担社会责任有利于企业声誉资本和道德资本的积累。契约理论是利益相关者理论最重要的思想基础之一。根据产权理论，企业存在多重委托代理关系，除股东和管理者之间的委托代理关系外，还包括债权人、员工、供应商、政府、客户等其他利益相关者和股东或管理者之间的委托代理关系（Hill and Jones，1992）。

其次，依据信息不对称理论，负责任的企业会努力提高信息透明度，降低企业和利益相关者之间的信息不对称程度。

最后，企业积极承担社会责任行为可能会提高管理层代理效率。Cheng 等（2014）基于利益相关者理论的视角，认为社会责任增加了企业同利益相关者之间的长期信任与合作（Choi and Wang，2009；Jo and Harjoto，2011），规避管理层短视行为，提高代理效率。相比短视型管理者，谋求企业长期可持续发展的管理者通常也面临平衡风险和收益，更注重企业与利益相关者之间的关系，通常该类企业面临的经营风险相对较低。

H4. 1：在其他条件相同的前提下，企业积极承担社会责任会降低经营风险，企业社会责任与经营风险负相关。

4. 1. 2　制度环境、企业社会责任与经营风险

制度环境是影响企业行为的重要因素，特别是处于转型期的国家，制度环境对微观企业行为的影响更显著（许金花 等，2018）。中国作为经济转型国家的典型代表，市场化进程的一个显著特点是不同省份的经济发展水平和法治化进程存在显著差异（Démurger et al.，2001）。在制度环境较差地区，企业面临的法律监管相对较弱（Wei et al.，2011），导致企业面临的信息环境相对较差。以往研究表明，市场化进程越快的地区，政府对经济的干预程度相对越低，法律环境相对越完善，企业社会责任业绩越好（周中胜 等，2012；彭珏、陈红强，2015）。许金花等（2018）研究发现，制度环境影响民营企业社会责任的履行，在较差的制度环境下，政府对企业的干预较多，私有产权可能并没有受到法律保护，使得企业更关注短期经济利益；而在制度环境较好的地区，随着法律制度的不断完善、政府干预程度的降低和要素市场的发育，企业所面临的不确定性风险降低，企业更愿意借助承担社会责任积累声誉和其他资本。因此，制度环境是影响企业社会责任与企业经营风险关系的重要因素。

H4. 2：在其他条件相同的前提下，制度环境越好的地区，企业社会责任对经营风险的降低效应越显著。

4.1.3 社会信任、企业社会责任与经营风险

近年来，非正式制度受到学术界的高度关注（Capie，2016）。前期文献研究发现，正式制度可以为企业活动提供相应的秩序，但正式制度的约束只是制度环境约束的一部分，其影响范围较为恒定，而非正式制度作为正式制度的重要补充，会对公司治理和企业风险产生重要影响。当前，中国正处于经济转型时期，正式制度的制定存在一定的不完善之处，以社会信任为主的非正式制度在一定程度上弥补了经济转型过程中普遍存在的体制漏洞（Allen et al.，2005）。社会信任是指社会成员彼此信任的总体水平。社会信任度高的地区通常有一系列可以规范生产与企业行为的价值观和准则（Coleman，1988），这些价值观和准则会潜移默化地影响个人或组织的行为，导致该地区的个人或组织有更强的社会责任感（Guiso et al.，2008）。唐亮等（2018）实证研究了社会信任和媒体关注等非正式制度对企业承担社会责任的影响，发现社会信任程度越高的地区，企业越愿意承担社会责任。在社会信任程度较高的地区，崇尚诚信的企业文化会潜移默化地影响高管的行为，使其更愿意接受维护公众利益的价值观念，这种道德诉求有助于企业承担社会责任。此时，企业承担社会责任是适应本地区生活价值观的需要。承担社会责任所带来的良好的利益相关者关系有助于降低企业融资成本、提高企业经营业绩，同时能够帮助企业获取利益相关者所提供的优质资源，进而降低企业经营风险（Jo and Na，2012）。此外，前期文献研究发现，社会信任程度会影响企业的运营环境和运营风险。雷光勇等（2014）发现，作为非正式制度的社会信任能够在法律执行缺失的情况下发挥作用，降低企业面临的环境不确定性，保障公司制度环境的稳定。Xin 和 Pearce（1996）认为，在正式制度不健全的情况下，管理者通常会寻求非正式制度的支持，以降低企业的运营风险和交易成本。基于上述原因，本章认为社会信任程度会影响企业社会责任和经营风险之间的关系。

H4.3：在其他条件相同的情况下，社会信任程度越高的地区，企业社会责任对经营风险的降低效应越显著。

4.1.4 机构投资者持股、企业社会责任与经营风险

现有研究表明，越来越多的机构投资者在进行投资决策时会考虑企业社会绩效（毛磊 等，2012），针对中国企业社会责任缺失事件频发给投资者造

成巨额损失这一现状，机构投资者为规避风险，会更加关注企业社会绩效。关于企业社会绩效对机构投资者决策的影响，目前主要有两种观点：短视投资者假说和超级投资者假说。

根据 Hansen 和 Hill（1991）的短视投资者假说，机构投资者可能比个人投资者更短视，会根据年度甚至季度业绩作出投资决策（Woolridge，1988）。机构投资者自身存在的代理问题会加剧机构投资者的短视行为，导致被投资公司的短期利润被重点关注，而社会绩效等长期指标不被关注。

超级投资者假说认为，投资者在制定投资决策时会注重企业社会责任等长期绩效。首先，基于风险规避视角，机构投资者为降低潜在的风险，在作决策时会考虑企业社会责任因素。现有研究表明，企业社会责任具有降低风险的作用（Jo and Na，2012），所以机构投资者更愿意投资社会责任绩效较好的企业。其次，根据 Fama（1970）的有效市场理论，投资者会考虑公开可得到的信息对未来现金流和投资风险的影响，企业社会责任作为风险降低工具会影响未来现金流的折现率。如果一家公司进行了社会责任投资，如为降低环境污染增加环保支出，虽然可能会降低未来现金流，但同时会降低风险调整后的折现率。风险折现率的下降可能足以弥补未来现金流的下降，进而增加未来现金流的现值，使得积极承担社会责任的公司的股票对投资者更有吸引力。再次，我国股权高度集中的现状会对机构投资者形成流动性约束，使其很难进行不影响股价的秘密抛售行为（Pound，2006），流动性约束可以有效规避其短视行为，促使其转变为关注社会责任的投资者。2008 年以来，我国制定了一系列与社会责任有关的法律法规，企业和机构投资者的社会责任意识逐渐增强。《中国基金业责任投资调查报告》（2013，2014）显示，大约 78%的基金公司为规避风险，会将社会和环境指标纳入其投资决策的考量因素，大约 89%的基金经理会关注社会责任信息。因此，本章支持超级投资者假说。

H4. 4：在其他条件相同的前提下，机构投资者持股比例越高的企业，企业社会责任对经营风险的降低效应越显著。

4. 2 研究设计

4. 2. 1 数据来源与样本选择

2008 年，上海证券交易所和深圳证券交易所分别出台了《关于做好上市公司2008年年度报告工作的通知》和《关于上市公司2008年编制年度报告的通知》，自此披露社会责任报告的企业呈逐年增多态势。随着社会责任报告的披露，出现了不同的社会责任评级方法，主要包括自建指标体系、国泰安（CSMAR）每股社会责任贡献值、企业慈善捐赠额、润灵环球企业社会责任评级、和讯网社会责任评级。自建指标体系存在主观性选择因素，使数据衡量具有主观性。CSMAR每股社会责任贡献值存在大量缺失值。润灵环球评级机构针对企业披露的社会责任报告从内容性、整体性和技术等方面进行评级，在我国当前社会责任报告披露十分有限的前提下，其评级结果不足以科学合理地评价企业社会责任履行情况。和讯网社会责任评级机构对企业社会责任报告和财务报告进行评级，是目前较权威的第三方评级机构，越来越多的文献以其评级分数作为企业社会责任的代理变量。本章以和讯网社会责任评级机构的分数作为企业社会责任的代理变量。和讯网从2010年开始对上市公司社会责任履行情况进行专业评级并发布评级结果。本章选取和讯网2010—2017年的社会责任评分作为自变量，以我国A股上市公司作为研究对象。由于相关变量需要运用滞后期数据，故本章以2007—2017年为研究期间，对初始样本进行如下处理：第一，根据证监会2012年发布的上市公司行业分类标准，剔除金融业样本；第二，剔除数据采集期间ST或*ST的样本；第三，剔除相关数据缺失的样本；第四，对所有连续变量在上下1%水平上进行Winsorize处理。

本书在数据处理及实证检验过程中使用了Excel 2010和Stata15软件。本章所有财务数据均来自CSMAR系列研究数据库，企业社会责任数据来自和讯网。

4.2.2 变量定义与模型设计

4.2.2.1 经营风险

经营杠杆系数（DOL）是一个较综合的量化指标，通常用该系数度量企业经营风险。所谓“经营杠杆”，是指息税前收益的变动率相对于销售量变动率的倍数。由于固定成本的存在，销售量较小的变动会引起息税前收益较大的变动，因此杠杆大的企业在销售量下降时可能先遭受亏损，并由此引发经营风险。借鉴于丽萍等（2018）的做法，本章采用经营杠杆系数度量企业的经营风险，通过销售量和EBIT之间的杠杆系数反映企业经营过程中面临的风险。此外，借鉴 Eriksson（1999）、廖理等（2009）和廖冠民等（2010）的做法，运用历史 3 年主营业务收入的标准离差率度量企业的经营风险（RISK1），其中标准离差率等于变量的标准差除以变量的均值。借鉴 Allayannis 和 Brown（2010）、孟庆玺等（2018）的做法，用主营业务收入的标准差度量企业经营风险。

在稳健性检验部分，借鉴申慧慧等（2010）、褚剑等（2018）的做法，采用公司前 3 年 ROA 的波动率衡量企业的经营风险（SDROA1），同时考虑到结果的稳健性，运用公司前 5 年 ROA 的波动率衡量企业的经营风险（SDROA2）。借鉴 John 等（2008）、Acharya 等（2011）、王竹泉等（2017）的做法，运用盈利的波动程度度量企业的经营风险，即第（t-4）年至（t-1）年（4 年）的息税折旧摊销前利润率滚动取值的标准差（SDEBIT）。借鉴 Boubakri 等（2011）、余明桂等（2013）和王化成等（2017）的做法，用每一观测时间段经行业调整的 ROA 标准差（ADJSDROA）衡量企业的经营风险①，该指标越大，表明企业的经营风险越大。

4.2.2.2　企业社会责任

借鉴贾兴平和刘益（2014）、冯丽艳等（2016）、刘柏和卢家锐（2018）等的做法，本书采用和讯网发布的上市公司社会责任评级结果衡量企业社会责任。和讯网依据年度财务报告和社会责任报告对企业社会责任行为进行评分。在当前发布的社会责任报告数量和质量十分有限的前提下，同时依靠年度财务报告和社会责任报告的打分方法较为权威。和讯网社会责任评级机构将企业社会责任划分为股东责任、员工责任、供应链责任、环境责任和公益责任五个方面，并运用 13 个二级指标和 37 个三级指标以及相应的行业权重比例对上述五个方面进行评分，以全面评价企业社会责任履行情况。

4.2.2.3　模型设计

借鉴 Jo 和 Na（2012）的模型，估计企业社会责任对经营风险的影响。

$$Risk_{it}=\beta_0+\beta_1 CSR_{it}+\beta_2 MB_{it}+\beta_3 LEV_{it}+\beta_4 SIZE_{it}+\beta_5 RD_{it}+\beta_6 ROA_{it}+\beta_7 CAPEX_{it}+\beta_8 OCFR_{it}+\beta_9 Growth_{it}+\beta_{10} ADV_{it}+Year+Industry+\varepsilon_{it} \quad (4-1)$$

模型（4-1）中，it 表示 i 年 t 公司；$Risk$ 表示企业经营风险，分别用

① 借鉴 Boubakri 等（2011）的做法，观测时间采用年份滚动的方法，如第一时段是 2010—2013 年，第二时段是 2011—2014 年，依此类推。

表 4-1中的 *DOL*、*RISK*1 和 *RISK*2 表示；*CSR* 回归系数 β_1 表示企业社会责任对经营风险的影响系数，若 $\beta_1<0$，说明企业社会责任降低了经营风险，反之则说明企业社会责任提高了经营风险。主要变量说明见表 4-1。

表 4-1 主要变量说明

变量类型	变量名称	变量符号	变量定义
被解释变量	经营风险	*DOL*	经营杠杆系数
		*RISK*1	主营业务收入的标准离差率
		*RISK*2	主营业务收入的标准差
解释变量	企业社会责任	*CSR*	和讯网企业社会责任评级分数
调节变量	制度环境	*Market*	来自王小鲁等（2016）对中国分省份市场化指数报告（2016）
	社会信任	*Trust*	来自张维迎和柯荣住（2002）对中国 31 个省份社会信任程度的调查结果
	机构投资者持股	*Ishare*	年末机构投资者持股数占公司总股数的比例
控制变量	市账比	*MB*	资产市场价值/资产账面价值
	资产负债率	*LEV*	负债总额/资产总额
	公司规模	*SIZE*	年末总资产的自然对数
	研发支出	*RD*	研发支出额/营业收入
	总资产收益率	*ROA*	净利润/总资产平均余额
控制变量	资本性支出比率	*CAPEX*	购建固定资产、无形资产和其他长期资产支付现金/总资产
	经营现金流比率	*OCFR*	经营活动产生的现金流量净额/总资产
	营业收入增长率	*Growth*	营业收入增长额/上年营业收入
	广告费支出	*ADV*	广告费用/总销售额
	年度	*Year*	样本属于某一年度取值为 1，否则取值为 0
	行业	*Industry*	样本属于某一行业取值为 1，否则取值为 0

4.3 实证结果分析

4.3.1 变量描述性统计

在表 4-2 中，企业社会责任（*CSR*）的平均值（中位数）为 26.970

(22.140)，标准差为 16.770，说明各企业履行社会责任的情况存在显著差异。企业要充分认识到，履行社会责任不仅有助于提高整体社会福利水平，更有助于企业自身的发展。研发支出（*RD*）的平均值（中位数）为 4.145 (3.370)，标准差为 4.016，说明各个企业研发支出存在显著差异。

表 4-3 为主要变量组间系数差异检验，当企业社会责任（*CSR*）大于等于样本中位数，即企业社会责任表现较好时，*DOL* 和 *RISK*1 的均值分别为 1.397、0.277；当企业社会责任（*CSR*）小于样本中位数，即企业社会责任表现较差时，*DOL* 和 *RISK*1 的均值分别为 1.833、0.288。这说明企业社会责任表现越好，企业经营风险越低，初步验证了 H4.1，即企业社会责任能降低企业的经营风险。

表 4-2　变量描述性统计

变量	观测值	平均值	标准差	最小值	中位数	最大值
DOL	9912	1.654	0.843	1.030	1.383	6.603
*RISK*1	9912	0.200	0.161	0.012	0.156	0.866
*RISK*2	9912	0.300	0.230	0.036	0.240	1.360
CSR	9912	26.970	16.770	2.560	22.140	76.590
MB	9912	0.797	0.777	0.100	0.547	4.592
LEV	9912	0.405	0.196	0.051	0.395	0.844
SIZE	9912	22.160	1.214	20.050	21.980	26.020
RD	9912	4.145	4.016	0.030	3.370	24.220
ROA	9912	0.048	0.039	-0.005	0.039	0.192
CAPEX	9912	0.052	0.045	0.001	0.038	0.220
OCFR	9912	0.047	0.064	-0.131	0.044	0.227
Growth	9912	0.218	0.414	-0.363	0.134	2.636
ADV	9912	0.075	0.082	0.001	0.047	0.428

表 4-3　中位数差异检验

变量	观测值	*DOL* 均值	*RISK*1 均值
CSR<中位数	4956	1.833	0.288
CSR≥中位数	4956	1.397	0.277
t 检验		0.436***	0.011***

注：***表示在 1%的水平上显著。

4.3.2 相关系数矩阵

由表4-4可知，企业社会责任（*CSR*）与企业经营风险（*DOL*）的相关系数为-0.178，并且在1%的水平上显著，初步验证了H4.1，即企业社会责任能降低企业经营风险。市账比（*MB*）与经营风险显著正相关，说明成长性越高的企业面临的风险越高。公司规模（*SIZE*）与经营风险显著正相关，说明大规模公司面临的经营风险可能较高。资产负债率（*LEV*）与经营风险显著正相关，说明负债经营到期还本付息的压力会提高企业经营风险。盈利能力（*ROA*）与经营杠杆系数（*DOL*）负相关，说明盈利能力越强的公司面临的经营风险越低。营业收入增长率（*Growth*）与企业经营风险显著正相关，说明企业的成长性越好，企业为满足经营发展需要面临的经营风险越高。广告费支出（*ADV*）与企业经营风险显著负相关，说明增加广告费支出可能会增加产品销售和知名度，降低企业经营风险。

4.3.3 多元回归结果分析

4.3.3.1 企业社会责任与经营风险回归分析

本部分选取的样本观测值为9912个，对应的样本区间为2010—2017年，用经营杠杆系数（*DOL*）、主营业务收入的标准离差率（*RISK*1）和主营业务收入的标准差（*RISK*2）度量企业经营风险。考虑到行业因素和时间因素对结果造成的影响，本部分控制行业效应和时间效应，回归结果见表4-5。由表4-5可知，在考虑可能的控制变量以及年度和行业固定效应之后，企业社会责任（*CSR*）与经营杠杆系数（*DOL*）的相关系数为-0.220，并且在1%的水平上显著负相关，说明社会责任业绩越好的公司，经营风险越低。研究结论支持H4.1，即企业社会责任具有风险降低效应，负责任的公司通常经营风险较低。企业社会责任（*CSR*）与主营业务收入标准离差率（*RISK*1）的相关系数为-0.028，并且在5%的水平上显著负相关，说明社会责任业绩越好的公司，经营风险越低。企业社会责任（*CSR*）与主营业务收入的标准差（*RISK*2）的相关系数为-0.043，并且在5%的水平上显著负相关，说明社会责任业绩越好的公司，经营风险越低。

表 4-4　相关系数矩阵

变量	*DOL*	*RISK2*	*RISK1*	*CSR*	*MB*	*LEV*	*SIZE*	*RD*	*ROA*	*CAPEX*	*OCFR*	*Growth*	*ADV*
DOL	1												
RISK2	-0.114***	1											
RISK1	-0.104***	0.805***	1										
CSR	-0.178***	0.029***	0.023**	1									
MB	0.118***	-0.039***	-0.043***	0.098***	1								
LEV	0.056***	0.106***	0.075***	0.009	0.607***	1							
SIZE	-0.018*	0.114***	0.066***	0.254***	0.635***	0.553***	1						
RD	-0.004	0.009	0.023**	-0.055***	-0.298***	-0.350***	-0.277***	1					
ROA	-0.470***	0.139***	0.093***	0.287***	-0.362***	-0.400***	-0.095***	0.105***	1				
CAPEX	0.039***	0.009	0.011	0.039***	-0.065***	-0.062***	-0.071***	0.033***	0.098***	1			
OCFR	-0.073***	-0.072***	-0.076***	0.185***	-0.099***	-0.156***	0.033***	-0.025**	0.443***	0.146***	1		
Growth	-0.159***	0.462***	0.162***	-0.023**	-0.084***	0.029***	0.019*	0.007	0.132***	0.022**	-0.050***	1	
ADV	-0.074***	-0.034***	-0.040***	0.042***	-0.242***	-0.290***	-0.195***	0.225***	0.239***	-0.023**	0.124***	-0.027***	1

注：***、**、*分别表示在 1%、5%和 10%的水平上显著。

表 4-5 企业社会责任与经营风险回归结果

变量	(1) *DOL*	(2) *RISK*1	(3) *RISK*2
CSR	-0.220*** (-3.47)	-0.028** (-2.37)	-0.043** (-2.48)
MB	0.059** (2.44)	-0.036*** (-7.90)	-0.045*** (-6.43)
LEV	-0.608*** (-6.97)	0.124*** (8.36)	0.185*** (8.78)
SIZE	0.005 (0.35)	0.014*** (5.14)	0.027*** (6.63)
RD	0.003 (0.78)	0.000 (0.67)	0.001 (0.99)
ROA	-11.940*** (-28.06)	0.609*** (8.65)	0.930*** (9.28)
CAPEX	1.070*** (4.06)	0.050 (1.11)	0.036 (0.58)
OCFR	1.775*** (11.00)	-0.293*** (-8.17)	-0.387*** (-7.99)
Growth	-0.137*** (-7.52)	0.040*** (6.68)	0.226*** (33.57)
ADV	0.025 (0.18)	-0.045 (-1.51)	-0.018 (-0.36)
常数项	2.522*** (8.67)	-0.204*** (-3.48)	-0.455*** (-5.42)
Industry	控制	控制	控制
year	控制	控制	控制
N	9912	9912	9912
调整 R^2	0.291	0.101	0.280
F	38.669	17.738	53.774

注：***、**分别表示在1%、5%的水平上显著，括号中为 *t* 值。

4.3.3.2 制度环境、企业社会责任与经营风险

制度环境是影响企业行为的重要因素之一。我国正处于制度转型的关键时期，制度环境会对企业行为产生较大影响，企业应根据制度环境动态调整自身行为（王钦、张雀，2018）。有学者运用王小鲁等（2016）的市场化指数衡量制度环境。该指数主要包括政府对经济的干预指数、要素和产品市场发

育程度以及法律指数等，相关指数值越大，代表市场化程度越高，地区制度环境越好。本章将市场化指数按照是否大于中位数进行分组检验。

表 4-6 的第（1）列、第（3）列、第（5）列代表市场化指数大于等于样本中位数的一组，由回归结果可知：市场化指数越高的地区，企业社会责任对经营风险的降低效应越显著；制度环境会影响企业社会责任和经营风险之间的关系，制度环境越好的地区，企业社会责任降低经营风险的效果越显著。表 4-6 的第（2）列、第（4）列、第（6）列代表市场化指数小于样本中位数的一组，由回归结果可知，企业社会责任对经营风险的影响不显著，组间系数之间存在显著差异。这说明在制度环境较差的地区，政府干预较强，法治环境不健全，企业经营面临很大的不确定性，企业履行社会责任能否带来经济后果也存在很大的不确定性，因此企业履行社会责任对经营风险的降低效应可能不显著；相反，在政府干预较少、以正式规则为特征的制度环境中，企业经营面临的不确定性降低，企业愿意通过履行社会责任获得声誉资本和利益相关者的支持，以及企业发展所需要的核心资源，从而降低经营风险。因此，制度环境越好的地区，企业社会责任对经营风险的降低效应越显著。

表 4-6　制度环境、企业社会责任与经营风险

变量	(1) *DOL*	(2) *DOL*	(3) *RISK1*	(4) *RISK1*	(5) *RISK2*	(6) *RISK2*
CSR	-0.934*** (-2.97)	-0.469 (-0.37)	-0.061*** (-3.33)	-0.011 (-0.74)	-0.132*** (-4.87)	-0.035 (-1.46)
MB	0.167* (1.94)	1.516 (0.44)	-0.050*** (-9.88)	-0.026*** (-6.48)	-0.077*** (-10.31)	-0.030*** (-4.57)
LEV	-1.283*** (-4.27)	-27.272* (-1.90)	0.133*** (7.57)	0.116*** (6.81)	0.255*** (9.87)	0.195*** (7.11)
SIZE	0.026 (0.49)	0.799 (0.30)	0.018*** (5.72)	0.016*** (5.12)	0.035*** (7.65)	0.031*** (5.94)
RD	0.014 (1.50)	-0.391 (-0.69)	0.001 (0.99)	-0.001 (-1.47)	0.001 (0.99)	-0.002* (-1.92)
ROA	-15.728*** (-11.69)	-62.045 (-1.13)	0.832*** (10.58)	0.478*** (7.38)	1.602*** (13.83)	1.029*** (9.84)
CAPEX	2.273** (2.29)	38.617 (0.92)	0.098* (1.70)	0.049 (1.00)	0.193** (2.26)	0.059 (0.74)
OCFR	2.399*** (3.35)	3.287 (0.10)	-0.401*** (-9.58)	-0.210*** (-5.40)	-0.700*** (-11.37)	-0.338*** (-5.40)

续表

变量	(1) *DOL*	(2) *DOL*	(3) *RISK*1	(4) *RISK*1	(5) *RISK*2	(6) *RISK*2
Growth	-0.000 (-0.00)	-0.002 (-0.01)	0.000*** (3.58)	-0.000 (-0.86)	0.002*** (12.94)	0.005*** (13.92)
ADV	0.842 (1.51)	-8.508 (-0.33)	0.004 (0.11)	-0.046 (-1.54)	-0.020 (-0.42)	-0.038 (-0.77)
常数项	2.728* (1.94)	-3.499 (-0.06)	-0.335*** (-4.09)	-0.215*** (-3.25)	-0.681*** (-5.64)	-0.451*** (-4.22)
行业	控制	控制	控制	控制	控制	控制
年度	控制	控制	控制	控制	控制	控制
N	4915	4915	4915	4915	4915	4915
调整 R^2	0.043	-0.005	0.115	0.063	0.167	0.099
F	7.169	0.339	18.771	10.771	28.398	16.894

注：***、**、*分别表示在1%、5%和10%的水平上显著，括号中为 *t* 值。

4.3.3.3 社会信任、企业社会责任与经营风险

社会信任作为一种重要的非正式制度，是除人力资本与物力资本之外决定国家经济发展和社会效率的重要社会资本（林忠高、陈曦，2016）。社会信任能够促进公司管理者和利益相关者之间的信息共享，创造公平透明的交易环境，有助于契约的有效执行。唐亮等（2018）研究发现，在社会信任程度较高的地区，企业更愿意承担社会责任。本章借鉴吕朝凤和陈汉鹏（2019）、唐亮等（2018）、张茵等（2017）以及高凤莲和王志强（2016）的做法，对社会信任程度的度量采用张维迎和柯荣住（2002）对中国 31 个省份社会信任程度的调查结果。数据来源于张维迎和柯荣住（2002）对 15000 多家公司的问卷调查，主要涉及“根据您的经验，您认为哪 5 个地区的企业比较守信用”，共收回有效问卷 5000 多份。该问卷调查有两大优势：第一，由于地区信任的相对特征，调查结果不是绝对的；第二，避免了不同个体交往对象差异的影响。

按照社会信任程度（*Trust*）是否大于样本中位数的条件对样本进行分组，检验社会信任程度对企业社会责任和经营风险关系的影响。表 4-7 的第（1）列、第（3）列、第（5）列表示社会信任程度大于等于样本中位数的样本回归结果。由回归结果可知，社会信任程度较高，企业社会责任与经营风险在 1%的水平上显著为负，除经营杠杆系数外，其他两组的组间系数存在显著差异，说明社会信任程度越高的地区，企业社会责任对经营风险的降低效应越

显著，研究结论支持 H4.3。表 4-7 的第（2）列、第（4）列、第（6）列表示社会信任程度小于样本中位数的样本回归结果。由回归结果可知，企业社会责任与营业收入的波动率（*Risk_sale*）不具有显著性。

表 4-7　社会信任、企业社会责任与经营风险

变量	（1）*DOL*	（2）*DOL*	（3）*RISK1*	（4）*RISK1*	（5）*RISK2*	（6）*RISK2*
CSR	-0.249*** (-3.69)	-0.190** (-2.31)	-0.038** (-2.57)	-0.021 (-1.27)	-0.057*** (-3.14)	-0.035 (-1.51)
MB	0.061*** (2.79)	0.071*** (3.05)	-0.044*** (-9.29)	-0.030*** (-6.24)	-0.056*** (-9.58)	-0.038*** (-5.90)
LEV	-0.610*** (-8.75)	-0.665*** (-7.14)	0.127*** (8.40)	0.098*** (5.08)	0.186*** (9.92)	0.146*** (5.64)
SIZE	0.017 (1.31)	-0.014 (-0.86)	0.017*** (6.16)	0.014*** (4.07)	0.029*** (8.50)	0.030*** (6.44)
RD	0.005* (1.81)	0.005 (1.03)	0.001 (1.14)	-0.001 (-0.62)	0.001 (1.28)	-0.001 (-0.59)
ROA	-0.119*** (-37.05)	-0.121*** (-27.79)	0.006*** (9.28)	0.005*** (5.71)	0.009*** (10.99)	0.008*** (6.80)
CAPEX	1.315*** (6.01)	0.868*** (2.81)	0.023 (0.48)	0.095 (1.49)	-0.054 (-0.91)	0.136 (1.58)
OCFR	2.107*** (12.28)	1.289*** (5.71)	-0.341*** (-9.19)	-0.210*** (-4.52)	-0.449*** (-9.74)	-0.260*** (-4.14)
Growth	-0.129*** (-5.30)	-0.137*** (-4.77)	0.051*** (9.63)	0.027*** (4.59)	0.241*** (36.71)	0.210*** (26.25)
ADV	0.038 (0.28)	-0.037 (-0.23)	-0.033 (-1.12)	-0.051 (-1.49)	-0.016 (-0.44)	-0.009 (-0.19)
常数项	2.490*** (8.58)	2.833*** (8.06)	-0.301*** (-4.79)	-0.153** (-2.11)	-0.537*** (-6.88)	-0.465*** (-4.75)
行业	控制	控制	控制	控制	控制	控制
年度	控制	控制	控制	控制	控制	控制
N	5589	3720	5589	3720	5589	3720
调整 R^2	0.300	0.272	0.131	0.074	0.326	0.239
F	67.574	43.035	24.348	10.035	76.194	36.479

注：***、**、* 分别表示在 1%、5%和 10%的水平上显著，括号中为 *t* 值。

4.3.3.4 机构投资者持股、企业社会责任与经营风险

目前的文献较多支持超级投资者假说，认为机构投资者的发展壮大能有效提高公司治理效率，机构投资者通过持股偏好选择影响公司行为。我国的机构投资者主要包括基金、合格的境外投资者、券商、保险、社保基金、信托、财务公司、银行和非金融类上市公司。这里选取上述机构投资者持股比例的总和作为机构投资者持股比例的度量指标。按照机构投资者持股比例的中位数将样本分组，研究机构投资者持股对企业社会责任和经营风险关系的影响。

表4-8的第（1）列、第（3）列、第（5）列代表机构投资者持股比例大于等于样本中位数的一组。由回归结果可知，企业社会责任和经营风险的相关系数均显著为负，说明机构投资者持股能够负向调节企业社会责任和经营风险之间的关系，即机构投资者持股比例越高，企业社会责任对经营风险的降低效应越明显。表4-8的第（2）列、第（4）列、第（6）列代表机构投资者持股比例小于样本中位数的一组。由回归结果可知，企业社会责任与经营风险之间的关系不显著，组间系数存在显著差异。研究结论支持超级机构投资者假说，即机构投资者为降低投资风险，会关注企业社会绩效，并将社会责任信息纳入其投资决策的考量因素。

表4-8 机构投资者持股、企业社会责任与经营风险

变量	（1）*DOL*	（2）*DOL*	（3）*RISK*1	（4）*RISK*1	（5）*RISK*2	（6）*RISK*2
CSR	-0.006** (-2.28)	0.080 (-0.39)	-0.001*** (-3.16)	-0.000 (-0.80)	-0.001*** (-2.80)	-0.000 (-1.31)
MB	0.073 (0.90)	2.481 (0.50)	-0.042*** (-6.99)	-0.020*** (-3.92)	-0.046*** (-5.34)	-0.019*** (-2.71)
LEV	-0.310 (-1.10)	-42.718* (-1.94)	0.109*** (5.18)	0.121*** (5.25)	0.183*** (6.17)	0.169*** (5.28)
SIZE	0.012 (0.23)	1.332 (0.35)	0.020*** (5.25)	0.014*** (3.47)	0.034*** (6.33)	0.030*** (5.37)
RD	0.033*** (3.31)	-0.484 (-0.63)	-0.001 (-1.58)	-0.000 (-0.03)	-0.002 (-1.51)	-0.001 (-0.98)
ROA	-10.841*** (-8.85)	-112.008 (-1.19)	0.750*** (8.22)	0.613*** (6.19)	1.097*** (8.52)	1.015*** (7.42)
CAPEX	2.448*** (3.04)	77.581 (1.12)	0.141** (2.35)	0.068 (0.94)	0.121 (1.43)	0.101 (1.01)

续表

变量	(1) *DOL*	(2) *DOL*	(3) *RISK*1	(4) *RISK*1	(5) *RISK*2	(6) *RISK*2
OCFR	2. 320*** (3. 56)	11. 660 (0. 22)	-0. 391*** (-8. 05)	-0. 271*** (-4. 84)	-0. 540*** (-7. 87)	-0. 411*** (-5. 32)
Growth	-0. 072** (-2. 19)	1. 358 (0. 59)	0. 021*** (8. 41)	0. 020*** (8. 14)	0. 084*** (24. 32)	0. 082*** (24. 73)
ADV	-0. 125 (-0. 26)	-12. 144 (-0. 32)	-0. 097*** (-2. 76)	0. 083** (2. 05)	-0. 138*** (-2. 76)	0. 133** (2. 38)
常数项	2. 173** (2. 03)	-10. 603 (-0. 12)	-0. 269*** (-3. 36)	-0. 236*** (-2. 63)	-0. 390*** (-3. 45)	-0. 400*** (-3. 22)
行业	控制	控制	控制	控制	控制	控制
年度	控制	控制	控制	控制	控制	控制
N	3619	3211	3619	3211	3619	3211
调整 R^2	0. 042	-0. 007	0. 121	0. 096	0. 238	0. 257
F	5. 378	0. 375	14. 894	10. 996	32. 400	33. 719

注：***、**、*分别表示在 1%、5%和 10%的水平上显著；括号中为 *t* 值。

4. 4　稳健性检验

4. 4. 1　内生性检验

4. 4. 1. 1　2SLS

本章考虑内生性问题带来的估计结果偏误。通常模型中的一个或多个解释变量与随机扰动项相关会产生内生性问题，导致内生性问题的主要原因是遗漏变量、自变量和因变量之间的相互影响。现有文献大多认为，企业社会责任可能是内生变量（Jo and Harjoto，2011；Ioannou and Serafeim，2012）。考虑企业社会责任和企业风险可能存在内生性问题，本章运用工具变量法缓解回归结果偏误。工具变量需要满足以下条件：①与自变量相关；②与因变量无关。本章在考虑上述因素的基础上，选取滞后一期的企业社会责任（*LCSR*）、滞后二期的企业社会责任（*L2CSR*）和同一地级市的企业社会责任年度均值（*CSR_location*）作为当期企业社会责任的工具变量，并运用 2SLS 进行回归。由于所在区域的政治环境、竞争程度和社会环境比较相似，通常地理位置相近的公司的社会责任活动决策具有趋同性和相互传染性，适合作为单个企业社会责任的工具变量。本章还选择滞后期的企业社会责任作为当期企业社会责任的工具变量。企业的行为存在时间序列相关性，受企业文化、政策连续性影响，企业之前的行为会影响当期行为，滞后期的企业社会责任与当期企业社会责任虽存在一定相关性，但滞后期的企业社会责任不能决定当期经营风险，因此滞后期的企业社会责任从理论上说是合适的工具变量。

第一阶段：利用滞后一期的企业社会责任和同一地级市的企业社会责任年度均值作为当期企业社会责任的工具变量。

$$CSR_{it}=\beta_0+\beta_1 CSR_{it-1}+\beta_2 CSR_{it-2}+\beta_3 CSR\_location_{it}+\beta_4 MB_{it}+\beta_5 LEV_{it}+\beta_6 SIZE_{it}+\beta_7 RD_{it}+\beta_8 ROA_{it}+\beta_9 CAPEX_{it}+\beta_{10} OCFR_{it}+\beta_{11} Growth_{it}+\beta_{12} ADV_{it}+Year+Industry+\varepsilon_{it} \tag{4-2}$$

第二阶段：

$$RISK_{it}=\gamma_0+\gamma_1 CSR_{it}+\gamma_2 MB_{it}+\gamma_3 LEV_{it}+\gamma_4 SIZE_{it}+\gamma_5 RD_{it}+\gamma_6 ROA_{it}+\gamma_7 CAPEX_{it}+\gamma_8 OCFR_{it}+\gamma_9 Growth_{it}+\gamma_{10} ADV_{it}+Year+Industry+\varepsilon_{it} \tag{4-3}$$

由表 4-9 可知，企业社会责任与经营风险在 1%的水平上显著负相关，在控制内生性问题之后，研究结论依然成立，说明本书的研究结论具有一定的稳健性。表 4-9 中的 Panel A 为第一阶段回归结果，选取滞后二期的企业社会责任（*L2CSR*）和同一地级市的企业社会责任年度均值（*CSR_location*）作为工具变量。由第一阶段的研究结果可知，工具变量与解释变量均在 1%的水平上显著正相关，工具变量对内生变量企业社会责任具有较强的解释力。弱工具变量检验得到的偏 R^2 为 0.196，F 统计量为 219.138（高于经验值 10），相应的 p 值为 0.000，说明不存在弱工具变量问题。表 4-9 中的 Panel B 为第二阶段回归结果，过度识别检验得到的 *Hansen J* 值分别为 0.178、1.889 和 0.171，对应的 p 值分别为 0.673、0.169 和 0.679，均在 1%的水平上无法拒绝原假设，说明本章选取的工具变量较为合理，满足外生性条件。综合第一阶段的弱工具变量检验结果和第二阶段的工具变量外生性检验结果，本章的工具变量选择较为合理。

表 4-9　2SLS 回归结果

Panel A：第一阶段

变量	系数	t 值
LCSR	0.190***	(9.89)
L2CSR	0.121***	(6.44)

续表

变量	系数	t 值
CSR_location	0.370***	(9.91)
MB	-0.020	(-0.04)
LEV	-2.560*	(-1.89)
SIZE	1.541***	(5.53)
RD	-0.000	(-0.01)
ROA	0.709***	(11.07)
CAPEX	-3.836	(-0.93)
OCFR	0.974***	(2.97)
Growth	0.608	(1.34)
ADV	-1.102	(-0.53)
常数项	-34.017***	(-5.56)
行业	控制	
年度	控制	
N	4833	
调整 R^2	0.372	

注：***、*分别表示在 1%、10%的水平上显著。

Panel B：第二阶段

变量	(1) *DOL*	(2) *RISK*1	(3) *RISK*2
CSR	-0.004** (-2.24)	-0.001*** (-5.10)	-0.002*** (-5.05)
MB	0.056** (2.49)	-0.040*** (-9.44)	-0.050*** (-7.93)
LEV	-0.741*** (-9.48)	0.124*** (8.55)	0.180*** (9.29)
SIZE	0.006 (0.36)	0.015*** (5.38)	0.029*** (7.90)
RD	0.003 (1.00)	0.001 (1.39)	0.001* (1.73)
ROA	-12.304*** (-31.47)	0.830*** (11.21)	1.170*** (11.78)
CAPEX	1.459*** (5.69)	0.156*** (3.42)	0.179*** (3.05)

续表

变量	(1) *DOL*	(2) *RISK*1	(3) *RISK*2
OCFR	1.910*** (10.12)	-0.410*** (-10.78)	-0.521*** (-10.76)
Growth	-0.168*** (-6.09)	0.035*** (5.50)	0.228*** (28.57)
ADV	0.036 (0.28)	-0.040 (-1.58)	-0.004 (-0.11)
常数项	2.578*** (8.52)	-0.129** (-2.28)	-0.395*** (-5.40)
行业	控制	控制	控制
年度	控制	控制	控制
N	5380	6992	6992
调整 R^2	0.291	0.111	0.275
Hansen J	0.178	1.889	0.171
p 值	0.673	0.169	0.679

注：***、**、*分别表示在1%、5%和10%的水平上显著；括号中为 *t* 值。

4.4.1.2 GMM

在球型扰动项的假定下，2SLS 是最有效率的，如果扰动项存在异方差或自相关，则 GMM 有效率。本章运用 GMM 解决企业社会责任和企业风险之间的内生性问题。GMM 可以克服反向因果、遗漏变量所导致的内生性问题。这里选取滞后二期的企业社会责任（*L2CSR*）和同一地级市的企业社会责任年度均值（*CSR_location*）作为工具变量。

GMM 回归结果见表 4-10。企业社会责任（*CSR*）与经营风险显著负相关，说明本章研究结论具有一定的稳健性。GMM 过度识别检验 *Hasen J* 统计量分别为 0.163、1.889 和 0.171，对应的 *p* 值分别为 0.686、0.169 和 0.679，均在 1%的水平上无法拒绝原假设，说明本章选取的工具变量较为合理，满足外生性条件。

表 4-10 GMM 回归结果

变量	(1) *DOL*	(2) *RISK*1	(3) *RISK*2
CSR	-0.004** (-2.28)	-0.001*** (-5.11)	-0.002*** (-5.06)

续表

变量	(1) *DOL*	(2) *RISK*1	(3) *RISK*2
MB	0.057** (2.42)	-0.040*** (-9.38)	-0.050*** (-7.93)
LEV	-0.741*** (-7.71)	0.124*** (8.59)	0.180*** (9.29)
SIZE	0.005 (0.31)	0.015*** (5.37)	0.029*** (7.90)
RD	0.003 (0.84)	0.001 (1.36)	0.001* (1.74)
ROA	-12.298*** (-27.07)	0.834*** (11.28)	1.173*** (11.85)
CAPEX	1.460*** (5.54)	0.157*** (3.46)	0.180*** (3.06)
OCFR	1.914*** (10.43)	-0.410*** (-10.79)	-0.521*** (-10.75)
Growth	-0.168*** (-7.10)	0.036*** (5.52)	0.228*** (28.58)
ADV	0.035 (0.31)	-0.039 (-1.53)	-0.003 (-0.08)
常数项	2.438*** (7.45)	-0.163*** (-2.78)	-0.440*** (-5.79)
行业	控制	控制	控制
年度	控制	控制	控制
N	5380	6992	6992
调整 R^2	0.291	0.111	0.275
Hansen J	0.163	1.889	0.171
p 值	0.686	0.169	0.679

注：***、**、*分别表示在 1%、5%和 10%的水平上显著；括号中为 *t* 值。

4.4.2　变量替换法

4.4.2.1　替换解释变量

和讯网社会责任评级机构和润灵环球社会责任评级机构采用独特的 MCTI 评价体系，主要从内容性、整体性、完整性、技术性等方面对社会责任报告进行评价，反映企业社会责任的履行和披露情况。考虑到变量度量误差引起结论的不稳健，这里用润灵环球责任评级分数代替和讯网社会责任评级分数进行稳健性检验。

由表4-11可知，企业社会责任（*CSR*）与经营风险（*RISK*1、*RISK*2）显著负相关，研究结论依然支持H4.1，说明本章的研究结论具有一定的稳健性。

表4-11　替换解释变量的稳健性检验结果

变量	（1）*DOL*	（2）*RISK*1	（3）*RISK*2
CSR	0.003 (1.42)	-0.001** (-2.19)	-0.001** (-2.07)
MB	0.095*** (3.27)	-0.023*** (-4.70)	-0.032*** (-5.07)
LEV	-1.097*** (-5.54)	0.084*** (3.00)	0.092** (2.31)
SIZE	0.023 (1.01)	0.009** (2.02)	0.019*** (3.34)
RD	-0.001 (-0.09)	0.001 (0.39)	0.003 (1.24)
ROA	-10.812*** (-14.54)	0.393*** (3.19)	0.583*** (3.52)
CAPEX	1.677*** (2.80)	0.086 (0.91)	0.125 (1.04)
OCFR	1.348*** (4.02)	-0.262*** (-3.63)	-0.429*** (-4.58)
Growth	-0.185*** (-3.82)	0.061*** (4.10)	0.227*** (11.89)
ADV	-0.160 (-0.64)	-0.005 (-0.09)	-0.032 (-0.43)
常数项	2.166*** (4.46)	-0.067 (-0.72)	-0.216* (-1.82)
行业	控制	控制	控制
年度	控制	控制	控制
N	1920	1920	1920
调整 R^2	0.329	0.098	0.230

注：***、**、*分别表示在1%、5%和10%的水平上显著；括号中为 *t* 值。

4. 4. 2. 2 替换被解释变量

借鉴申慧慧等（2010）、褚剑等（2018）的做法，采用公司前 3 年 *ROA* 的波动率衡量企业的经营风险（*SDROA*1），考虑到结果的稳健性，采用公司前 5 年 *ROA* 的波动率衡量企业的经营风险（*SDROA*2）。借鉴 John 等（2008）、Acharya 等（2011）、王竹泉等（2017）的做法，运用盈利的波动程度度量企业的经营风险，即第（t-4）年至（t-1）年（4 年）的息税折旧摊销前利润率滚动取值的标准差（*SDEBIT*）。借鉴 Boubakri 等（2011）、余明桂等（2013）和王化成等（2017）的做法，用每一观测时间段经行业调整的 *ROA* 标准差（*ADJSDROA*）衡量企业的经营风险①，该指标值越大，企业的经营风险越大。

由表 4-12 可知，企业社会责任与上述方式度量的企业经营风险均在 1% 的水平上显著负相关，上述研究结论依然支持 H4. 1，说明本章的研究结论具有一定的稳健性。

表 4-12 替换被解释变量的稳健性检验结果

变量	（1）*SDROA*1	（2）*SDROA*2	（3）*SDEBIT*	（4）*ADJSDROA*
CSR	-0. 007*** (-3. 44)	-0. 007*** (-3. 08)	-0. 014*** (-2. 93)	-0. 010*** (-3. 76)
MB	-0. 002*** (-3. 13)	-0. 003*** (-4. 35)	-0. 008*** (-5. 06)	-0. 002*** (-3. 54)
LEV	0. 011*** (3. 82)	0. 009*** (2. 96)	0. 017*** (3. 10)	0. 009*** (2. 81)
SIZE	-0. 002*** (-5. 79)	-0. 002*** (-3. 90)	0. 005*** (4. 53)	0. 000 (0. 27)
RD	-0. 000* (-1. 79)	-0. 000* (-1. 88)	-0. 000** (-2. 11)	0. 000 (0. 10)
ROA	0. 040*** (2. 92)	0. 042*** (2. 89)	0. 190*** (6. 74)	0. 688*** (46. 33)
CAPEX	-0. 028*** (-3. 78)	-0. 032*** (-3. 85)	-0. 035** (-2. 10)	-0. 054*** (-5. 51)

① 借鉴 Boubakri 等（2011）的做法，观测时间采用年份滚动的方法，如第一时段是 2010—2013 年，第二时段是 2011—2014 年，依此类推。

续表

变量	(1) *SDROA1*	(2) *SDROA2*	(3) *SDEBIT*	(4) *ADJSDROA*
OCFR	-0.002 (-0.22)	-0.004 (-0.54)	-0.033** (-2.21)	0.022*** (2.79)
Growth	0.006*** (5.27)	0.005*** (4.77)	0.004** (2.16)	-0.003** (-2.39)
ADV	0.000 (0.04)	-0.005 (-1.09)	-0.010 (-0.98)	0.020*** (3.81)
常数项	0.085*** (9.61)	0.075*** (7.74)	-0.062*** (-3.06)	0.058*** (5.40)
行业	控制	控制	控制	控制
年度	控制	控制	控制	控制
N	8888	8888	8888	8888
调整 R^2	0.047	0.047	0.039	0.434
F	16.539	17.180	7.999	193.049

注：***、**、*分别表示在1%、5%和10%的水平上显著；括号中为 *t* 值。

4.5 进一步分析

4.5.1 异质性分析

企业不当行为是指企业实施了违背现有法律或社会责任的行为（Qian et al.，2015）。企业不当行为会影响利益相关者对企业的看法（Kravet and Shevlin，2010）。企业不当行为作为明显的负面信息，会使人们对公司和高管的诚信产生质疑，从而对公司的声誉造成不良影响（Qian et al.，2015）。因此，当公司的不当行为被发现时，投资者会重新评估公司的信息质量。与正常的公司相比，存在不当行为的公司面临较严重的信息问题（Graham et al.，2008），此时企业声誉将受到严重影响。因此，即便企业披露社会责任信息，对其声誉积累和社会资本形成发挥的作用也十分有限。本章认为，企业不当行为会降低企业社会责任对企业风险的影响，从而使两者之间的关系不再显著。设置虚拟变量 *Misconduct*，如果企业存在不当行为，则 *Misconduct* = 1，否则 *Misconduct* = 0。分组进行检验。

表 4-13 的第（1）列、第（3）列、第（5）列是企业存在不当行为 *Misconduct*=1 的回归结果。由回归结果可知，当企业存在不当行为时，企业社会责任对企业风险的降低效应不显著，说明企业不当行为会影响企业声誉和社会资本的积累。表 4-13 的第（2）列、第（4）列、第（6）列是 *Misconduct*=0 的回归结果，即当企业不存在不当行为时，企业社会责任对企业风险的降低效应显著，组间系数存在显著差异，说明企业社会责任作为一种积极信号，有助于企业声誉和社会资本的积累。

表 4-13　企业不当行为、企业社会责任与经营风险

变量	*DOL* (1)	*DOL* (2)	*RISK*1 (3)	*RISK*1 (4)	*RISK*2 (5)	*RISK*2 (6)
CSR	-0.135 (-0.72)	-0.227*** (-4.39)	-0.008 (-0.21)	-0.029*** (-2.66)	-0.044 (-0.82)	-0.041*** (-2.94)
MB	-0.105* (-1.85)	0.077*** (4.89)	-0.028** (-2.31)	-0.037*** (-10.94)	-0.024 (-1.48)	-0.048*** (-11.10)
LEV	-0.126 (-0.63)	-0.656*** (-11.86)	0.101** (2.40)	0.123*** (10.38)	0.155*** (2.75)	0.184*** (12.18)
SIZE	0.026 (0.62)	0.003 (0.27)	0.019** (2.10)	0.015*** (6.82)	0.036*** (3.04)	0.027*** (10.00)
RD	0.013 (1.20)	0.002 (1.02)	0.001 (0.42)	0.000 (0.83)	0.004 (1.39)	0.001 (1.01)
ROA	-13.314*** (-12.97)	-11.814*** (-46.39)	0.502** (2.30)	0.620*** (11.34)	1.034*** (3.56)	0.928*** (13.34)
CAPEX	1.920*** (2.72)	1.005*** (5.77)	0.117 (0.78)	0.045 (1.19)	0.211 (1.06)	0.020 (0.42)
OCFR	1.109** (2.24)	1.839*** (13.59)	-0.199* (-1.89)	-0.300*** (-10.34)	-0.283** (-2.02)	-0.398*** (-10.77)
Growth	-0.158** (-2.18)	-0.134*** (-7.22)	0.024 (1.54)	0.042*** (10.48)	0.195*** (9.55)	0.228*** (45.10)
ADV	0.261 (0.68)	-0.008 (-0.08)	-0.091 (-1.12)	-0.044** (-2.00)	-0.096 (-0.89)	-0.016 (-0.55)
常数项	2.137** (2.34)	2.560*** (12.07)	-0.349* (-1.81)	-0.202*** (-4.43)	-0.742*** (-2.88)	-0.449*** (-7.75)
行业	控制	控制	控制	控制	控制	控制
年度	控制	控制	控制	控制	控制	控制

续表

变量	*DOL* (1)	*DOL* (2)	*RISK*1 (3)	*RISK*1 (4)	*RISK*2 (5)	*RISK*2 (6)
N	763	9149	763	9149	763	9149
调整 R^2	0. 267	0. 293	0. 045	0. 106	0. 202	0. 290
F	9. 429	106. 057	2. 100	31. 254	6. 860	104. 856

注：***、**、*分别表示在1%、5%和10%的水平上显著；括号中为 *t* 值。

4. 5. 2 作用机理分析

4. 5. 2. 1 企业社会责任降低经营风险的路径一：信息不对称

以往的文献表明，管理层通常将企业社会责任作为提高企业透明度的重要工具（Wood，1991；Dhaliwal et al.，2011）。Wood（1991）认为，有道德的管理者通常会积极承担社会责任，并努力提高信息的透明度。Dhaliwal 等（2011）认为，承担社会责任的企业通常更愿意披露财务和非财务信息，从而降低企业和利益相关者之间的信息不对称程度。此外，有些学者认为，承担社会责任可提高企业声誉。根据声誉建立假说，承担社会责任的企业为维护所建立的声誉资本，通常具有较好的信息环境，即声誉降低了信息的不对称程度。承担社会责任的企业通常倾向于披露额外信息，因此其信息不对称程度较低。Cui 等（2018）研究发现，企业社会责任会降低信息不对称程度，进而成为企业建立声誉的重要工具。

考虑到资本市场相关的衡量指标并不适合作为本章信息不对称的代理变量，本章借鉴廖歆欣和刘运国（2016）的做法，以 DD 模型中的残差作为信息不对称的代理变量（*Asy*）。表 4-14 的第（1）列、第（2）列代表企业社会责任以信息不对称为路径对经营杠杆系数产生的影响，第（3）列、第（4）列代表企业社会责任以信息不对称为路径对主营业务收入的离差率产生的影响，第（5）列、第（6）列代表企业社会责任以信息不对称为路径对营业收入的标准差产生的影响。由回归结果以及 Sobel 检验结果可知，信息不对称在企业社会责任和经营杠杆的关系中发挥部分中介效应，Sobel 检验的 *Z* 值在 10%的水平上显著。信息不对称在企业社会责任和主营业务收入的标准离差率的关系中发挥部分中介效应，Sobel 检验的 *Z* 值在 5%的水平上显著，即企业社会责任通过降低信息不对称程度来降低企业经营风险。信息不对称在企业社会责任与营业收入标准差的关系中发挥部分中介效应，Sobel 检验的 Z 值在 5%的水平上显著，即企业社会责任通过降低信息不对称程度来降低企业经营风险。

表 4-14　企业社会责任、信息不对称与经营风险

变量	(1) *Asy*	(2) *DOL*	(3) *Asy*	(4) *RISK1*	(5) *Asy*	(6) *RISK2*
CSR	-0.006*** (-3.09)	-0.166*** (-3.20)	-0.006*** (-3.09)	-0.021** (-1.99)	-0.006*** (-3.09)	-0.035*** (-2.64)
Asy		-0.665** (-2.32)		0.269*** (4.64)		0.469*** (6.38)
MB	-0.007*** (-9.89)	0.058*** (3.34)	-0.007*** (-9.89)	-0.030*** (-8.58)	-0.007*** (-9.89)	-0.035*** (-7.80)
LEV	0.012*** (5.22)	-0.598*** (-9.92)	0.012*** (5.22)	0.127*** (10.42)	0.012*** (5.22)	0.189*** (12.21)
SIZE	0.009*** (19.83)	0.013 (1.16)	0.009*** (19.83)	0.010*** (4.41)	0.009*** (19.83)	0.020*** (6.81)
RD	0.000 (0.22)	0.003 (1.24)	0.000 (0.22)	0.001 (0.95)	0.000 (0.22)	0.001 (1.11)
ROA	0.996*** (89.87)	-11.615*** (-28.98)	0.996*** (89.87)	0.406*** (5.00)	0.996*** (89.87)	0.516*** (5.01)
CAPEX	-0.021*** (-2.90)	1.069*** (5.69)	-0.021*** (-2.90)	0.058 (1.51)	-0.021*** (-2.90)	0.010 (0.20)
OCFR	-0.435*** (-75.19)	1.496*** (7.76)	-0.435*** (-75.19)	-0.171*** (-4.38)	-0.435*** (-75.19)	-0.156*** (-3.14)
Growth	0.019*** (22.77)	-0.109*** (-5.08)	0.019*** (22.77)	0.033*** (7.72)	0.019*** (22.77)	0.217*** (39.57)
ADV	0.009** (2.05)	0.060 (0.52)	0.009** (2.05)	-0.049** (-2.12)	0.009** (2.05)	-0.028 (-0.95)
常数项	-0.196*** (-20.89)	2.358*** (9.64)	-0.196*** (-20.89)	-0.137*** (-2.77)	-0.196*** (-20.89)	-0.332*** (-5.29)
行业	控制	控制	控制	控制	控制	控制
年度	控制	控制	控制	控制	控制	控制
N	7926	7926	7926	7926	7926	7926
调整 R^2	0.662	0.294	0.662	0.104	0.662	0.295

续表

变量	(1) *Asy*	(2) *DOL*	(3) *Asy*	(4) *RISK*1	(5) *Asy*	(6) *RISK*2
F	457.871	95.174	457.871	27.342	457.871	95.935
Sobel 检验	0.0038* (*Z*=1.80)		-0.0012** (*Z*=-2.04)		-0.0019** (*Z*=-2.15)	
中介效应系数	0.0038* (*Z*=1.80)		-0.0012** (*Z*=-2.04)		-0.0019** (*Z*=-2.15)	
总效应系数	-0.2235*** (*Z*=-4.43)		0.0031 (*Z*=0.30)		-0.0117 (*Z*=-0.90)	
中介效应比例	0.016		0.273		0.164	

注：***、**、*分别表示在1%、5%和10%的水平上显著；括号中为*t*值。

4.5.2.2 企业社会责任降低经营风险的路径二：代理效率

Cheng 等（2014）基于利益相关者理论的视角，认为社会责任加强了企业同利益相关者之间的信任与合作（Choi and Wang，2009；Jo and Harjoto，2011），规避了管理层的短视行为，提高了代理效率。借鉴李寿喜（2007）的研究，本章以资产周转率作为代理效率的替代变量。该指标通常用来度量剩余损失，主要反映管理层对企业资产的低效率使用所带来的代理成本。管理层的偷懒行为以及错误决策均会导致资产的低效率使用。资产周转率反映了股东把自己的财产授权给经理人经营，经理人借此创造收入的能力。具体计算方法：用营业收入除以期末总资产。资产周转率越高，代理效率越高。表 4-15 的第（1）列、第（2）列代表企业社会责任以代理效率为路径对经营杠杆系数产生的影响。由第（2）列数据可知，企业社会责任提高了代理效率，Sobel 检验在 5%的水平上显著，代理效率在企业社会责任和经营杠杆系数的关系中发挥部分中介效应。表 4-15 的第（3）列、第（4）列代表企业社会责任以代理效率为路径对主营业务收入的标准离差率（*RISK*1）产生的影响。由第（3）列数据可知，企业社会责任提高了资产周转率和代理效率，Sobel 检验在 10%的水平上显著，代理效率在企业社会责任和主营业务收入的标准离差率的关系中发挥部分中介效应。表 4-15 的第（5）列、第（6）列代表企业社会责任以代理效率为路径对营业收入的标准差（*RISK*2）产生的影响。由第（5）列数据可知，企业社会责任提高了资产周转率，Sobel 检验不显著，代理效率在企业社会责任和营业收入的标准差（*RISK*2）之间未发挥中介效应。

表4-15 企业社会责任、代理效率与经营风险

变量	(1) *AE*	(2) *DOL*	(3) *AE*	(4) *RISK*1	(5) *AE*	(6) *RISK*2
CSR	0.088*** (3.16)	-0.226*** (-4.54)	0.088*** (3.16)	-0.028*** (-2.60)	0.088*** (3.16)	-0.043*** (-3.17)
AE		0.054*** (3.00)		-0.006 (-1.62)		0.007 (1.35)
MB	-0.005 (-0.55)	0.060*** (3.95)	-0.005 (-0.55)	-0.036*** (-10.99)	-0.005 (-0.55)	-0.045*** (-10.70)
LEV	0.532*** (18.00)	-0.636*** (-11.78)	0.532*** (18.00)	0.128*** (11.05)	0.532*** (18.00)	0.182*** (12.27)
SIZE	-0.027*** (-5.02)	0.006 (0.65)	-0.027*** (-5.02)	0.014*** (6.85)	-0.027*** (-5.02)	0.027*** (10.20)
RD	-0.023*** (-18.23)	0.004* (1.77)	-0.023*** (-18.23)	0.000 (0.56)	-0.023*** (-18.23)	0.001 (1.62)
ROA	1.989*** (14.47)	-12.027*** (-48.19)	1.989*** (14.47)	0.621*** (11.61)	1.989*** (14.47)	0.916*** (13.37)
CAPEX	-0.586*** (-6.23)	1.101*** (6.50)	-0.586*** (-6.23)	0.046 (1.27)	-0.586*** (-6.23)	0.040 (0.85)
OCFR	0.687*** (9.47)	1.736*** (13.26)	0.687*** (9.47)	-0.288*** (-10.28)	0.687*** (9.47)	-0.392*** (-10.90)
Growth	-0.005 (-0.52)	-0.137*** (-7.63)	-0.005 (-0.52)	0.040*** (10.44)	-0.005 (-0.52)	0.226*** (45.82)
ADV	-0.719*** (-13.01)	0.064 (0.64)	-0.719*** (-13.01)	-0.050** (-2.32)	-0.719*** (-13.01)	-0.013 (-0.47)
常数项	0.878*** (7.66)	2.475*** (11.98)	0.878*** (7.66)	-0.198*** (-4.48)	0.878*** (7.66)	-0.461*** (-8.12)
行业	控制	控制	控制	控制	控制	控制
年度	控制	控制	控制	控制	控制	控制
N	9912	9912	9912	9912	9912	9912
调整 R^2	0.242	0.292	0.242	0.101	0.242	0.280
F	88.788	111.357	88.788	31.210	88.788	105.334
Sobel 检验	0.0058** (*Z*=2.35)		-0.0008* (*Z*=-1.67)		0.0005 (*Z*=0.88)	

续表

变量	(1) *AE*	(2) *DOL*	(3) *AE*	(4) *RISK*1	(5) *AE*	(6) *RISK*2
中介效应系数	0.0058** (*Z*=2.35)		-0.0008* (*Z*=-1.67)		0.0005 (*Z*=0.88)	
总效应系数	0.2577*** (*Z*=5.45)		-0.0043 (*Z*=-0.41)		-0.0098 (*Z*=-0.75)	
中介效应比例	0.023		0.192		0.051	

注：***、**、*分别表示在1%、5%和10%的水平上显著；括号中为*t*值。

4.5.2.3 企业社会责任降低经营风险的路径三：企业声誉

前期文献研究表明，企业社会责任是影响企业声誉的重要因素，对企业声誉具有显著的促进作用（Brammer and Pavelin，2006；沈洪涛、王立彦、万拓，2011；齐丽云 等，2017）。企业声誉也会影响企业的经营风险。以Godfrey等（2009）为代表的国外学者研究发现，正面的社会责任有助于提升企业声誉，具有“类似保险”的功能，能够降低负面事件对企业的影响，避免企业的经营状况出现大幅度的变动，降低企业的经营风险。Lai（2010）认为，企业通过承担社会责任增强消费者对企业声誉的感知，增加企业的品牌绩效，降低企业销售收入的波动性。毕楠（2012）认为，企业声誉可以提高企业价值，降低企业的经营风险。

借鉴宋献中等（2017）的方法，本书搜集和整理了《财富》（中文版）中2010年以来“最受赞赏的中国公司”排行榜数据。如果企业入选“最受赞赏的中国公司”排行榜，则企业声誉（*REPU*）赋值为1，否则为0。表4-16的第（1）列、第（2）列代表企业社会责任以企业声誉为路径对经营杠杆系数产生的影响，Sobel检验在1%的水平上显著，企业声誉在企业社会责任和经营杠杆系数的关系中发挥部分中介效应。表4-16的第（3）列、第（4）列代表企业社会责任以企业声誉为路径对主营业务收入的标准离差率（*RISK*1）产生的影响。由第（3）列数据可知，企业社会责任提高了企业声誉，Sobel检验在1%的水平上显著，企业声誉在企业社会责任和主营业务收入的标准离差率的关系中发挥部分中介效应。表4-16的第（5）列、第（6）列代表企业社会责任以企业声誉为路径对营业收入的标准差（*RISK*2）产生的影响。由第（5）列数据可知，企业社会责任提高了企业声誉，Sobel检验在5%的水平上显著，企业声誉在企业社会责任和营业收入的标准差（*RISK*2）之间发挥部分中介效应。

表 4-16　企业社会责任、企业声誉与经营风险

变量	(1) *REPU*	(2) *DOL*	(3) *REPU*	(4) *RISK*1	(5) *REPU*	(6) *RISK*2
CSR	0. 023** (2. 38)	-0. 225*** (-4. 52)	0. 023** (2. 38)	-0. 027** (-2. 58)	0. 023** (2. 38)	-0. 042*** (-3. 05)
REPU		0. 165*** (3. 15)		-0. 036*** (-3. 18)		-0. 040*** (-2. 77)
MB	-0. 021*** (-7. 33)	0. 063*** (4. 16)	-0. 021*** (-7. 33)	-0. 036*** (-11. 19)	-0. 021*** (-7. 33)	-0. 045*** (-10. 89)
LEV	-0. 015 (-1. 45)	-0. 604*** (-11. 39)	-0. 015 (-1. 45)	0. 124*** (10. 89)	-0. 015 (-1. 45)	0. 185*** (12. 69)
SIZE	0. 034*** (18. 31)	-0. 001 (-0. 08)	0. 034*** (18. 31)	0. 016*** (7. 40)	0. 034*** (18. 31)	0. 028*** (10. 47)
RD	0. 000 (0. 91)	0. 003 (1. 22)	0. 000 (0. 91)	0. 000 (0. 90)	0. 000 (0. 91)	0. 001 (1. 43)
ROA	-0. 091* (-1. 93)	-11. 904*** (-48. 19)	-0. 091* (-1. 93)	0. 605*** (11. 43)	-0. 091* (-1. 93)	0. 925*** (13. 64)
CAPEX	-0. 027 (-0. 85)	1. 073*** (6. 35)	-0. 027 (-0. 85)	0. 049 (1. 34)	-0. 027 (-0. 85)	0. 035 (0. 75)
OCFR	0. 001 (0. 04)	1. 773*** (13. 60)	0. 001 (0. 04)	-0. 293*** (-10. 48)	0. 001 (0. 04)	-0. 387*** (-10. 82)
Growth	-0. 011*** (-3. 10)	-0. 135*** (-7. 54)	-0. 011*** (-3. 10)	0. 040*** (10. 35)	-0. 011*** (-3. 10)	0. 225*** (45. 73)
ADV	0. 016 (0. 85)	0. 022 (0. 22)	0. 016 (0. 85)	-0. 045** (-2. 10)	0. 016 (0. 85)	-0. 017 (-0. 62)
常数项	-0. 704*** (-17. 82)	2. 640*** (12. 61)	-0. 704*** (-17. 82)	-0. 229*** (-5. 11)	-0. 704*** (-17. 82)	-0. 484*** (-8. 42)
行业	控制	控制	控制	控制	控制	控制
年度	控制	控制	控制	控制	控制	控制
N	9911	9911	9911	9911	9911	9911
调整 R^2	0. 054	0. 292	0. 054	0. 102	0. 054	0. 281
F	16. 570	111. 377	16. 570	31. 432	16. 570	105. 569
Sobel 检验	0. 0066*** (*Z*=2. 58)		-0. 0016*** (*Z*=-2. 76)		-0. 0018** (*Z*=-2. 53)	
中介效应系数	0. 0066*** (*Z*=2. 58)		-0. 0016*** (*Z*=-2. 76)		-0. 0018** (*Z*=-2. 53)	
总效应系数	-0. 2577*** (*Z*=-5. 45)		-0. 0042 (*Z*=-0. 41)		-0. 0096 (*Z*=-0. 74)	
中介效应比例	0. 025		0. 183		0. 183	

注：***、**、* 分别表示在 1%、5%和 10%的水平上显著；括号中为 *t* 值。

4.5.3 经济后果分析

投资者通常较为关注企业价值，因此有必要关注企业价值的影响因素。具体来讲，预期的未来现金流量和资本成本是影响企业价值的两个重要因素（Gregory et al.，2014）。根据前期文献，企业社会责任会降低企业经营风险。Choi 和 Wang（2009）研究表明，密切的利益相关者关系有助于企业核心能力的形成，降低核心能力成为刚性的可能性，可以帮助企业摆脱不利的业务环境，降低经营风险。Gregory 等（2014）研究发现，企业经营风险会影响未来现金流量，企业经营风险的降低有助于增加企业未来现金流量。Malik（2015）认为，企业的价值取决于企业风险，根据股权估值模型，公司的价值取决于当前价值与未来业绩的现值，未来业绩的现值受到权益资本成本的影响，而权益资本成本反映企业风险，因此降低企业经营风险有助于提高企业价值。万寿义和刘正阳（2013）研究发现，履行社会责任越好的企业，公司价值越高。

本章借鉴 Baron 和 Kenny（1986）、温忠麟等（2004）以及温忠麟和叶宝娟（2014）的中介效应检验方法：第一步，检验解释变量与被解释变量的关系，$Y=cX+\varepsilon$；第二步，检验解释变量与中介变量的关系，$M=aX+\varepsilon$；第三步，检验解释变量、中介变量与被解释变量的联合关系，$Y=c'X+bM+\varepsilon$。首先，检验系数 c，如果系数 c 显著，再进行后续检验。在系数 c 显著的前提下，检验系数 a 和系数 b，如果系数 a 和系数 b 均显著，说明间接效应显著；反之，如果系数 a 和系数 b 有一个不显著，则进行 Sobel 检验。

对经营风险进行中介效应检验，研究经营风险在企业社会责任和企业价值关系中所发挥的作用。表 4-17 的第（1）列数据显示，企业社会责任与企业价值（*TQ*）在 1%的水平上显著正相关，说明企业社会责任能提高企业价值（*TQ*），*CSR* 系数相当于上述中介效应检验的系数 c，由检验结果可知，系数 c 具有显著性。主回归表 4-5 的第（1）列数据显示，企业社会责任与经营风险（*DOL*）在 1%的水平上显著负相关，说明企业社会责任会降低企业经营风险，CSR 系数相当于上述中介效应检验的系数 a，由检验结果可知，系数 a 具有显著性。表 4-17 的第（2）列数据显示，经营风险对企业价值的影响在 1%的水平上具有显著性，相当于上述中介效应检验的系数 b，由检验结果可知，系数 b 具有显著性，说明间接效应显著。第（2）列数据还显示，*CSR* 的系数在 1%的水平上具有显著性，即上述中介效应检验系数 c' 显著，说明直接效应显著，需要进行 Sobel 检验。Sobel 检验结果显示，在 1%的水平上显著，说明经营风险（*DOL*）在企业社会责任和企业价值的关系中发挥部分中介效应。表 4-17 的第（3）列数据显示，主营业务收入的标准离差率对企业价值的影响在 1%的水平上具有显著性，相当于上述中介效应检验的系数 b，由检验结果可知，系数 b 具有显著性。第（3）列数据还显示，*CSR* 的系数在 1%的水平上具有显著性，即上述系数 c' 显著，说明直接效应显著，需要进行 Sobel 检验。Sobel 检验结果显示，在 1%的水平上显著，说明主营业务收入的标准离差率在企业社会责任和企业价值之间发挥部分中介效应。表 4-17 的第（4）列数据显示，营业收入的标准差对企业价值的影响在 1%的水平上具有显著性，相当于上述中介效应检验的系数 b，由检验结果可知，系数 b 具有显著性。第（4）列数据还显示，*CSR* 的系数在 1%的水平上具有显著性，即上述系数 c' 显著，说明直接效应显著，需要进行 Sobel 检验。Sobel 检验结果显示，在 1%的水平上具有显著性，说明营业收入的标准差在企业社会责任和企业价值之间发挥部分中介效应。

表 4-17　企业社会责任、经营风险与企业价值

变量	（1）*TQ*	（2）*TQ*	（3）*TQ*	（4）*TQ*
CSR	0.006*** （7.58）	0.006*** （6.82）	0.006*** （7.61）	0.006*** （7.63）
DOL		−0.081*** （−4.49）		
*RISK*1			0.949*** （10.10）	
*RISK*2				0.773*** （10.76）
MB	−0.521*** （−17.79）	−0.499*** （−16.85）	−0.477*** （−16.51）	−0.473*** （−16.41）
LEV	−1.380*** （−13.64）	−1.385*** （−13.68）	−1.474*** （−14.49）	−1.480*** （−14.50）
SIZE	−0.441*** （−21.34）	−0.451*** （−21.69）	−0.461*** （−22.27）	−0.468*** （−22.62）
RD	0.056*** （10.46）	0.057*** （10.58）	0.056*** （10.48）	0.056*** （10.43）

续表

变量	(1) TQ	(2) TQ	(3) TQ	(4) TQ
CAPEX	0.063 (0.20)	0.183 (0.58)	0.022 (0.07)	0.026 (0.08)
OCFR	2.964*** (11.33)	2.900*** (11.11)	3.113*** (11.92)	3.112*** (11.93)
Growth	0.453*** (10.02)	0.431*** (9.52)	0.410*** (9.08)	0.266*** (5.53)
ADV	1.722*** (8.04)	1.682*** (7.86)	1.739*** (8.18)	1.707*** (8.04)
AGE	0.007** (2.54)	0.008*** (2.99)	0.007*** (2.64)	0.006** (2.15)
TOP1	0.008*** (8.98)	0.008*** (9.17)	0.009*** (9.30)	0.009*** (9.33)
DUAL	0.072** (2.26)	0.070** (2.18)	0.058* (1.82)	0.054* (1.71)
常数项	12.706*** (29.43)	13.043*** (29.72)	12.982*** (30.08)	13.136*** (30.44)
行业	控制	控制	控制	控制
年度	控制	控制	控制	控制
N	9506	9506	9506	9506
调整 R^2	0.539	0.540	0.545	0.545
F	181.204	177.548	180.342	180.640
Sobel 检验	0.0004** (Z=2.43)	0.0003*** (Z=3.12)	0.0003*** (Z=3.25)	
中介效应系数	0.0004** (Z=2.43)	0.0003*** (Z=3.12)	0.0003*** (Z=3.25)	
总效应系数	0.0024*** (Z=2.73)	0.0024*** (Z=2.73)	0.0024*** (Z=2.73)	
中介效应比例	0.151	0.104	0.123	

注：***、**、*分别表示在1%、5%和10%的水平上显著；括号中为t值。

4.6 本章小结

本章以2010—2017年中国A股上市公司为样本，以和讯网发布的评分作为企业社会责任的代理变量，研究企业社会责任对企业经营风险的影响，并关注制度环境、机构投资者持股比例对两者关系的影响。主要研究结论及解释如下：①企业社会责任与经营风险显著负相关，研究结论支持企业社会责任的风险降低假说。运用 2SLS 和 GMM 方法解决本书研究中可能产生的内生性问题，并运用 *ROA* 标准差、息税折旧摊销前利润率滚动取值的标准差（*SDEBIT*）以及经行业调整的 *ROA* 标准差（*ADJSDROA*）衡量企业的经营风险，再结合润灵环球企业社会责任数据进行稳健性检验之后，发现本书的研究结论具有一定的稳健性。②进一步研究发现，制度环境和机构投资者持股情况在企业社会责任与经营风险之间发挥显著的调节作用。制度环境越好的地区，企业社会责任与经营风险之间的负相关关系越显著；社会信任程度越高的地区，企业社会责任与经营风险之间的负相关关系越显著；机构投资者持股比例越高，企业社会责任对经营风险的降低效应越显著，说明机构投资者将企业社会责任信息作为投资决策的重要考虑因素。③进一步分析发现，当企业存在不当行为时，企业社会责任对企业经营风险的降低效应不显著，说明企业不当行为作为一种消极信号会对企业声誉产生负面影响。对企业社会责任影响企业风险的路径进行分析后可以发现，企业社会责任通过信息效应、代理效率和声誉效应影响经营风险。进一步对企业社会责任降低经营风险的经济后果进行分析后可以发现，企业社会责任通过降低经营风险提高企业价值，经营风险在企业社会责任和企业价值的关系中发挥部分中介效应。

本章研究可得出以下启示：①企业社会责任作为重要的非财务信息受到了利益相关者的高度关注，是企业和利益相关者进行沟通的重要工具，有助于企业声誉和社会资本的积累，降低企业面临的不确定性风险。因此，企业应积极履行社会责任，不应仅仅将其作为负担，要充分认识到企业社会责任不仅有助于提高社会福利水平，更有助于企业自身发展。②制度环境影响企业社会责任的股东财富保护效应，加强制度环境建设，实施“放管服”改革是当前的重要议题。具体应从以下几方面着手：一是坚持“放管结合”，转变政府管理理念和服务社会的方式，通过重塑政府和市场的关系减少政府对市场的干预，充分发挥市场在资源配置中的作用。二是完善相关法律法规和产权保护制度，降低企业经营过程中面临的不确定性风险。法律法规的完善会强化企业对情感财富的追求。三是深化要素市场化配置改革，激发市场主体活力，营造良好的营商环境，引导企业家成为物质财富的创造者和社会责任的担当者。③企业不当行为作为消极信号，会削弱企业社会责任的股东财富保护效应，影响企业社会责任所建立的声誉资本和社会资本，因此，应建立严密的内部控制体系，减少不当行为的发生。

第5章

企业社会责任对财务风险的治理效应

早期文献主要关注企业社会责任对企业价值或企业绩效的影响，关于企业社会责任对财务风险影响的研究相对较少。可能的原因是，研究者认为市场价值包含了市场对风险的定价，即市场的价格发现功能是完备的。然而，当前我国市场机制的不完善使得市场的价格发现功能难以对企业风险作出有效的定价，股票价格难以反映公司的基本面信息。一些企业的失败并非由业绩较差或未创造价值引起，而是对风险的把控或管理出现了问题，所以有必要单独对企业风险进行研究。本章认为，仅研究企业社会责任对企业价值的影响不足以科学地衡量企业承担社会责任所产生的经济后果。因此，本章重点探讨企业积极承担社会责任对财务风险的影响，同时分析我国的制度背景对两者关系的影响。

"新经济"要求经济从注重增长速度向注重经济增长质量转变，将经济运行目标的动力机制从用货币单位计价的交换经济向实用价值和合意性转变。这使得风险管控的重要性被提到了前所未有的高度。企业只有高效地管控风险，才能保持可持续发展，才能谈及转变发展价值观。现有文献大多从企业多元化（吴国鼎、张会丽，2015）、内部控制（徐炜、肖智，2019）、资本结构（洪乐平，2004）、融资约束（李焰，2007）、集团化运作（袁琳、张伟华，2015）、管理层过度自信（姜付秀等，2009）等内部治理因素的视角研究企业社会责任对财务风险的影响。也有文献从货币政策的视角（Bhamra et al.，2011；李秉成、祝正芳，2013）研究企业社会责任对财务风险的影响。本章基于非财务业绩视角研究企业社会责任对财务风险的影响。

目前，关于企业承担社会责任是否会影响企业财务风险存在较大争议。根据胡宁和靳庆鲁（2018）提出的"优胜劣汰效应"，企业承担社会责任势必造成经营成本的上升，挤占企业的稀缺资源，在企业资源有限的前提下，企业社会责任活动可能与其他战略活动争夺有限的资源，形成资源争夺关系（McWilliams and Siegel，2001）。企业资源的消耗和持续不断的成本支出有损企业的竞争力，会降低企业价值，两者之间存在此消彼长的关系，造成企业资源配置效率和竞争力的下降。Barnea 和 Rubin（2010）认为，企业社会责任不利于企业价值最大化，是对企业资源的一种浪费。根据胡宁和靳庆鲁（2018）提出的“政府兜底效应”，承担企业社会责任可以为企业带来融资便利、税收优惠和政府补助等预算软约束。何种效应在企业社会责任和企业财务风险关系中占主导地位是本章研究的重点。

本章分析并实证检验了企业社会责任与财务风险之间的关系。有学者研究后发现，企业积极承担社会责任降低了财务风险，支持了企业社会责任的风险降低假说。利用 2SLS 和 GMM 方法控制可能存在的内生性问题，在替换企业财务风险度量指标和企业社会责任度量指标进行稳健性检验后，发现研究结论具有一定的稳健性。有学者研究后发现，机构投资者持股比例越高，企业承担社会责任对企业财务风险的降低效应越显著；制度环境越好的地区，企业承担社会责任与财务风险的负相关关系越显著；社会信任程度越高的地区，企业社会责任与财务风险的负相关关系越显著。进一步将企业分为社会责任敏感企业和非敏感企业，可以发现敏感企业积极承担社会责任对财务风险的降低效应较为显著。

5.1 理论推导与研究假设

5.1.1 企业社会责任与财务风险

企业社会责任的价值创造效应和政府兜底效应支持风险降低假说。

首先，依据资源基础理论，积极承担社会责任有利于企业同利益相关者建立密切的关系（Choi and Wang，2009）。McGuire 等（1988）认为，企业积极承担社会责任可以降低法律诉讼和被罚款的可能性，减小被监管的力度，促使企业与政府或金融界的关系更稳定，提高顾客的忠诚度。上述无形资产作为企业的核心竞争优势有助于降低企业的财务风险。Godfrey（2005）认为，企业承担社会责任形成的声誉资本和道德资本提供了“类似保险”的作用，降低了法律诉讼或环境成本给企业带来的不确定性（Dhaliwal et al.，2011），减小了负面事件对企业的冲击（Karen and Marc，2005），从而避免企业因外部冲击陷入财务困境。

其次，基于我国的制度背景，在政治锦标赛的激励下，政府将本应由其承担的社会责任转嫁给企业（Shleifer and Vishny，1994；周黎安，2007）。依据 Homans（1958）的社会交换理论，企业承担社会责任和政府转嫁社会负担给企业实质上是一种交换，作为交换的一方——企业在帮助政府解决就业或社会捐赠问题之后，有强烈的动机获取政治资源，作为承担社会责任的交换价值，弥补其社会责任支出。现有研究表明，企业承担社会责任后换取的政治资源会给企业带来融资便利、税收优惠、政府补助、投资机会以及科技资源等（唐清泉、罗党论，2007；张敏 等，2013；戴亦一 等，2014；张振刚 等，2017）。

最后，企业积极承担社会责任可视为企业内部高效管理的信号，即高效管理假设（Waddock and Graves，1997）。负责任的企业通常具备更完善的商业和财务规划，因此积极承担社会责任的企业通常财务较为稳定，财务风险也较低。综上所述，积极承担社会责任可以降低企业的财务风险。

H5.1：在其他条件相同的情况下，企业积极承担社会责任会降低财务风险。

5.1.2 制度环境、企业社会责任与财务风险

企业是一个开放的系统，其生产经营受到自身力量和外部力量的共同作用（杨武、田雪姣，2018）。基于制度理论，组织的生产经营受到特定制度环境的影响。现有研究表明，我国在制度转型过程中，由于各地区资源禀赋、地理位置以及地方政策不同，区域市场化进程存在显著差异（樊纲、魏强、刘鹏，2010）。各地区市场化进程差异主要体现在政府与市场的关系、非国有经济发展、产品和要素市场发展、市场中介组织的发育以及法律制度环境等方面。首先，在市场化程度较高的地区，企业更容易获取发展所需要的资金、市场信息、技术知识等资源，政府会营造更公平的商业竞争环境，信贷资源错配的情况能得到有效缓解（高山行 等，2018）。其次，市场化程度较高的地区信息不对称程度较低，有利于实现产品的市场对接和构建适销对路的销售系统，加快运营资本的周转，提高运营资本的运行效率。最后，市场化程度较高的地区，维护投资者和生产者权益的成本较低（夏立军 等，2012）。而在市场化程度较低的地区，企业的交易成本和资金成本较高，陷入财务困

境的不确定性较大（吴娜 等，2017）。综合上述因素，市场化程度会影响企业社会责任和财务风险之间的关系。在市场化程度越高的地区，企业社会责任对财务风险的降低效应越显著。

H5.2：在其他条件相同的情况下，市场化程度越高的地区，企业社会责任对财务风险的降低效应越显著。

5.1.3 社会信任程度、企业社会责任与财务风险

社会信任程度通过影响代理成本和企业社会责任影响财务风险。第一，管理层代理成本越高，企业陷入财务困境的可能性越大（王宗军、李红侠，2007）。王耀（2007）研究发现，公司治理不善会导致代理成本增加，大股东侵占现象严重是公司容易陷入财务风险的重要原因。Guiso 等（2008）研究发现，社会信任程度能有效缓解企业代理问题。社会信任程度越高的地区，代理成本越低。第二，社会信任程度会影响企业社会责任的履行（唐亮 等，2018）。社会信任程度较高的地区具有诚实守信的文化范围，人们更愿意遵守社会道德规范，这种诚实守信的文化氛围会影响公司高管和组织行为。综上所述，社会信任程度通过影响代理成本和企业社会责任表现来影响企业社会责任和财务风险之间的关系，促进企业社会责任风险降低效应的发挥。

H5.3：在其他条件相同的情况下，社会信任程度越高的地区，企业社会责任对财务风险的降低效应越显著。

5.1.4 机构投资者持股比例、企业社会责任与财务风险

有研究表明，管理层代理成本会显著提高企业的财务风险（王宗军、李红侠，2007）。根据效率监督假说，机构投资者持股可有效降低代理成本。学者们对机构投资者监督作用的研究主要集中于管理层代理的角度。机构投资者持股被视为一种控制机制，能有效地监督管理者的决策和行为，防止管理层的机会主义行为和“搭便车”行为（Wang and Deng，2006）。机构投资者利用其专业优势和大股东地位监督管理层的私利行为，促使管理层以公司价值最大化为目标，其监督能有效缓解代理冲突（王谨乐和史永东，2018），最终降低企业的财务风险（Elloumi and Gueyie，2001）。有研究表明，机构投资者有很强的动机和能力监督管理层有效地运营企业。机构投资者为获取更大收益有监督公司经营行为的动机，并且有能力实现监督职能。此外，根据利

益协同效应，机构投资者作为大股东在公司的利益随着其持股比例的提高而增加，而持股比例的提高会使监督管理层变得有利可图。机构投资者持股比例越高，其监督成本越低，越有动力参与公司治理（Almazan，Hartzell and Starks，2010），并可通过幕后协商（Mccahery et al.，2016）、投票（Aggarwal et al.，2015；Cvijanovic et al.，2016）等决策程序参与公司治理，参与公司治理产生的利益协同效应降低了公司的财务风险。

此外，有研究表明，机构投资者公司治理作用的发挥取决于其投资偏好，进而影响公司治理机制。根据超级投资者假说，投资者会关注企业社会责任等长期绩效，并将其纳入投资决策考量因素。Johnson 和 Greening（1999）研究发现，不同类型的机构投资者对社会绩效各维度的关注点不同，养老基金持股比例与企业社会绩效的产品质量维度（产品和环境）正相关，投资银行持股比例与企业社会绩效不存在相关关系。黎文靖和路晓燕（2015）研究发现，企业环境绩效正向影响机构投资者持股比例，机构投资者更倾向于投资环境绩效较好的股票。机构投资者有兴趣搜集社会责任信息（邓博夫、吴萌、吉利，2016；Saleh，Zulkifli and Muhamad，2010），社会责任信息披露会增加投资者持股数量（Graves and Waddock，1994）。机构投资者通过持股偏好影响企业社会责任的履行，企业为获得机构投资者的青睐会倾向于履行社会责任。基于上述原因，本章认为机构投资者持股比例会影响企业社会责任和财务风险之间的关系。

H5.4：在其他条件相同的情况下，机构投资者持股比例越高，企业社会责任对财务风险的降低效应越显著。

5.2 研究设计

5.2.1 数据来源与样本选择

本章用和讯网社会责任评级机构的分数作为企业社会责任的代理变量。和讯网于 2010 年开始对上市公司社会责任履行情况进行专业评级并发布评级结果，考虑到数据的可得性，本章以 2010—2017 年作为研究期间，以我国全部 A 股上市公司作为研究对象，对初始样本进行如下处理：第一，根据证监会 2012 年发布的上市公司行业分类标准，剔除金融行业样本；第二，剔除数据采集期间ST或*ST的样本；第三，剔除相关数据缺失的样本；第四，对连续变量进行上下1%的Winsorize处理。

本章在数据处理及实证检验过程中使用了Excel 2010和Stata15软件，财务数据来自CSMAR系列研究数据库，企业社会责任数据来自和讯网社会责任评级机构。

5.2.2 变量定义与模型设计

（1）财务风险

财务风险是指企业在各项具体的财务活动中，受难以预料或控制活动的影响，实际收益与预期收益发生偏离，从而蒙受损失的概率。现有文献主要通过两种方法度量企业的财务风险：一是资本市场数据；二是会计数据（胡国柳、彭远怀，2018）。考虑到我国资本市场的发育程度，本章在主检验部分运用会计数据度量企业的财务风险，对运用资本市场数据度量的财务风险进行稳健性检验。参考MacKie-Mason（1990）、吴国鼎和张会丽（2015）、于富生等（2008）、彭中文等（2014）、王诗雨等（2017）以及George等（2010）的做法，本章选取修正后的*Z*值度量企业的财务风险。在稳健性检验部分，借鉴王诗雨和陈志红（2018）的做法，运用Merton DD模型进行检验，同时，运用Altman（1968）的模型和Altman（1983）的模型。Altman（1983）的模型在Altman（1968）模型的基础上用权益的账面价值代替市场价值，*Z*值越大，企业的财务风险越小。

（2）企业社会责任

目前，衡量企业社会责任的方法主要有污染控制绩效评价法、声誉指数法、内容分析法和专业机构评分法。国外文献主要采用美国的KLD指数，将企业社会责任评价的维度分为环境、社区关系、雇佣关系、机会平等、消费者关系五个方面。借鉴贾兴平和刘益等（2014）、冯丽艳等（2016）、刘柏和卢家锐（2018）等的做法，本章采用和讯网发布的上市公司社会责任评级结果衡量企业社会责任。

（3）其他控制变量

为控制其他变量对研究结论的影响，本章借鉴于富生等（2008）、姜付秀等（2009）、李万福等（2012）的做法，选取公司规模（*SIZE*）、资产负债率（*LEV*）、公司年龄（*Age*）、公司盈利性（*ROA*）、营业收入增长率（*Growth*）、CEO两职合一（*DUAL*）、高管薪酬（ln*Pay*）、高管持股比例（*HOLD*）、独立董事规模（*Board*）、产权性质（*SOE*）作为控制变量。

主要变量说明见表5-1。

表5-1　主要变量说明

变量类型	变量名称	变量符号	变量定义
被解释变量	财务风险	*FD*	修正后的 *Z* 值相反数
解释变量	企业社会责任	*CSR*	和讯网企业社会责任评级分数
调节变量	制度环境	*Market*	来自王小鲁等（2016）中国分省份市场化指数报告
	社会信任	*Trust*	来自张维迎和柯荣住（2002）对中国31个省份社会信任程度的调查结果
	机构投资者持股比例	*Ishare*	年末机构投资者持股数占公司总股数的比例
控制变量	公司规模	*SIZE*	年末总资产的自然对数
	资产负债率	*LEV*	负债总额/资产总额
	公司年龄	*Age*	企业上市的自然年度
	总资产收益率	*ROA*	净利润/总资产平均余额
	营业收入增长率	*Growth*	营业收入增长额/上年营业收入
	CEO 两职合一	*DUAL*	董事长和总经理两职合一
	高管薪酬	ln*Pay*	公司前三名高管薪酬的自然对数
	高管持股比例	*HOLD*	高管持股数/股份总数
	独立董事规模	*Board*	独立董事人数/董事会总人数
	产权性质	*SOE*	国有企业取值为1，否则取值为0
	年度虚拟变量	*Year*	样本属于某一年度取值为1，否则取值为0
	行业虚拟变量	*Industry*	样本属于某一行业取值为1，否则取值为0

（4）模型设计

为验证前述假设，借鉴MacKie-Mason（1990）、吴国鼎和张会丽（2015）的做法，本章选取修正后的 *Z* 值度量企业的财务风险。该指标具有非常明显的优势，可以避免资本市场指标对财务风险指标可靠性的干扰，更加适用于新兴资本市场。具体度量方法如下：

$$Z=(3.3X_1+1.0X_2+1.4X_3+1.2X_4)/X_5 \tag{5-1}$$

式（5-1）中，X_1 代表公司 i 第 t 年的息税前利润；X_2 代表公司 i 第 t 年的销售收入；X_3 代表公司 i 第 t 年的留存收益；X_4 代表公司 i 第 t 年的营运资金；X_5 代表公司总资产。一般来说，*Z* 值越大，财务风险越小；*Z* 值越小，财务风险越大。

$$FD_{it}=\alpha+\beta_1 CSR_{it}+\beta_2 SIZE_{it}+\beta_3 LEV_{it}+\beta_4 Age_{it}+\beta_5 ROA_{it}+\beta_6 Growth_{it}+\beta_7 DUAL_{it}+\beta_8 \ln Pay_{it}+\beta_9 HOLD_{it}+\beta_{10} Board_{it}+\beta_{11} SOE_{it}+\varepsilon_{it} \quad (5-2)$$

式（5-2）中，*FD* 代表企业财务风险，取式（5-1）*Z* 值的相反数。

5.3　实证结果分析

5.3.1　变量描述性统计

表 5-2 列示了主要变量描述性统计结果。由表 5-2 可知，*Z* 值的均值和标准差分别为 1.249 和 0.759。企业社会责任（*CSR*）的均值和标准差分别为 27.010 和 18.500，说明各企业社会责任履行情况存在显著差异。企业社会责任的平均值仅为 27.010，远远低于及格线，因此提高企业履行社会责任的积极性任重道远。企业规模（*SIZE*）的均值和标准差分别为 21.980 和 1.260，样本公司的企业规模差异性不大。公司年龄（*Age*）的均值和标准差分别为 9.651 和 6.421，说明各公司上市年限存在显著差异。公司盈利能力（*ROA*）的均值和标准差分别为 0.039 和 0.050，营业收入增长率（*Growth*）的均值和标准差分别为 0.208 和 0.579，董事长和总经理两职合一（*DUAL*）的均值和标准差分别为 0.240 和 0.427，这三个变量的均值与标准差差异不大，说明本章选取的样本较为平稳。

运用 Stata15 的 TTEST3 命令将 *Z* 值按照企业社会责任（*CSR*）中位数分为两组，比较两组 *Z* 值的差异。表 5-3 列示了主要变量的分组检验结果。由表 5-3 可知，当企业社会责任（*CSR*）大于等于样本中位数时，*Z* 值的均值为 1.467；当企业社会责任（*CSR*）小于样本中位数时，*Z* 值的均值为 1.044，说明企业社会责任业绩越好，*Z* 值越大，企业财务风险越小，即 *Z* 值与财务风险（*FD*）成反比。两组之间的 *t* 检验在 1%的水平上具有显著性，初步验证了 H5.1。

表 5-2　主要变量描述性统计

变量	观测值	平均值	标准差	最小值	中位数	最大值
Z 值	12183	1.249	0.759	−1.141	1.236	3.391
CSR	12183	27.010	18.500	−3.200	22.240	76.880

续表

变量	观测值	平均值	标准差	最小值	中位数	最大值
SIZE	12183	21.980	1.260	19.500	21.800	25.840
LEV	12183	0.439	0.215	0.047	0.437	0.897
Age	12183	9.651	6.421	0	9	22
ROA	12183	0.039	0.050	-0.143	0.035	0.197
Growth	12183	0.208	0.579	-0.567	0.109	4.330
DUAL	12183	0.240	0.427	0	0	1
ln*Pay*	12183	14.130	0.684	12.450	14.120	16.040
HOLD	12183	0.090	0.169	0	0	0.655
Board	12183	0.373	0.053	0.333	0.333	0.571
SOE	12183	0.419	0.493	0	0	1

表 5-3 中位数差异检验

变量	观测值	*Z* 值	差异
CSR<中位数	6086	1.044	825.351***
CSR≥中位数	6097	1.467	

注：***表示在1%的水平上显著。

5.3.2 相关系数矩阵

表 5-4 列示了主要变量的 Pearson 相关系数矩阵。由表 5-4 可知，在不受其他因素影响的情况下，企业社会责任（*CSR*）与财务风险（*FD*）的相关系数为-0.266，在 1%的水平上显著负相关，初步验证了 H5.1，说明企业社会责任业绩越好，企业面临的财务风险越低。公司规模（*SIZE*）与财务风险（*FD*）的相关系数为-0.046，在 1%的水平上显著负相关，说明企业规模越大，抵御风险的能力越强。公司年龄（*Age*）与财务风险（*FD*）的相关系数为-0.232，在 1%的水平上显著负相关，说明公司上市时间越长，随着公司的发展壮大，抵御风险的能力越强。公司的成长性（*Growth*）与财务风险（*FD*）的相关系数为 0.061，在 1%的水平上显著正相关，说明成长性越高的公司可能面临越高的财务风险。董事长和总经理两职合一（*DUAL*）与财务风险（*FD*）的相关系数为 0.045，在 1%的水平上显著正相关，说明董事长和总经理两职合一会产生自我监督缺陷。

表 5-4　主要变量的 Pearson 相关系数矩阵

变量	*FD*	*CSR*	*SIZE*	*LEV*	*Age*	*ROA*	*Growth*	*DUAL*	ln*Pay*	*HOLD*	*Board*	*SOE*
FD	1											
CSR	-0.266***	1										
SIZE	-0.046***	0.356***	1									
LEV	-0.414***	0.005	0.495***	1								
Age	-0.232***	0.032***	0.283***	0.397***	1							
ROA	0.642***	0.374***	-0.023**	-0.382***	-0.176***	1						
Growth	0.061***	0.040***	0.019**	0.050***	-0.013	0.174***	1					
DUAL	0.045***	-0.074***	-0.179***	-0.151***	-0.223***	0.044***	0.012	1				
ln*Pay*	0.236***	0.319***	0.453***	0.072***	0.089***	0.232***	-0.008	-0.007	1			
HOLD	0.171***	-0.061***	-0.305***	-0.359***	-0.549***	0.140***	0.009	0.244***	-0.091***	1		
Board	-0.021**	0.009	0.025***	-0.014	-0.032***	-0.018*	0.009	0.103***	0.002	0.079***	1	
SOE	-0.117***	0.138***	0.357***	0.322***	0.427***	-0.132***	-0.063***	-0.293***	0.060***	-0.434***	-0.062***	1

注：***、**、*分别表示在 1%、5%和 10%的水平上显著。

5.3.3 多元回归结果分析

（1）企业社会责任与财务风险回归结果

被解释变量运用修正后的 *Z* 值的相反数。考虑到行业因素和时间因素对结果的影响，本部分控制行业效应和时间效应，回归结果见表 5-5。表 5-5 的第（1）列运用滞后一期的数据与本期的财务风险（*FD*）进行回归。滞后一期的企业社会责任（*CSR*）与财务风险（*FD*）在 1%的水平上显著负相关，说明社会责任业绩越好的公司，财务风险越低。表 5-5 的第（2）列运用当期的数据与财务风险（*FD*）进行回归，研究结论支持 H5.1，企业社会责任具有风险降低效应，说明企业通过履行社会责任形成的核心竞争优势和政治资源有助于降低企业的财务风险。此外，控制变量公司规模（*SIZE*）、盈利能力（*ROA*）与财务风险（*FD*）在 1%的水平上显著负相关，与模型的预期一致；董事长和总经理两职合一（*DUAL*）与财务风险（*FD*）显著正相关，也与模型的预期相一致。

表 5-5 企业社会责任与财务风险回归结果

变量	（1）*FD*	（2）*FD*
CSR	-0.009** (-2.29)	-0.008*** (-2.80)
SIZE	-0.047*** (-5.32)	-0.047*** (-6.83)
LEV	0.902*** (17.05)	0.913*** (22.40)
Age	0.008*** (5.62)	0.010*** (9.63)
ROA	-5.690*** (-25.02)	-7.678*** (-48.39)
Growth	-0.003 (-0.18)	0.014 (1.18)
DUAL	0.032** (2.11)	0.024** (2.15)
ln*Pay*	-0.142*** (-11.71)	-0.115*** (-12.30)
HOLD	-0.065* (-1.66)	-0.060** (-2.11)

续表

变量	(1) FD	(2) FD
Board	0.135 (1.16)	0.171** (2.01)
SOE	-0.085*** (-5.43)	-0.112*** (-9.14)
行业	控制	控制
年度	控制	控制
N	9443	12183
调整 R^2	0.406	0.551
F	168.191	413.983

注：***、**、*分别表示在1%、5%和10%的水平上显著；括号中为 *t* 值。

（2）制度环境、企业社会责任与财务风险

根据制度理论，企业的生产经营会受到制度环境的影响。在我国当前东、中、西部地区政治经济发展不均衡的背景下，本部分主要探讨制度环境是否会影响企业社会责任业绩与财务风险之间的关系。有学者以王小鲁等（2016）的市场化指数作为制度环境的代理变量，该指数主要包括政府对经济的干预指数、要素和产品市场发育程度以及法律指数等，指数值越高，表明市场化程度越高，地区制度环境越好。参考相关文献的做法，本部分以市场化指数作为制度环境的代理变量。本章按照制度环境中位数将样本分为两组：制度环境较好组和制度环境较差组。表 5-6 的第（1）列为制度环境大于等于中位数的制度环境较好组；第（2）列为制度环境小于中位数的制度环境较差组。由表 5-6 可知，制度环境较好组的企业社会责任对财务风险有显著的降低效应，企业社会责任（*CSR*）与财务风险（*FD*）在 1%的水平上显著负相关；而在制度环境较差组，企业社会责任（*CSR*）与财务风险（*FD*）不具有显著相关性，组间系数存在显著差异。分组回归的结果表明，制度环境是影响企业社会责任发挥风险降低效应的重要因素，提高各地区的市场化程度、优化制度环境任重道远。

表 5-6　制度环境、企业社会责任与财务风险

变量	(1) FD	(2) FD
CSR	-0.045*** (-2.84)	0.003 (0.17)

续表

变量	（1）*FD*	（2）*FD*
SIZE	-0.221*** (-8.11)	-0.422*** (-11.80)
LEV	1.599*** (10.50)	2.215*** (12.12)
Age	0.016*** (3.05)	0.020*** (2.96)
ROA	-2.927*** (-19.54)	-2.171*** (-22.83)
Growth	0.000 (0.33)	-0.000 (-0.04)
DUAL	-0.019 (-0.31)	-0.019 (-0.23)
ln*Pay*	-0.111** (-2.55)	-0.098* (-1.91)
HOLD	-0.460** (-2.29)	-0.504* (-1.70)
Board	0.891** (1.97)	0.745 (1.31)
SOE	-0.060 (-0.93)	-0.129* (-1.81)
常数项	4.454*** (6.32)	7.903*** (9.58)
行业	控制	控制
年度	控制	控制
N	5352	4918
调整 R^2	0.130	0.166
F	21.977	27.365

注：***、**、*分别表示在1%、5%和10%的水平上显著；括号中为 *t* 值。

（3）社会信任、企业社会责任与财务风险

本章借鉴吕朝凤等（2019）、唐亮等（2018）、张茵等（2017）以及高凤莲和王志强（2016）的做法，以张维迎和柯荣住（2002）对中国31个省份社会信任程度的调查结果作为社会信任程度的代理变量。数据来源于张维迎和柯荣住（2002）对 15000 多家公司的问卷调查，问卷调查的设计是“根据您的经验，您认为哪 5 个地区的企业比较守信用”，共收回有效问卷 5000 多份。该问卷调查有两大优势：一是由于地区信任的相对特征，调查结果不是绝对的；二是避免了不同个体交往对象差异的影响。

按照社会信任程度是否大于样本中位数，将样本分为两组，表 5-7 的第（1）列是社会信任程度大于等于样本中位数的一组，代表社会信任程度高组；第（2）列是社会信任程度小于样本中位数的一组，代表社会信任程度低组。由表 5-7 的回归结果可知，在社会信任程度较高的地区，企业社会责任对财务风险的降低效应在 1%的水平上显著，而在社会信任程度较低的地区，企业社会责任对财务风险的作用不显著，组间系数存在显著差异，研究结论支持 H5. 3。

表 5-7　社会信任、企业社会责任与财务风险

变量	（1）*FD*	（2）*FD*
CSR	-0. 019*** （-2. 62）	0. 008 （0. 33）
SIZE	-0. 231*** （-18. 75）	-0. 567*** （-14. 73）
LEV	3. 079*** （135. 43）	2. 702*** （17. 39）
Age	0. 001 （0. 51）	0. 019** （2. 20）
ROA	-2. 267*** （-65. 95）	-3. 281*** （-11. 88）
Growth	-0. 000 （-0. 08）	-0. 000 （-0. 02）
DUAL	0. 030 （1. 02）	-0. 065 （-0. 63）
ln*Pay*	-0. 064*** （-3. 14）	-0. 081 （-1. 26）
HOLD	-0. 005 （-0. 05）	-0. 787** （-2. 01）
Board	0. 646*** （2. 90）	1. 363* （1. 95）

续表

变量	(1) *FD*	(2) *FD*
SOE	-0.043 (-1.37)	-0.219** (-2.43)
常数项	3.503*** (10.45)	10.371*** (10.54)
行业	控制	控制
年度	控制	控制
N	5681	4944
调整 R^2	0.833	0.202
F	745.847	37.713

注：***、**、*分别表示在1%、5%和10%的水平上显著；括号中为 *t* 值。

(4) 机构投资者持股比例、企业社会责任与财务风险

近年来，机构投资者作为重要的外部监督力量越来越受到重视，在约束和监督管理层方面发挥了重要作用，有利于监督并及时纠正管理层的错误或败德行为。机构投资者参与公司治理，有助于公司治理效率的提高和治理结构的完善。目前，我国的机构投资者主要包括基金、合格的境外投资者、券商、保险、社保基金、信托、财务公司、银行和非金融类上市公司，本部分对代理变量机构投资者持股比例的取值为上述机构投资者持股比例的总和。按照机构投资者持股比例的中位数，将样本分为两组，机构投资者持股比例大于等于样本中位数的一组为机构投资者持股比例高组，机构投资者持股比例小于样本中位数的一组为机构投资者持股比例低组。验证机构投资者持股比例对企业社会责任与财务风险关系的影响。表5-8的第（1）列代表机构投资者持股比例高的组，第（2）列代表机构投资者持股比例低的组。由表5-8的回归结果可知，机构投资者持股比例高组的企业社会责任（*CSR*）与财务风险在1%的水平上显著负相关，而机构投资者持股比例低组的企业社会责任（*CSR*）与财务风险（*FD*）正相关，但不具有显著性，组间系数存在显著差异。这说明机构投资者持股比例会影响企业社会责任的风险降低效应，机构投资者持股比例越高，监督成本越低，企业越有动力参与公司治理（Almazan et al.，2005），降低管理层代理成本，进而降低企业的财务风险。

表 5-8　机构投资者持股比例、企业社会责任与财务风险

变量	(1) *FD*	(2) *FD*
CSR	-0. 017*** (-2. 66)	0. 009 (0. 65)
SIZE	-0. 244*** (-20. 85)	-0. 326*** (-14. 05)
LEV	2. 991*** (59. 65)	2. 813*** (50. 03)
Age	0. 006*** (2. 65)	0. 010* (1. 91)
ROA	-2. 166*** (-70. 28)	-3. 586*** (-16. 92)
Growth	-0. 000 (-0. 39)	0. 000 (0. 24)
DUAL	0. 021 (0. 79)	0. 002 (0. 03)
ln*Pay*	-0. 117*** (-6. 54)	-0. 049 (-1. 21)
HOLD	0. 168* (1. 81)	-0. 435** (-2. 08)
Board	0. 689*** (3. 57)	0. 976** (2. 21)
SOE	-0. 065** (-2. 50)	-0. 163*** (-2. 74)
常数项	4. 252*** (14. 79)	5. 016*** (7. 72)
行业	控制	控制
年度	控制	控制
N	4910	4909
调整 R^2	0. 682	0. 580
F	278. 418	184. 421

注：***、**、* 分别表示在 1%、5%和 10%的水平上显著；括号中为 *t* 值。

5.4 稳健性检验

内生性是实证研究不可忽略的一个重要问题。模型中的一个或多个解释变量与随机扰动项相关会产生内生性问题，通常遗漏变量、自变量和因变量相互影响会产生内生性问题。现有文献主要运用工具变量法解决内生性问题，合适的工具变量与自变量有关，与因变量无关。本章在考虑上述因素的基础上，选取同一地级市的企业社会责任年度均值（*CSR_location*）作为个体企业社会责任的工具变量。单个企业社会责任由于受制度环境、竞争因素以及社会因素的影响，可能与同一地级市其他企业的社会责任存在一定的相关性，但单个企业财务风险不受同一地级市其他企业社会责任年度均值的影响，因此同一地级市的企业社会责任年度均值从理论上说是合适的工具变量。本章还选取同一行业（按照证监会 2012 年行业分类标准差）企业社会责任年度均值（*CSR_industry*）作为个体企业社会责任的工具变量，同一行业的企业社会责任可能具有同伴效应和传染效应，但单个企业的财务风险不受同一行业企业社会责任年度均值的影响，因此，同一行业的企业社会责任年度均值从理论上说是合适的工具变量。目前，常用的工具变量法有 2SLS 和 GMM。在满足球形扰动项方面，2SLS 是最有效率的，但如果扰动项存在自相关或者异方差，2SLS 估计就会出现偏误，此时 GMM 是最有效率的。因此，本章同时运用 2SLS 和 GMM 解决内生性问题，进行稳健性检验。

5.4.1 内生性检验

2SLS 估计结果见表 5-9。表 5-9 的 Panel A 列示了第一阶段的回归结果，主要用于验证是否存在弱工具变量，即工具变量和因变量是否相关性较弱或不存在相关性。由第一阶段的回归结果可知，工具变量同一地级市的企业社会责任年度均值（*CSR_location*）和同一行业（按照证监会 2012 年行业分类标准差）的企业社会责任年度均值（*CSR_industry*）与自变量单个企业的社会责任（*CSR*）均在 1%的水平上显著正相关，弱工具变量检验的 Shea's Adj. Partial R^2 为 0.111，F 统计量为 556.21，超过经验值 10，p 值接近零，拒绝了第一阶段弱工具变量的原假设，说明本章选取的工具变量与原自变量高度相关。

由表 5-9 中 Panel B 列示的第二阶段回归结果可知，企业社会责任（*CSR*）与财务风险（*FD*）在 1%的水平上显著负相关，过度识别检验的 *Hansen J* 值为 252.626，对应的 *p* 值为 0.000，在 1%的水平上接受原假设，说明本章所选取的工具变量是外生变量。结合第一阶段的弱工具变量检验结果可知，本章选取的工具变量是有效的。2SLS 回归结果依然支持企业社会责任的风险降低效应，在克服内生性问题之后，本章的研究结论依然成立，说明本章的研究结论具有稳健性。

表 5-9　2SLS 回归结果

Panel A：第一阶段

变量	系数	*Z* 值
CSR_location	0.696***	(35.03)
CSR_industry	0.309***	(6.38)
SIZE	0.040***	(24.34)
LEV	-0.028***	(-3.47)
Age	-0.065**	(-2.43)
ROA	0.114***	(36.56)
Growth	-0.592***	(-2.76)
DUAL	-0.657**	(-2.19)
ln*PAY*	1.621***	(6.97)
HOLD	0.061	(0.08)
Board	-0.763	(-0.28)
SOE	2.044***	(6.05)
常数项	-114.262***	(-30.60)
行业	控制	
年度	控制	
N	12183	
调整 R^2	0.366	

注：***、**分别表示在 1%、5%的水平上显著。

续表

Panel B：第二阶段

变量	系数	Z 值
CSR	-0.003***	(-3.51)
SIZE	-0.002***	(-0.28)
LEV	0.728***	(18.07)
Age	0.010***	(9.42)
ROA	-7.534***	(-37.72)
Growth	0.021*	(1.68)
DUAL	0.021*	(1.78)
ln*PAY*	-0.129***	(-12.93)
HOLD	-0.068**	(-2.28)
Board	0.241***	(2.62)
SOE	-0.053***	(-4.03)
常数项	0.508***	(2.83)
行业	控制	
年度	控制	
N	12183	
调整 R^2	0.468	
Wald chi（2）	9559.68	
Hansen J	252.626	
p 值	0.000	

注：***、**、*分别表示在1%、5%、10%的水平上显著。

表5-10为GMM回归结果，从中可以看出，企业社会责任（*CSR*）与财务风险（*FD*）在1%的水平上显著负相关，过度识别检验 *Hansen J* 值为252.626，对应的 *p* 值为0.000，在1%的水平上接受原假设，说明本章所选取的工具变量满足外生性条件，结合第一阶段的弱工具变量检验结果可知，本章的研究结论具有稳健性，本章选取的工具变量是有效的。GMM回归结果依然支持企业社会责任的风险降低效应，说明本章的研究结论具有稳健性。

表 5-10 GMM

变量	系数	Z值
CSR	-0.003***	(-3.40)
SIZE	-0.000	(-0.06)
LEV	0.749***	(18.60)
Age	0.012***	(10.70)
ROA	-7.645***	(-38.25)
Growth	0.030**	(2.33)
DUAL	0.027**	(2.23)
lnPAY	-0.123***	(-12.38)
HOLD	-0.007	(-0.23)
Board	0.204**	(2.22)
SOE	-0.049***	(-3.75)
常数项	0.370**	(2.06)
行业	控制	
年度	控制	
N	12183	
调整 R^2	0.468	
Hansen J	252.626	
p 值	0.000	

注：***、**分别表示在1%、5%的水平上显著。

5.4.2 变量替换法

5.4.2.1 替换解释变量

考虑到变量度量误差引起的结论不稳健，本章采用替换变量法进行稳健性检验。本章以润灵环球企业社会责任评级分数作为企业社会责任的代理变量进行稳健性检验。润灵环球针对企业发布的社会责任报告，从内容性、整体性、技术性等方面进行评级，因此本部分仅考虑发布企业社会责任报告的企业，对其评级分数与财务风险（*FD*）进行多元回归。

在表5-11的稳健性检验结果中，第（1）列表示滞后一期的企业社会责任（*CSR*），研究发现，企业社会责任（*CSR*）与财务风险（*FD*）在10%的水平上显著负相关；第（2）列表示当期的企业社会责任（*CSR*），研究发现，企业社会责任与财务风险（*FD*）在5%的水平上显著负相关。上述研究结论说明，企业社会责任具有风险降低效应，在替换了解释变量之后，本章的研究结论仍然成立，说明本章的研究结论具有一定的稳健性。

表5-11　替换解释变量的稳健性检验结果

变量	（1）*FD*	（2）*FD*
CSR	-0.003* (-1.84)	-0.002** (-2.00)
SIZE	0.026 (1.47)	0.015 (1.38)
LEV	0.702*** (5.68)	0.817*** (10.92)
Age	-0.006 (-1.54)	-0.002 (-0.97)
ROA	-7.558*** (-17.64)	-7.777*** (-30.37)
Growth	0.057 (1.11)	-0.018 (-0.56)
DUAL	-0.006 (-0.13)	0.054* (1.87)
ln*Pay*	-0.069** (-2.40)	-0.089*** (-5.17)
HOLD	0.162 (0.83)	0.110 (0.98)
Board	0.090 (0.31)	0.078 (0.43)
SOE	-0.008 (-0.20)	-0.039 (-1.60)
常数项	-0.570 (-1.31)	-0.147 (-0.56)
行业	控制	控制

续表

变量	(1) *FD*	(2) *FD*
年度	控制	控制
N	983	2080
调整 R^2	0.526	0.610
F	35.079	93.751

注：***、**、* 分别表示在 1%、5%和 10%的水平上显著；括号中为 t 值。

5.4.2.2　替换被解释变量

除考虑内生性导致的结论不稳健外，变量的度量误差也可能导致结果不稳健，因此本章运用变量替换法进行稳健性检验。结合目前财务风险的衡量指标，本章参考王诗雨和陈志红（2018）的做法，选取 Merton DD 模型度量企业的财务风险。该模型用企业市场价值减债务账面价值，再除以估计的企业价值波动率。模型需要满足以下两个基本假设：第一，企业价值符合几何布朗运动，即 $dV=\mu Vdt+\delta_v Vdw$。其中，V 代表市场价值；μ 代表 V 的不间断复利期望回报率；δ_v 代表企业价值波动率；dw 代表一个标准维纳过程。第二，企业在 T 时期内仅有一项到期负债。具体模型如下：

$$E=VN(d_1)-e^{-rT}FN(d_2) \tag{5-3}$$

其中，E 表示权益的市场价值；F 表示负债的账面价值；r 为无风险利率；N（·）表示累计正态分布函数；d_1 和 d_2 如模型（5-4）所示。

$$d_1=\frac{\ln\left(\frac{V}{F}\right)+(r+0.5\delta_v^2)T}{\delta_v\sqrt{T}},\ d_2=d_1-\delta_v \tag{5-4}$$

在 Merton 假设下，权益价值符合伊藤引理，是企业价值和时间的函数，$\delta_E=\frac{V\partial E}{E\partial V}\delta_V$，其中$\frac{\partial E}{\partial V}=N$（$d_1$），借此推导企业权益价值的波动率和企业价值的波动率。其中，δ_E 代表前一年度个股回报率的标准差；E 代表年个股流动市值；F=流动负债+0.5×非流动负债；$V=E+F$；$T=1$。具体如下：

$$\delta_E=\frac{V}{E}N(d_1)\delta_v \Rightarrow \delta_v=\delta_E E/(E+F) \tag{5-5}$$

根据上述模型可以计算企业的财务困境距离（*DD*），具体计算方法如下：

$$DD=\frac{\ln\frac{V}{F}}{\delta_V\sqrt{T}}+\frac{(\mu+0.5\delta_V^{\ 2})\ T}{\delta_V\sqrt{T}} \tag{5-6}$$

与财务困境距离相对应的是发生财务困境的可能性。运用 π_{Merton} 度量企业的财务风险（$FD1$），计算方法如下：

$$\pi_{Merton}=N(-DD) \tag{5-7}$$

鉴于财务风险度量指标的多样性，考虑到变量度量误差会影响研究结论的稳健性，本章运用 Altman（1968）的方法进行稳健性检验，具体模型如下：

$$Z=0.012X_1+0.014X_2+0.033X_3+0.006X_4+0.999X_5 \tag{5-8}$$

其中，X_1 代表公司 i 第 t 年的营运资本除以总资产；X_2 代表公司 i 第 t 年的留存收益除以总资产；X_3 代表公司 i 第 t 年的息税前收益与总资产的比率；X_4 代表公司 i 第 t 年的股票市场价值除以债务账面价值；X_5 代表营业收入除以总资产。一般来说，Z 值越大，企业的财务风险（$FD2$）越小；相反，Z 值越小，企业的财务风险（$FD2$）越大。因此，取 Z 值的相反数度量企业的财务风险（$FD2$）。

鉴于财务风险度量指标的多样性，考虑到变量的度量误差会影响研究结论的稳健性，本章同时运用 Altman（1983）的 Z 值进行稳健性检验，具体模型如下：

$$Z=0.717X_1+0.847X_2+3.107X_3+0.420X_4+0.998X_5 \tag{5-9}$$

其中，X_1 代表营运资本与总资产的比率；X_2 代表留存收益与总资产的比率；X_3 代表息税前利润与总资产的比率；X_4 代表市场价值与期末总负债的比率；X_5 代表营业收入与总资产的比率。Z 值越大，企业的财务风险越低，因此以 Z 值的相反数度量企业的财务风险（$FD3$）。

表 5-12 的第（1）列代表 Merton DD 模型度量的企业财务风险，由回归结果可知，企业社会责任（CSR）与财务风险在 1%的水平上显著负相关。第（2）列代表 Altman（1968）Z 值的相反数，由回归结果可知，企业社会责任（CSR）与财务风险在 1%的水平上显著负相关。第（3）列代表 Altman（1983）Z 值的相反数，由回归结果可知，企业社会责任（CSR）与财务风险在 1%的水平上显著负相关，研究结论依然支持企业社会责任的风险降低假说，在替换了被解释变量之后，本章的研究结论依然成立，说明本章的研究结论具有一定的稳健性。

表 5-12　替换被解释变量稳健性检验结果

变量	(1) *FD*1	(2) *FD*2	(3) *FD*3
CSR	-0.005*** (-5.94)	-0.562*** (-4.89)	-0.395*** (-4.87)
SIZE	0.024*** (12.71)	4.649*** (3.83)	3.292*** (3.85)
LEV	0.017*** (2.60)	8.282*** (4.47)	5.468*** (4.24)
Age	-0.001*** (-2.79)	-0.034 (-0.55)	-0.026 (-0.58)
ROA	-0.001 (-0.19)	-1.787** (-2.38)	-2.176*** (-4.13)
Growth	0.000 (0.28)	0.000 (0.13)	0.000 (0.10)
DUAL	0.001 (0.37)	0.055 (0.07)	0.049 (0.09)
ln*Pay*	-0.006*** (-3.07)	-1.589*** (-3.32)	-1.137*** (-3.37)
HOLD	0.011 (1.43)	0.687 (0.19)	0.565 (0.22)
Board	0.008 (0.34)	-14.693*** (-3.39)	-10.360*** (-3.39)
SOE	0.002 (0.65)	0.759** (2.50)	0.515** (2.41)
常数项	-0.431*** (-11.41)	-81.827*** (-4.43)	-57.679*** (-4.42)
行业	控制	控制	控制
年度	控制	控制	控制
N	11154	11154	11154
调整 R^2	0.092	0.069	0.068
F	7.265	33.912	35.709

注：***、**分别表示在1%、5%的水平上显著；括号中为 *t* 值。

5.5 进一步分析

5.5.1 异质性分析

社会责任敏感行业更容易受到公众的关注，其社会责任履行情况对财务风险的影响可能更大。社会责任行业敏感度的衡量：参照沈洪涛和苏亮德（2012）、尹开国等（2014）、刘伯和卢家锐（2018）等的做法，把采掘业、食品行业、重污染行业（包括冶金、化工、石化、煤炭、火电、建材、造纸、酿造、制药、发酵、纺织、制革和采矿业）列为社会责任敏感行业，对比证监会2012年发布的《上市公司行业分类指引》，属于上述行业的*Industry*取值为1，否则取值为0。

企业社会责任敏感行业对社会的影响比较大，受到公众的广泛关注。比如，重污染行业、环境敏感行业和消费者敏感行业均具有较高的企业社会责任敏感度。Cai等（2015）研究发现，重污染行业对周围环境的影响比较大。这可能是因为，环境污染面临较高的法律诉讼风险和融资约束困难，因此该类企业面临较高的风险。投资者为规避上述风险，通常将重污染企业的社会绩效纳入投资者决策的考量因素（沈洪涛 等，2010）。2003年，我国环保部门出台了《关于对申请上市的企业和申请再融资的上市企业进行环保核查的通知》，主要用于规避上市企业由环境污染带来的投资风险，调控信贷资源的合理分配。从社会可视度来看，消费者敏感行业大多是公司的产品和消费者距离较近的行业。例如，社会大众熟知和关心的食品行业，食品安全涉及千家万户，是老百姓生存最基本的保障，因此社会公众对食品安全事故零容忍。投资者为规避风险，通常不会对发生食品安全事故的企业进行投资，而更青睐社会绩效较高的企业。因此，与社会责任非敏感行业相比，社会责任敏感行业的社会责任绩效对财务风险的影响可能更大。

按照企业是否属于社会责任敏感行业，对样本进行分组。表5-13的第（1）列代表社会责任敏感行业，第（2）列代表社会责任非敏感行业。由回归结果可知，敏感行业的企业社会责任对财务风险的影响在5%的水平上显著为负，企业社会责任具有较显著的风险降低效应，而非敏感行业的企业社会责任对财务风险的影响不显著。研究结论与预期一致，说明包括投资者在内的利益相关者较为关注敏感行业的企业社会责任绩效，同时社会责任敏感行业面临较大的来自利益相关者的压力和较高的社会期待，迫使该类型企业更积极地履行社会责任，借助社会责任建立良好的信誉，获取良好的政治资源和其他影响核心竞争力的关键资源。本部分的研究结论有助于为社会责任敏感行业制定企业社会责任相关决策提供重要参考。

表 5-13　企业社会责任敏感性与财务风险

变量	(1) *FD*	(2) *FD*
CSR	-0.109** (-2.02)	0.020 (0.50)
SIZE	-0.002 (-0.22)	-0.012 (-1.62)
LEV	1.203*** (19.92)	0.703*** (16.78)
Age	0.002 (1.13)	0.008*** (5.91)
ROA	-7.550*** (-35.94)	-8.036*** (-49.29)
Growth	-0.042* (-1.70)	0.032** (2.28)
DUAL	0.032 (1.33)	0.009 (0.63)
ln*Pay*	-0.096*** (-6.01)	-0.123*** (-10.95)
HOLD	0.162* (1.92)	0.026 (0.53)
Board	-0.306* (-1.77)	0.396*** (3.32)
SOE	-0.085*** (-3.71)	-0.112*** (-7.34)
常数项	-0.166 (-0.66)	0.706*** (3.98)
行业	控制	控制
年度	控制	控制
N	3229	6049

续表

变量	(1) *FD*	(2) *FD*
调整 R^2	0.611	0.544
F	221.127	207.193

注：***、**、*分别表示在1%、5%和10%的水平上显著；括号中为 *t* 值。

5.5.2 作用机理分析

5.5.2.1 企业社会责任降低财务风险的路径一：企业声誉

以往的文献表明，企业社会责任能增加企业声誉。晁罡等（2015）认为，利益相关者会对企业社会责任产生的影响进行评价，进而形成企业声誉，而企业声誉有助于降低企业的财务风险。Godfrey（2005）认为，企业社会责任形成的声誉资本和道德资本能起到“类似保险”的作用，降低法律诉讼或环境成本给企业带来的不确定性（Dhaliwal et al.，2011），减小负面事件对企业造成的冲击（Karen and Marc，2005），避免企业因外部冲击陷入财务困境，进而降低企业的财务风险。

借鉴宋献中等（2017）的做法，本章搜集和整理了《财富》（中文版）自2010年以来“最受赞赏的中国公司”排行榜数据，如果企业入选该排行榜，则企业声誉（*REPU*）赋值为1，否则赋值为0。表5-14的第（1）列表示企业社会责任对财务风险的影响，第（2）列表示企业社会责任对企业声誉的影响，第（3）列表示企业社会责任和企业声誉共同作用对财务风险的影响。由表5-14的回归结果可知，Sobel检验在5%的水平上显著，企业社会责任通过提高企业声誉显著降低企业的财务风险。

表5-14 企业社会责任、企业声誉与财务风险

变量	(1) *FD*	(2) *REPU*	(3) *FD*
CSR	-0.008*** (-2.80)	0.003*** (2.64)	-0.008*** (-2.72)
REPU			-0.079*** (-2.78)
SIZE	-0.047*** (-6.83)	0.024*** (10.90)	-0.045*** (-6.46)
LEV	0.913*** (22.40)	-0.032*** (-4.46)	0.911*** (22.29)

续表

变量	(1) *FD*	(2) *REPU*	(3) *FD*
Age	0.010*** (9.63)	0.002*** (7.47)	0.010*** (9.79)
ROA	−7.678*** (−48.39)	0.019 (0.54)	−7.677*** (−48.38)
Growth	0.014 (1.18)	−0.002 (−0.76)	0.014 (1.16)
DUAL	0.024** (2.15)	−0.001 (−0.48)	0.024** (2.14)
ln*Pay*	−0.115*** (−12.30)	0.012*** (4.84)	−0.114*** (−12.17)
HOLD	−0.060** (−2.11)	0.025*** (4.11)	−0.058** (−2.04)
Board	0.171** (2.01)	−0.004 (−0.18)	0.170** (2.00)
SOE	−0.112*** (−9.14)	0.004 (1.21)	−0.111*** (−9.12)
常数项	1.353*** (8.66)	−0.666*** (−11.49)	1.300*** (8.14)
行业	控制	控制	控制
年度	控制	控制	控制
N	12183	12183	12183
调整 R^2	0.551	0.070	0.551
F	413.983	7.515	403.510
Sobel 检验	−0.0004** (*Z*=−2.55)		
中介效应系数	−0.0004** (*Z*=−2.55)		
总效应系数	−0.0111** (*Z*=−3.45)		
中介效应比例	0.034		

注：***、**分别表示在1%、5%的水平上显著；括号中为*t*值。

5.5.2.2 企业社会责任降低财务风险的路径二：代理效率

借鉴李寿喜（2007）的做法，以总资产周转率作为代理效率的替代变量，该指标反映了经理的错误决策或偷懒行为，如投资净现值为负的项目或因未尽力增加收入而造成的对资产的低效率使用所引起的代理成本。企业积极承担社会责任通常被视为内部高效管理的信号，即高效管理假设（Waddock and Graves，1997），负责任的企业通常具有更完善的商业和财务规划，代理效率也较高。

表 5-15 列示了企业社会责任降低财务风险的第二条路径——代理效率。由表 5-15的第（1）列可知，企业社会责任与财务风险在 1%的水平上显著负相关，企业积极承担社会责任可以显著降低企业的财务风险。表 5-15 的第（2）列表示企业积极承担社会责任对代理效率的影响不显著，第（3）列表示企业社会责任和代理效率共同作用对财务风险的影响。研究结果表明，企业社会责任会显著降低财务风险，代理效率越高，企业的财务风险越低。由于第（2）列系数不显著，根据 Baron 和 Kenny（1986）、温忠麟等（2004）以及温忠麟和叶宝娟（2014）的中介效应检验方法，如果系数 a 和系数 b 有一个不显著，则需进行 Sobel 检验，Sobel 检验在 5%的水平上显著，说明代理效率在企业社会责任和财务风险之间发挥部分中介效应。企业社会责任通过提高代理效率降低企业的财务风险。

表 5-15　企业社会责任、代理效率与财务风险

变量	（1）*FD*	（2）*AE*	（3）*FD*
CSR	-0.008*** (-2.80)	-0.005 (-1.53)	-0.012*** (-5.69)
AE			-0.731*** (-21.76)
SIZE	-0.047*** (-6.83)	-0.030*** (-4.93)	-0.069*** (-12.56)
LEV	0.913*** (22.40)	0.594*** (15.43)	1.348*** (38.36)
Age	0.010*** (9.63)	-0.000 (-0.18)	0.010*** (13.30)
ROA	-7.678*** (-48.39)	1.626*** (9.71)	-6.489*** (-42.78)
Growth	0.014 (1.18)	0.037*** (2.98)	0.041*** (3.93)
DUAL	0.024** (2.15)	-0.022** (-2.02)	0.008 (0.98)
ln*Pay*	-0.115*** (-12.30)	0.070*** (6.69)	-0.063*** (-8.73)
HOLD	-0.060** (-2.11)	-0.098*** (-3.65)	-0.132*** (-6.59)

续表

变量	(1) *FD*	(2) *AE*	(3) *FD*
Board	0.171** (2.01)	-0.013 (-0.17)	0.161*** (2.72)
SOE	-0.112*** (-9.14)	0.072*** (6.15)	-0.059*** (-6.52)
常数项	1.353*** (8.66)	-0.099 (-0.67)	1.281*** (10.12)
行业	控制	控制	控制
年度	控制	控制	控制
N	12183	12183	12183
调整 R^2	0.551	0.212	0.783
F	413.983	96.369	731.350
Sobel 检验	0.005** (Z=2.12)		
中介效应系数	0.005** (Z=2.12)		
总效应系数	-0.011** (Z=-3.45)		
中介效应比例	0.311		

注：***、**分别表示在 1%、5%的水平上显著；括号中为 t 值。

5.5.2.3　企业社会责任降低财务风险的路径三：融资约束

上述理论分析表明，企业承担社会责任后换取的政治资源给企业带来融资便利。肖翔和孙晓琳（2013）研究发现，通常社会责任绩效越好的企业，面临的融资约束越低。何贤杰等（2012）认为，良好的社会责任表现有助于缓解企业和资金提供者之间的信息不对称，进而缓解企业的融资约束。此外，企业积极承担社会责任形成的良好声誉有助于获取银行等的贷款，进而缓解融资约束。本章借鉴 Kaplan 和 Zingales（1997）的做法，根据公司的经营性净现金流、股利、现金持有、资产负债率，以及托宾 Q 值等财务指标构建融资约束 KZ 指数。

表 5-16 的第（1）列表示企业社会责任对财务风险的影响，第（2）列表示企业社会责任对融资约束的影响，第（3）列表示企业社会责任和融资约束共同作用对财务风险的影响。由第（1）列数据可知，企业社会责任可在1%的水平上显著降低企业的财务风险。由第（2）列数据可知，企业社会责任降低了企业融资约束，回归结果在 5%的水平上显著负相关。由第（3）列

数据可知，企业社会责任可在1%的水平上显著降低财务风险，融资约束越强的企业财务风险越高，Sobel检验在1%的水平上显著，说明积极承担社会责任可以降低企业的融资约束，进而降低企业的财务风险，融资约束可以在企业社会责任和财务风险的关系中发挥部分中介作用。

表5-16　企业社会责任、融资约束与财务风险

变量	(1) *FD*	(2) *FC*	(3) *FD*
CSR	-0.008*** (-2.80)	-0.005** (-2.29)	-0.008*** (-2.74)
FC			0.047*** (3.56)
SIZE	-0.047*** (-6.83)	-0.032*** (-9.39)	-0.046*** (-6.58)
LEV	0.913*** (22.40)	0.775*** (39.09)	0.877*** (20.26)
Age	0.010*** (9.63)	0.005*** (8.06)	0.010*** (9.41)
ROA	-7.678*** (-48.39)	-1.951*** (-24.45)	-7.587*** (-46.34)
Growth	0.014 (1.18)	-0.005 (-0.79)	0.015 (1.19)
DUAL	0.024** (2.15)	-0.011 (-1.35)	0.024** (2.19)
ln*Pay*	-0.115*** (-12.30)	-0.022*** (-4.04)	-0.114*** (-12.20)
HOLD	-0.060** (-2.11)	-0.088*** (-3.34)	-0.056** (-1.96)
Board	0.171** (2.01)	0.180*** (3.22)	0.162* (1.91)
SOE	-0.112*** (-9.14)	-0.017** (-2.31)	-0.111*** (-9.08)
常数项	1.353*** (8.66)	1.507*** (18.67)	1.283*** (8.15)
行业	控制	控制	控制
年度	控制	控制	控制

续表

变量	(1) *FD*	(2) *FC*	(3) *FD*
N	12183	12183	12183
调整 R^2	0. 551	0. 343	0. 551
F	413. 983	144. 020	431. 112
Sobel 检验	-0. 0008*** (Z=-3. 67)		
中介效应系数	-0. 0008*** (Z=-3. 67)		
总效应系数	-0. 0111** (Z=-3. 45)		
中介效应比例	0. 0707		

注：***、**、*分别表示在 1%、5%和 10%的水平上显著；括号中为 t 值。

5. 5. 3　经济后果分析

借鉴 Baron 和 Kenny（1986）、温忠麟等（2004）以及温忠麟和叶宝娟（2014）的中介效应检验方法：第一步，检验自变量与因变量的关系，$Y=cX+\varepsilon$；第二步，检验自变量与中介变量的关系，$M=aX+\varepsilon$；第三步，检验自变量、中介变量与因变量的联合关系，$Y=c'X+bM+\varepsilon$。首先，检验系数 c，如果系数 c 显著，则进行后续检验。其次，在 c 显著的前提下，检验系数 a 和系数 b。如果系数 a 和系数 b 均显著，说明间接效应显著；如果系数 a 和系数 b 中有一个不显著，则进行 Sobel 检验。最后，检验系数 c'的显著性。如果 c'不显著，说明直接效应不显著，只有中介效应；如果 c'显著，说明直接效应显著。

由表 5-17 可知，第（1）列企业社会责任与企业价值（*TQ*）在 1%的水平上显著正相关，企业承担社会责任能够提高企业价值（*TQ*），*CSR* 系数相当于上述中介效应检验系数 c，在 1%的水平上具有显著性。第（2）列企业社会责任与财务风险（*FD*）在 1%的水平上显著负相关，企业承担社会责任能够降低财务风险，*FD* 系数相当于上述中介效应检验系数 a，在 1%的水平上具有显著性。第（3）列检验企业社会责任与财务风险共同作用对企业价值的影响，*FD* 系数相当于上述中介效应检验系数 b，在 1%的水平上具有显著性，*CSR* 系数相当于上述中介效应检验系数 c'，在 1%的水平上具有显著性，Sobel 检验在 1%的水平上显著。上述研究发现说明企业社会责任通过降低财务风险提高企业价值。

表 5-17　企业社会责任、财务风险与企业价值

变量	(1) *TQ*	(2) *FD*	(3) *TQ*
CSR	0.032*** (4.06)	−0.008*** (−2.69)	0.031*** (4.82)
FD			−0.123*** (−36.80)
SIZE	−0.858*** (−37.42)	−0.044*** (−6.36)	−0.718*** (−39.59)
LEV	−0.703*** (−5.75)	0.904*** (22.05)	2.127*** (19.04)
Age	0.017*** (5.40)	0.010*** (9.65)	0.013*** (5.30)
ROA	8.753*** (16.07)	−7.740*** (−48.38)	6.087*** (14.35)
Growth	0.171*** (4.66)	0.015 (1.24)	0.149*** (5.15)
DUAL	0.063* (1.73)	0.028** (2.49)	0.020 (0.66)
ln*Pay*	0.120*** (4.72)	−0.113*** (−12.20)	0.115*** (5.51)
HOLD	−0.298*** (−2.80)	−0.048* (−1.68)	−0.630*** (−7.11)
Board	2.324*** (8.68)	0.189** (2.23)	1.503*** (7.13)
SOE	−0.160*** (−4.64)	−0.111*** (−9.04)	−0.152*** (−5.58)
常数项	18.423*** (38.60)	1.267*** (8.11)	13.795*** (36.08)
行业	控制	控制	控制
年度	控制	控制	控制
N	11801	11801	11801
调整 R^2	0.511	0.556	0.683
F	197.437	411.505	380.083
Sobel 检验	−0.018*** (*Z*=−3.03)		
中介效应系数	−0.018*** (*Z*=−3.03)		

续表

变量	(1) *TQ*	(2) *FD*	(3) *TQ*
总效应系数	-0.065*** (*Z*=-6.53)		
中介效应比例	0.285		

注：***、**、*分别表示在 1%、5%和 10%的水平上显著；括号中为 *t* 值。

5.6　本章小结

本章以 2010—2017 年中国 A 股上市公司为样本，实证检验企业社会责任对财务风险的影响，并分析了制度环境和机构投资者持股对两者关系的影响。研究发现：第一，积极承担社会责任可以降低企业的财务风险，支持了企业社会责任的风险降低假说。第二，制度环境越好的地区，企业社会责任对财务风险的降低效应越显著，说明制度环境作为重要的外部影响因素，能够引导和规范企业行为。第三，社会信任程度越高的地区，企业社会责任对财务风险的降低效应越显著。第四，机构投资者持股比例越高的公司，企业社会责任对财务风险的降低效应越显著，说明机构投资者作为重要的外部监督力量，通过投资偏好选择以及参与公司治理引导和规范企业社会责任行为。第五，将样本按照企业是否属于社会责任敏感行业进行分组，研究发现社会责任敏感行业履行社会责任对财务风险的影响更大。第六，进一步对企业社会责任降低财务风险的路径进行分析，可以发现企业声誉、代理效率和融资约束是企业社会责任降低财务风险的部分路径。第七，进一步分析企业社会责任降低经营风险所带来的经济后果，可以发现随着财务风险的降低，企业价值在进一步增加，财务风险在企业社会责任与企业价值的关系中发挥部分中介效应。

由本章研究可知，企业尤其是社会责任敏感行业的企业，积极承担社会责任可以形成良好的声誉，建立良好的利益相关者关系，提高核心竞争力，降低财务风险。企业要充分认识履行社会责任的重要性，将承担社会责任纳入长期发展战略规划，在追求经济绩效的同时积极承担社会责任，实现经济绩效和社会绩效的和谐统一，进而实现可持续发展。在制度环境较好的地区，企业社会责任的风险降低效应更显著，因此加强制度环境建设是我国当前的一个重要议题。完善制度环境，可以为企业发展营造公平、公正的竞争环境，通过市场引导资源的合理配置，提高资源配置效率。在我国目前“放管服”改革背景下，政府要坚持放管相结合，转变政府管理理念和服务社会的方式，通过重塑政府和市场的关系减少政府对市场的干预，通过市场合理引导资源流向。机构投资者持股会影响企业社会责任与财务风险之间的关系——有助于企业降低财务风险，提高治理效率。因此，要充分认识机构投资者对公司治理的重要性，营造良好的环境，合理地引导机构投资者参与公司治理。此外，营造良好的社会信任环境有助于企业积极承担社会责任。

第6章

企业社会责任对会计信息风险的治理效应

现有文献对企业履行社会责任的动机存在较大争议，主要包括利他动机、声誉动机、政治动机和自利动机（Zhang and Keh，2010）。利他动机认为，履行社会责任是企业不求回报的利他行为（Campbell et al.，1999）。出于声誉动机，企业会通过履行社会责任获得声誉，树立良好的形象，进而获得关键性战略资源，最终提高战略地位（Godfrey，2005）。出于政治动机，企业会通过承担社会责任获得政治资源，建立良好的政企关系。在政府垄断核心资源的情况下，企业有很强的政治动机履行社会责任（贾明、张喆，2010）。在自利动机下，管理层通过履行社会责任提升自身的社会形象和地位（Atkinson and Galaskiewicz，1988；Galaskiewicz，1997）。Preston 和 O'Bannon（1997）研究发现，"机会主义"管理者通过过度投资企业社会责任获取个人私利，最终损害企业价值。Barnea 和 Rubin（2010）认为，企业社会责任是管理者与股东之间的委托代理问题，管理者通过投资企业社会责任获得包括声誉在内的个人私利。

不同动机下的企业社会责任活动会对会计信息风险产生不同的影响。本章运用2010—2017年中国A股上市公司数据验证企业履行社会责任的动机。如果企业出于利他动机和声誉动机履行社会责任，企业为维持良好的声誉和建立对外负责任的形象就会提高会计信息质量，降低会计信息风险，此动机下的社会责任活动符合道德假说（刘华、魏娟、巫丽兰，2016）。如果企业出于自利动机履行社会责任，管理层为维护与利益相关者的关系，会减少盈余管理给企业造成的负面影响，进行较多的盈余管理，造成会计信息质量的下降，以及会计信息风险的增加。在这种情况下，企业承担社会责任符合"自利工具"假说。本章根据利益相关者理论、信息不对称理论、合法性理论和声誉理论，认为企业社会责任活动符合道德假说，同时实证检验了制度环境和机构投资者持股对上述关系的调节作用。研究发现，企业社会责任能降低会计信息风险，支持企业社会责任的风险降低假说。利用2SLS和GMM控制可能存在的内生性问题，在替换会计信息风险度量指标和企业社会责任度量指标进行稳健性检验后，发现本章的研究结论具有一定的稳健性。同时发现：机构投资者持股比例越高，企业社会责任对会计信息风险的降低效应越显著；制度环境越好的地区，企业社会责任对会计信息风险的降低效应越显著。

本章的研究意义在于以下两点：第一，从非财务业绩视角拓展了已有的会计信息风险相关研究。现有会计信息风险影响因素相关研究主要从公司特征（向锐、章成蓉，2011）、内部控制质量（向锐等，2011）、会计准则变迁（王冲、谢雅璐，2010）等视角展开，而与经济后果相关的文献主要研究会计信息风险对市场资源配置（张文珂、张芳芳、刘淑莲，2017）、审计意见（陆正飞、曾雪云，2016）、市场定价（于李胜、王艳艳，2007）的影响。本章研究发现，企业社会责任与会计信息风险存在显著的负相关关系，丰富和拓展了会计信息风险相关文献。第二，基于中国的制度背景，分析制度环境、社会信任程度和机构投资者持股对企业社会责任与会计信息风险的影响，研究制度环境、社会信任程度和机构投资者持股对上述关系的调节作用。

6.1 理论推导与研究假设

6.1.1 企业社会责任与会计信息风险

现有文献发现，会计信息质量越高，企业会计信息风险越低。有些文献用会计信息质量衡量会计信息风险。于李胜和王艳艳（2007）在信息风险与资产定价的研究中，以应计质量作为信息风险的代理变量，认为信息质量带来的会计信息风险是影响利益相关者决策的重要依据。曾雪云和陆正飞（2016）发现，较高的盈余管理水平会带来较大的业绩波动，进而提高会计信息风险。企业积极承担社会责任会降低会计信息风险，理由如下：

首先，根据道德关注假说，负责任的企业通常拥有正直诚信的道德伦理观和较强的社会责任价值观，企业的管理层和员工具有较强的道德意识和社会责任感，通常较为关注利益相关者的合法权益（Shafer，2015），更愿意遵守信息披露的相关法律法规和会计准则的规定，向利益相关者提供真实可靠的会计信息（李伟阳，2010），通过承担社会责任树立良好的企业形象。因此，负责任的企业进行盈余管理的可能性较低，其社会责任活动通常是言行一致的，会计信息风险通常较低（Kim et al.，2012）。

其次，根据声誉理论，企业积极承担社会责任能够提高声誉，获取发展所需要的核心资源，形成声誉资本和道德资本，从而降低法律诉讼或环境成本带来的不确定性（Dhaliwal et al.，2011），以及负面事件对企业造成的冲击，而注重声誉的企业通常会约束自身的盈余管理行为（Kim et al.，2012）。此外，积极承担社会责任的公司通常信息透明度较高。道德型管理者通常将承担社会责任作为提高企业信息透明度的重要工具（Jensen and Meckling，1976）。Cui 等（2018）认为企业积极承担社会责任有助于提高声誉（Turban and Greening，1997；Albinger and Freeman，2000），而积极承担社会责任通常需要较好的信息环境，因此积极承担社会责任的企业为维护其声誉通常会优化信息环境，通过信息披露降低企业和利益相关者之间的信息不对称程度（Sufi，2007）。Hong 和 Andersen（2011）研究发现，积极承担社会责任的企业通常会计信息透明度较高。信息透明度的提高会降低企业和投资者之间的信息不对称程度，进而降低会计信息风险。

最后，前期文献表明，企业积极承担社会责任会降低代理成本。Cheng 等（2014）基于利益相关者理论的视角，认为社会责任会增加企业同利益相关者之间的信任与合作（Choi and Wang，2009；Jo and Harjoto，2011），规避管理层的短视行为，降低管理层与股东之间的代理成本。杨柏和林川（2016）研究发现，企业积极承担社会责任可以缓解代理冲突，降低代理成本。孟岩和周航（2018）指出，代理成本与影响会计信息风险的盈余管理行为有关，依据现代契约理论，企业是一系列利益相关者契约关系的集合体，存在各种委托代理关系和利益诉求，其中盈余信息是各利益相关者最为关心的重要信息之一，管理层作为利益相关者的核心更为看重盈余信息的信号传递作用。作为天然信息优势方的管理层，可能会通过盈余管理行为掩盖代理成本的负面溢出效应，因此，企业会积极承担社会责任，通过降低代理成本规避管理层的短视行为，进而降低会计信息风险。基于上述原因，提出如下假设：

H6.1：在其他条件相同的情况下，企业积极承担社会责任会降低会计信息风险和可操控会计信息风险。

6.1.2 制度环境、企业社会责任与会计信息风险

夏立军和陈信元（2007）认为，企业行为通常会受到所处制度环境的影响，表现为趋利避害的适应性。因此，制度环境是否影响企业行为是公司治理研究的基础。许金花等（2018）认为，转型经济国家的制度环境对微观企业行为的影响更显著。中国作为转型经济国家的典型代表，最为显著的特征是不同省份经济发展水平和法治化进程存在显著差异。不同地区的企业面临的法律监管强度存在差异，导致企业所处信息环境存在一定的异质性。首先，政府干预理论认为，政府与市场的关系微妙且具有极端重要性：一方面，具有“扶持之手”的特征，另一方面具有“掠夺之手”的印记。现有文献表明，市场化程度较高的地区，政府对经济的干预较少，对经济的“扶持之手”可以提高资源配置效率。企业更倾向于通过正常的市场渠道获取发展所需的资源，而无须通过信息操控等不道德行为获得政府手中的关键战略性资源。因此，在市场化程度较高的地区，管理层进行信息操控的动机与可能性较低。其次，市场化程度较高的地区通常具有完善的法治环境。La Porta 等（2000）认为，完善的法治环境有助于缓解管理层与股东之间的代理问题，提高公司治理效率，抑制企业信息操控行为。李延喜等（2012）认为，市场化程度越低的地区，政府对经济的干预越多，管理层进行信息操控的动机和必要性越强，这无疑会增加企业信息风险；而市场化程度较高的地区，通常法治环境较好、政府干预程度较低，企业进行信息操控的可能性较低，信息风险较低。随着盈余管理程度的提高，可操控会计信息风险也会不断提高（于李胜、王艳艳，2007），盈余管理与可操控会计信息风险正相关。基于上述原因，提出如下假设：

H6.2：在其他条件相同的情况下，制度环境越好的地区，企业社会责任对可操控会计信息风险的降低作用越显著。

6.1.3 社会信任、企业社会责任与会计信息风险

正式制度为企业经营活动提供一定秩序，影响范围较为恒定，而非正式制度作为正式制度的重要补充，能够对公司治理产生重要影响。在经济转型国家，正式制度存在很多不完善之处，以社会信任为代表的非正式制度可在一定程度上弥补现有体制的漏洞。社会信任是社会成员之间彼此信任的总体水平，社会信任较高的地区通常有一系列可以规范生产与企业行为的价值观

和准则，这些价值观和准则会强化个人或组织的社会责任感。有学者指出，社会信任水平较高的地区通常具有公正的程序规则和行政规则，这会对管理层的信息操控行为起到一定的约束和监督作用。通常来说，社会信任水平和信息质量正相关。综上所述，社会信任对企业社会责任和信息风险之间的关系发挥外部边界调节作用。

现有文献表明，社会信任会影响会计信息质量。雷宇（2015）研究发现，公众能够识别企业的伪善行为，对于向上进行盈余管理的企业，公众会降低对其捐赠行为的正面评价。这说明我国当前的诚信和道德建设具有坚实的群众基础，社会信任可以减少公司的盈余管理。姜付秀等（2015）研究发现，以诚信作为企业文化的企业，其盈余管理水平通常较低，诚信对正向盈余管理和负向盈余管理均具有一定的抑制作用。雷光勇等（2014）研究发现，社会信任会影响审计师的选择和审计质量，社会信任程度较高地区的企业更愿意聘请高质量的审计师，通常该地区的会计信息质量较高。曹春方等（2015）认为，社会信任程度较高的地区，投资者对高质量信息披露的需求和经理人监督水平的需求较为迫切，社会信任的惩罚机制迫使管理层采取相对理性的策略，对管理层信息操控和信息管理行为形成强大威慑力。Garret 等（2014）研究发现，社会信任与财务报告质量正相关，社会信任程度越高的地区，财务报告质量越高。此外，社会信任会影响企业社会责任的履行。唐亮等（2018）研究发现，社会信任程度越高的地区，企业社会责任业绩越好。通常在社会信任程度较高的地区，会有一系列规范企业行为的社会准则和诚实守信的道德价值观，这些会影响高管的行为，使得该地区的高管具有更强的社会责任感（Guiso，Sapienza and Zingales，2008）。基于上述原因，提出如下假设：

H6. 3：在其他条件相同的情况下，社会信任程度越高的地区，企业社会责任对可操控会计信息风险的降低效应越显著。

6. 1. 4　机构投资者持股、企业社会责任与会计信息风险

现有文献对机构投资者持股的经济后果并未得出一致结论，目前主要有三种观点：有效监督假说、利益攫取假说和无效监督假说。有效监督假说认为，机构投资者具有资金和专业优势，能够对管理层实施有效的监督（史永东、王谨乐，2014）。利益攫取假说认为，机构投资者通常是短视的，当管理层利益和机构投资者的利益趋于一致时，机构投资者通常会选择与管理者合

谋，损害中小股东的利益（温军、冯根福，2012）。无效监督假说认为，机构投资者持股与公司业绩不存在显著关系（薄仙慧、吴联生，2009）。2001 年证监会提出“超常规发展机构投资者”和 2005 年股权分置改革之后，机构投资者迅速发展，且成为资本市场上的一股重要力量，通过董事会表决、管理层薪酬、并购、资本结构、盈余管理等参与公司治理。本章基于以下原因支持有效监督假说。首先，机构投资者具有资金和信息优势，他们的持股比例较高，更愿意投入资金和时间进行信息搜索。机构投资者具有专业化的研究队伍和丰富的信息渠道，以及卓越的信息获取能力和信息分析能力，因此其对信息的解读能力和价值评估能力高于一般投资者（夏冬林、李刚，2008；梅洁、张明泽，2016）。其次，机构投资者持股比例越高，他们和企业之间越能形成利益协同，即机构投资者和企业的利益趋向一致，利益协同效应会驱使机构投资者实施监督职能，监督管理层的盈余管理行为（袁知柱、王泽燊、郝文瀚，2014）。李延喜等（2011）研究发现，机构投资者持股比例越高，其卖出股票的交易成本越高，可有效规避机构投资者的短视行为，使他们更加注重公司的长期利益，监督管理层盈余管理的动机越强。此外，机构投资者持股提高了公司的透明度，并对大股东有一定的制衡作用，特别是在股权高度集中的情况下，大股东和中小股东之间存在较严重的代理问题，机构投资者的加入可减轻大股东和中小股东之间的代理问题，提高公司的透明度，降低信息不对称程度（Shleifer and Vishny，1986；Admati et al.，1994；甄红线、王谨乐，2016）。机构投资者在信息搜集和处理方面有一定的优势，从而会对公司财务信息的透明度产生影响（杨海燕、韦德洪、孙健，2012）。相对于一般投资者，机构投资者是专业投资人，对管理层发布的会计信息具有较强的解读能力和甄别能力，他们通常运用报纸、网络等传播渠道向公众传递被投资公司的各种信息，有助于提高被投资公司的会计信息透明度（杨海燕、韦德洪、孙健，2012）。Ajinkya 等（2005）研究发现，机构投资者持股比例越高，管理层越倾向于发布更多的信息，并且发布信息的频率越高，信息的内容也更具体和精确。此外，机构投资者通过上市公司业绩说明会、电话会议以及现场参观等方式进行实地调研，了解被投资公司的经营和财务状况。王珊（2017）指出，机构投资者的实地调研可有效约束经理人的行为，抑制管理层的盈余管理行为。基于上述原因，本章提出如下假设：

H6.4：在其他条件相同的情况下，机构投资者持股比例越高，企业社会责任对可操控会计信息风险的降低效应越显著。

6.2 研究设计

6.2.1 数据来源与样本选择

2008年国际金融危机之后，上海证券交易所和深圳证券交易所分别出台了《关于做好上市公司2008年年度报告工作的通知》《关于上市公司2008年编制年度报告的通知》，自此披露社会责任报告的企业数量呈逐年增多态势。随着社会责任报告的披露，出现了第三方机构对企业社会责任履行情况进行评级，如润灵环球企业社会责任评级机构、和讯网社会责任评级机构等。和讯网社会责任评级机构是目前较权威的第三方评级机构，越来越多的文献以其评级分数作为企业社会责任的代理变量。本章也以和讯网社会责任评级机构的分数作为企业社会责任的代理变量。和讯网从2010年开始对上市公司社会责任履行情况进行专业评级并发布评级结果，考虑到数据的可得性，本章选取2010—2017年作为研究区间，以我国A股上市公司作为研究对象，对初始样本进行如下处理：第一，根据证监会2012年发布的《上市公司行业分类指引》，剔除金融业样本；第二，剔除数据采集期间ST或*ST的样本；第三，剔除相关数据缺失的样本；第四，对连续变量进行上下1%的Winsorize处理。

本章在数据处理及实证检验过程中使用了Excel 2010和Stata15软件。本章所有财务数据均来自CSMAR系列研究数据库，企业社会责任数据来自和讯网社会责任评级机构。

6.2.2 变量定义与模型设计

6.2.2.1 会计信息风险

Francis等（2005）以会计信息质量和会计信息披露较差的概率来定义会计信息风险，认为会计信息风险主要是指会计信息质量的波动性和不确定性。有些文献以应计质量的波动性度量会计信息风险（Francis et al.，2005；Kravet and Shevlin，2010；杨孙蕾 等，2011；张文珂、张芳芳、刘淑莲，2017），主要运用Dechow和Dichev（2002）的模型回归残差标准差作为会计信息风险的代理变量。该代理变量有别于琼斯模型、总流动应力模型度量的应计质量指标。前者度量指标的波动性，后者主要衡量绝对量指标，刻画了企业披露的会计信息与经济现实之间的绝对偏差。在 Dechow 和 Dichev（2002）模型基础上，国内外学者将会计信息风险分解为固有会计信息风险和可操控会计信息风险。固有会计信息风险与企业经营模式和经营环境有关，反映企业资产规模、营业周期、盈亏状况、现金流波动性和销售收入波动性等企业特征，一般具有不可分散性（Francis et al.，2005；于李胜、王艳艳，2007；张文柯、张芳芳、刘淑莲，2017）。可操控会计信息风险与会计信息操控有很大关系，说明企业存在可操控信息空间和信息操控的任意性。可操控会计信息风险类似于企业特质风险，具有可分散性。本章将可操控会计信息风险和会计信息风险纳入研究，未考虑不可分散的固有会计信息风险，借鉴于李胜和王艳艳（2007）、孙健等（2016）以及张文珂等（2017）的做法，运用如下模型度量会计信息风险和可操控会计信息风险。

$$\frac{TCA_{i,t}}{Asset_{i,t}}=\alpha_{0,i}+\alpha_{1,i}\frac{CFO_{i,t-1}}{Asset_{i,t}}+\alpha_{2,i}\frac{CFO_{i,t}}{Asset_{i,t}}+\alpha_{3,i}\frac{CFO_{i,t+1}}{Asset_{i,t}}+\varepsilon_{i,t} \quad (6-1)$$

其中，$TCA_{i,t}$=企业当期总应计=（$\Delta CA_{i,t}-\Delta CL_{i,t}-\Delta Cash_{i,t}+\Delta STDEBT_{i,t}$）；$\Delta CA_{i,t}$表示 i 公司第 t 年的流动资产变化额；$\Delta CL_{i,t}$表示 i 公司第 t 年的流动负债变化额；$\Delta Cash_{i,t}$表示 i 公司第 t 年的现金变化额；$\Delta STDEBT_{i,t}$表示 i 公司第 t 年的流动负债变化值中包含的债务变化值；CFO 表示企业经营活动现金流；$Asset_{i,t}$表示 i 公司第 t 年末的总资产。

Dechow 和 Dichev（2002）在模型中用残差标准差 $\sigma(\widehat{\varepsilon})$ 表示会计信息风险。将 $\sigma(\widehat{\varepsilon})$ 分解为固有会计信息风险和可操控会计信息风险，具体分别方法如下：

$$\sigma(\widehat{\varepsilon})_{i,t}=\beta_0+\beta_1Size_{i,t}+\beta_2\sigma(CFO)_{i,t}+\beta_3\sigma(Sales)_{i,t}+\beta_4OperCycle_{i,t}+\beta_5NegEarn_{i,t}+\mu_{i,t} \quad (6-2)$$

$$INIR_{i,t}=\widehat{\beta_0}+\widehat{\beta_1}Size_{i,t}+\widehat{\beta_2}\sigma(CFO)_{i,t}+\widehat{\beta_3}\sigma(Sales)_{i,t}+\widehat{\beta_4}OperCycle_{i,t}+\widehat{\beta_5}NegEarn_{i,t} \quad (6-3)$$

其中，$\sigma(\widehat{\varepsilon})$ 表示模型（6-1）得到的残差标准差；LEV 表示公司规模，用总资产的自然对数表示；$\sigma(CFO)$ 表示经营活动现金流的标准差；$\sigma(Sales)$ 表示主营业务收入标准差；$OperCycle$ 表示营运周期的自然对数；$NegEarn$ 表示营业利润为负的概率。利用模型（6-2）估计出参数 β_0、β_1、β_2、β_3、β_4、β_5 后，将其代入模型（6-3），可得到 $INIR$。$INIR$ 表示固有会计信息风险，可操控会计信息风险（DIR）用模型（6-2）残差 $\sigma(\widehat{\mu})$ 来表示。

6.2.2.2　企业社会责任

目前，衡量企业社会责任的方法主要有污染控制绩效评价法、声誉指数法、内容分析法、专业机构评分法。国外文献主要采用美国的 KLD 指数。根据我国的具体情况，并借鉴贾兴平和刘益（2014）等、冯丽艳等（2016）、刘柏和卢家锐（2018）等的做法，本章以和讯网发布的上市公司社会责任评级分数衡量企业社会责任。和讯网依据年报和社会责任报告对企业社会责任情况进行评分。在企业发布的社会责任报告数量和质量十分有限的情况下，依靠年报和社会责任报告打分的方法相对较为权威。

6.2.2.3　其他控制变量

借鉴已有文献，基于公司财务特征和公司治理特征控制如下影响会计信息风险的变量。

公司规模（*SIZE*）：规模较大的公司受到较高的关注和较严格的监管，会计信息质量较高，盈余管理程度较低（李增福、周婷，2013）。通常公司规模越大，会计信息风险越低。

公司成长性（*BM*）：成长性较高的公司可能存在较严重的信息不对称问题，盈余管理程度可能较高，对应的会计信息风险也会较高。成长性较高的公司可能为建立良好的企业形象而提高企业透明度，降低信息不对称程度，从而获取发展所需要的核心关键资源，因此企业成长可能与会计信息风险正相关或负相关。

资产负债率（*LEV*）：资产负债率较高的公司，债务契约方面的要求可能会增加其盈余管理的动机，导致其会计信息质量较差（李增福 等，2011），会计信息风险较高。

经营现金流比率（*OCFR*）：企业的经营现金流越充足，进行盈余管理的动机越弱，因此通常经营现金流越充足的企业，会计信息质量越高，会计信息风险越低。

董事长和总经理两职合一（*DUAL*）：已有文献表明，两职合一会产生自我监督缺陷，从而加剧企业的会计信息风险。

董事会规模（*BNUM*）：董事会规模越大，对管理层的监督作用越强，越能约束经理人的机会主义行为，改善公司内部治理结构，降低公司的盈余管理水平，提高会计信息质量，降低企业会计信息风险（刘启亮 等，2013）。

独立董事比例（*OUTD*）：目前较多文献认可独立董事的公司治理作用，认为独立董事比例越高，越能约束经理人的机会主义行为，提高公司治理效率，因此独立董事比例越高的企业，盈余管理行为越少，会计信息质量越高，会计信息风险越低。

财务风险（*ZMscore*）：财务风险越高的公司通常越倾向于以人为干预的方式降低风险，而盈余管理通常被用于降低风险，因此财务风险较高的企业通常对应较高的会计信息风险，即财务风险与会计信息风险正相关。

行业和年度效应：为控制宏观层面不确定性因素和年度不确定性因素对结果的影响，本章采用虚拟变量控制行业和年度因素。变量说明见表6-1。

表6-1　变量说明

变量类型	变量名称	变量符号	变量定义
被解释变量	会计信息风险	*IR*	计算方法见模型（6-1）
	可操控会计信息风险	*DIR*	计算方法见模型（6-2）和模型（6-3）
解释变量	企业社会责任	*CSR*	和讯网企业社会责任评级分数
调节变量	制度环境	*Market*	来自王小鲁等（2016）的《中国分省份市场化指数报告》
	社会信任	*Trust*	来自张维迎和柯荣住（2002）对中国31个省份社会信任程度的调查结果
	机构投资者持股比例	*Ishare*	年末机构投资者持股数占公司总股数的比例
控制变量	公司规模	*SIZE*	年末总资产的自然对数
	公司成长性	*BM*	市账比
	资产负债率	*LEV*	负债总额/资产总额
	经营现金流比率	*OCFR*	经营活动产生的现金流量净额/总资产
	CEO两职合一	*DUAL*	董事长和总经理两职合一
	董事会规模	*BNUM*	董事会人员数量
	独立董事比例	*OUTD*	独立董事人数/董事会人数
	财务风险	*ZMscore*	Zmijewski（1984）的*ZM*指数
	四大审计	*Big4*	会计报表属于四大审计，取值为1，否则取值为0
	年度虚拟变量	*Year*	样本属于某一年度取值为1，否则取值为0
	行业虚拟变量	*Industry*	样本属于某一行业取值为1，否则取值为0

6.2.2.4　模型设计

借鉴现有文献中会计信息风险的影响因素，构建如下模型：

$$IR_{it}=\gamma_0+\gamma_1 CSR_{it}+\gamma_2 SIZE_{it}+\gamma_3 BM_{it}+\gamma_4 LEV_{it}+\gamma_5 OCFR_{it}+\gamma_6 DUAL_{it}+\gamma_7 BNUM_{it}+\gamma_8 OUTD_{it}+\gamma_9 ZMscore_{it}+\gamma_{10} Big_{it}+\varepsilon_{it} \quad (6-4)$$

6.3 实证结果分析

6.3.1 变量描述性统计

表6-2列示了变量描述性统计结果。由表6-2可知，会计信息风险（*IR*）的均值和标准差分别为0.076、0.057，标准差接近均值，说明数据的稳定性较好。可操控会计信息风险（*DIR*）的均值和标准差分别为0.001、0.052，标准差大于均值，说明不同公司的可操控会计信息风险存在较大差异。企业社会责任（*CSR*）的均值和标准差分别为28.210、20.040，说明各企业社会责任履行情况存在显著差异，企业社会责任的平均值仅为28.210，远远低于及格线，因此提高企业履行社会责任的积极性仍然任重道远。企业规模（*SIZE*）的均值和标准差分别为22.390、1.331，样本公司的企业规模差异性不大。公司成长性（*BM*）的均值和标准差分别为1.111、1.053，均值和标准差较为接近，说明数据平稳性尚好。资产负债率（*LEV*）的均值、标准差和中位数分别为0.510、0.202、0.516，说明半数公司的资产负债率超过0.500。董事长和总经理两职合一（*DUAL*）的均值和标准差分别为0.182、0.386，说明两职合一的公司占样本公司的18.2%。独立董事比例（*OUTD*）的均值为0.371，符合我国公司法对独立董事的要求。

运用Stata15的TTEST3命令将会计信息风险（*IR*）按照企业社会责任（*CSR*）中位数分为两组，比较两组会计信息风险（*IR*）的差异。表6-3列示了分组检验结果。由表6-3可知，企业社会责任（*CSR*）大于等于样本中位数的，会计信息风险（*IR*）的均值为0.058，企业社会责任（*CSR*）小于样本中位数的，会计信息风险（*IR*）的均值为0.062，说明企业社会责任业绩越好，会计信息风险（*IR*）越小。表6-3中两组的*t*检验均在1%的水平上具有显著性，说明企业社会责任业绩越好，企业会计信息风险越小，初步验证了H6.1。

表6-2　变量描述性统计

变量	*N*	平均值	标准差	最小值	中位数	最大值
IR	8992	0.076	0.057	0.011	0.060	0.304
DIR	8992	0.001	0.052	-0.084	-0.010	0.206

续表

变量	N	平均值	标准差	最小值	中位数	最大值
CSR	8992	28.210	20.040	-3.650	22.390	77.550
SIZE	8992	22.390	1.331	19.360	22.240	26.180
BM	8992	1.111	1.053	0.083	0.756	5.501
LEV	8992	0.510	0.202	0.078	0.516	0.955
OCFR	8992	0.041	0.097	-4.269	0.041	0.876
DUAL	8992	0.182	0.386	0.000	0.000	1.000
BNUM	8992	8.946	1.791	5.000	9.000	15.000
OUTD	8992	0.371	0.053	0.308	0.333	0.571
ZMscore	8992	-1.583	1.255	-4.302	-1.550	1.499
Big4	8992	0.070	0.256	0.000	0.000	1.000

表 6-3　中位数差异检验

变量	均值				*t* 检验
IR	4496	0.062	4500	0.058	11.388***
DIR	4496	-0.012	4500	-0.008	16.059***

注：***表示在1%的水平上显著。

6.3.2　相关系数矩阵

表6-4 列示了变量的 Pearson 相关系数矩阵。由表6-4 可知，在不受其他因素影响的情况下，企业社会责任（*CSR*）与会计信息风险（*IR*）的相关系数为-0.071，并且在1%的水平上存在显著的负相关关系，初步验证了H6.1，说明企业社会责任业绩越好，企业面临的会计信息风险越低。企业社会责任（*CSR*）与可操控会计信息风险（*DIR*）的相关系数为-0.151，并且在1%的水平上存在显著的负相关关系，初步验证了H6.1，说明企业社会责任业绩越好，企业面临的可操控会计信息风险越低。公司规模（*SIZE*）与会计信息风险（*IR*）的相关系数为-0.118，在1%的水平上具有显著性，说明企业规模越大，受到的社会关注度越高，越能对盈余管理行为起到约束作用，企业的会计信息风险较低。公司成长性（*BM*）与会计信息风险（*IR*）的相关系数为-0.079，在1%的水平上显著负相关，说明成长性越好的公司，越注重利益相关者关系和企业声誉，信息透明度越高，越有利于降低会计信息风险。资产负

表 6-4　变量的 Pearson 相关系数矩阵

变量	*IR*	*DIR*	*CSR*	*SIZE*	*BM*	*LEV*	*OCFR*	*DUAL*	*BNUM*	*OUTD*	*ZMscore*	*Big4*
IR	1											
DIR	0. 384***	1										
CSR	-0. 071***	-0. 151***	1									
SIZE	-0. 118***	-0. 201***	0. 369***	1								
BM	-0. 079***	-0. 071***	0. 169***	0. 631***	1							
LEV	0. 046***	0. 136***	-0. 018*	0. 373***	0. 555***	1						
OCFR	-0. 125***	-0. 239***	0. 176***	0. 501***	0. 257***	0. 086***	1					
DUAL	0. 066***	0. 045***	-0. 071***	-0. 122***	-0. 115***	-0. 081***	-0. 055***	1				
BNUM	-0. 078***	-0. 085***	0. 128***	0. 252***	0. 164***	0. 119***	0. 147***	-0. 170***	1			
OUTD	0. 003	0. 002	0. 014	0. 045***	0. 023**	0. 003	0. 047***	0. 082***	-0. 383***	1		
ZMscore	0. 032***	0. 159***	-0. 087***	0. 333***	0. 545***	0. 978***	0. 060***	-0. 075***	0. 107***	0. 007	1	
Big4	-0. 117***	-0. 069***	0. 184***	0. 373***	0. 180***	0. 074***	0. 419***	-0. 057***	0. 102***	0. 051***	0. 057***	1

注：***、**、*分别表示在 1%、5%和 10%的水平上显著。

债率（*LEV*）与会计信息风险（*IR*）显著正相关，说明资产负债率较高的公司为满足债务契约的要求可能提高盈余管理的程度，导致会计信息风险提高。经营现金流比率（*OCFR*）与会计信息风险（*IR*）显著负相关，说明企业的经营现金流越充足，企业进行盈余管理的动机越弱，会计信息风险越低。董事长和总经理两职合一（*DUAL*）与会计信息风险显著正相关，说明两职合一会产生自我监督缺陷。董事会规模（*BNUM*）与会计信息风险显著负相关，说明董事会的监督作用会提高公司治理效率，降低会计信息风险。财务风险（*ZMscore*）与会计信息风险显著正相关，说明财务风险较高的企业通常会人为干预会计数据，从而提高会计信息风险。此外，从总体来看，变量之间的自相关系数均较小，平均方差膨胀因子 *VIF* 为 4.36，小于经验临界值 10，说明本章的多元回归分析不存在多重共线性问题。

6.3.3 多元回归结果分析

6.3.3.1 企业社会责任与会计信息风险回归分析

本部分选取的样本观测值为 8992 个，对应的样本区间为 2010—2017 年，被解释变量为模型（6-1）残差的标准差［会计信息风险（*IR*）］和模型（6-2）残差［可操控会计信息风险（*DIR*）］，考虑到行业因素和时间因素对结果的影响，控制行业效应和时间效应，回归结果见表 6-5。由表 6-5 可知，在考虑可能的控制变量以及年度和行业固定效应之后，企业社会责任（*CSR*）与会计信息风险（*IR*）的相关系数为-0.015，并且在 1%的水平上显著负相关，说明社会责任业绩越好的企业，会计信息风险越低。研究结论支持 H6.1，即企业社会责任具有风险降低效应，负责任的公司通常会计信息风险较低。企业社会责任（*CSR*）与可操控会计信息风险（*DIR*）的相关系数为-0.009，并且在 1%的水平上显著负相关，说明社会责任业绩越好的公司，越不倾向于进行盈余管理，可操控会计信息风险越低。此外，控制变量公司规模（*SIZE*）、成长性（*BM*）、经营现金流比率（*OCFR*）、董事会规模（*BNUM*）、四大审计（*Big*4）与会计信息风险（*IR*）在 1%的水平上显著负相关，与模型的预期一致。

表 6-5 企业社会责任与会计信息风险回归结果

变量	*IR*	*DIR*
CSR	-0.015*** (-4.50)	-0.009*** (-2.66)

续表

变量	*IR*	*DIR*
SIZE	-0.003*** (-3.52)	0.001* (1.78)
BM	-0.005*** (-4.93)	-0.003*** (-3.21)
LEV	0.165*** (8.02)	0.175*** (10.09)
OCFR	-0.054*** (-4.30)	-0.019** (-2.07)
DUAL	0.007*** (4.21)	0.006*** (3.59)
BNUM	-0.002*** (-4.16)	-0.001*** (-3.40)
OUTD	-0.010 (-0.92)	-0.008 (-0.77)
ZMscore	-0.022*** (-6.61)	-0.028*** (-10.17)
Big4	-0.015*** (-7.39)	-0.015*** (-7.86)
常数项	0.045** (2.16)	-0.145*** (-7.72)
行业	控制	控制
年度	控制	控制
N	8992	8992
调整 R^2	0.084	0.026
F	20.316	7.472

注：***、**、*分别表示在1%、5%和10%的水平上显著；括号中为 *t* 值。

6.3.3.2　制度环境、企业社会责任与可操控会计信息风险

新制度经济学强调环境对企业的重要性，制度环境是影响企业行为的重要因素（许金花、李善民、张东，2018）。自1978年实施改革开放以来，我国经济取得了飞跃式发展。然而我国的渐进式市场化改革，造成各地区市场化进程存在显著差异。本章基于我国的制度背景，研究制度环境对企业社会责任与会计信息风险之间关系的影响。

现有文献主要以王小鲁等（2016）的市场化指数作为制度环境的代理变

量，该指数主要包括政府对经济的干预指数、要素和产品市场发育程度以及法律指数等，指数越高，代表市场化程度越高，地区制度环境越好。结合现有文献，本章以市场化指数作为制度环境的代理变量。本章按照制度环境中位数将样本分为两组：制度环境较好组和制度环境较差组。表 6-6 的第（1）列制度环境大于等于中位数的一组为制度环境较好组，第（2）列制度环境小于中位数的一组为制度环境较差组。由表 6-6 可知，在制度环境较好组，企业社会责任对可操控会计信息风险具有显著的降低效应；而在制度环境较差组，企业社会责任对可操控会计信息风险不具有显著影响，组间系数存在显著差异。分组回归的结果表明，制度环境会影响企业社会责任和会计信息风险之间的关系，制度环境越好，越能约束企业的盈余管理行为，降低企业的可操控会计信息风险。按照制度环境中位数对样本进行分组，研究发现制度环境较好组和较差组的组间系数不存在显著差异，支持 H6.2。

表 6-6　制度环境、企业社会责任与可操控会计信息风险

变量	（1）*DIR*	（2）*DIR*
CSR	-0.014*** (-2.93)	-0.003 (-0.70)
SIZE	0.029 (0.31)	0.221** (2.10)
BM	-0.002** (-2.05)	-0.004*** (-3.52)
LEV	0.169*** (8.35)	0.203*** (9.02)
OCFR	-0.023*** (-3.29)	-0.018* (-1.69)
DUAL	0.005** (2.44)	0.005** (2.16)
BNUM	-0.002*** (-3.14)	-0.001 (-1.56)
OUTD	-0.024 (-1.52)	0.022 (1.34)
ZMscore	-0.028*** (-8.39)	-0.033*** (-8.99)

续表

变量	(1) *DIR*	(2) *DIR*
*Big*4	-0.010*** (-3.61)	-0.018*** (-4.37)
常数项	-0.089*** (-3.62)	-0.213*** (-8.10)
行业	控制	控制
年度	控制	控制
N	4466	4295
调整 R^2	0.033	0.030
F	5.439	4.960

注：***、**、*分别表示在1%、5%和10%的水平上显著；括号中为*t*值。

6.3.3.3 社会信任、企业社会责任与可操控会计信息风险

本章以张维迎和柯荣住（2002）对中国31个省份社会信任程度的调查结果作为社会信任程度的代理变量。张维迎和柯荣住（2002）对15000多家公司进行了问卷调查，问卷调查的问题设计是“根据您的经验，您认为哪5个地区的企业比较守信用”，共收回有效问卷5000多份。该问卷调查有两大优势：一是由于地区信任的相对特征，调查结果不是绝对的；二是避免了不同个体交往对象差异的影响。在社会信任难以度量的情况下，该方法受到众多学者的青睐。吕朝凤和陈汉鹏（2019）、唐亮等（2018）、张茵等（2017）以及高凤莲和王志强（2016）均以该问卷调查的结果作为社会信任程度的代理变量。

按照社会信任程度的中位数对样本进行分组，表6-7的第（1）列社会信任程度大于等于样本中位数，代表社会信任程度较高组，第（2）列社会信任程度小于样本中位数，代表社会信任程度较低组。由表6-7可知，在社会信任程度较高组，企业社会责任与可操控会计信息风险在5%的水平上显著负相关，而在社会信任程度较低组，上述关系不显著，组间系数存在显著差异。上述研究发现说明，社会信任程度越高，企业社会责任对可操控会计信息风险的降低效应越显著。按照社会信任程度的中位数对样本进行分组，研究发现，社会信任程度较高组和较低组的企业社会责任与会计信息风险之间的关

系不存在显著差异，支持 H6. 3。

表 6-7 社会信任、企业社会责任与可操控会计信息风险

变量	(1) *DIR*	(2) *DIR*
CSR	-0. 011** (-2. 46)	-0. 005 (-0. 98)
SIZE	0. 001 (0. 49)	0. 002* (1. 68)
BM	-0. 001 (-0. 82)	-0. 004*** (-3. 71)
LEV	0. 164*** (6. 72)	0. 192*** (7. 48)
OCFR	-0. 035** (-2. 25)	-0. 006 (-0. 75)
DUAL	0. 002 (0. 97)	0. 009*** (3. 65)
BNUM	-0. 002*** (-3. 28)	-0. 001 (-1. 58)
OUTD	0. 008 (0. 49)	-0. 024 (-1. 49)
ZMscore	-0. 028*** (-7. 31)	-0. 030*** (-7. 15)
Big4	-0. 014*** (-6. 22)	-0. 011*** (-3. 12)
常数项	-0. 100*** (-3. 77)	-0. 175*** (-6. 31)
行业	控制	控制
年度	控制	控制
N	4399	4289
调整 R^2	0. 040	0. 035
F	6. 376	5. 489

注：***、**、*分别表示在 1%、5%和 10%的水平上显著；括号中为 *t* 值。

6. 3. 3. 4 机构投资者持股比例、企业社会责任与可操控会计信息风险

机构投资者作为重要的外部监督力量，在我国资本市场发挥着越来越重要的作用，可有效监督和约束管理层的机会主义行为，降低代理成本，提高治理效率。目前，我国的机构投资者主要包括基金、合格的境外投资者、券

商、保险、社保基金、信托、财务公司、银行和非金融类上市公司。本部分以上述所有机构投资者持股比例的总和作为机构投资者持股比例的代理变量。按照机构投资者持股比例中位数将样本分为两组：将机构投资者持股比例大于等于样本中位数的，作为机构投资者持股比例高组；反之，将机构投资者持股比例小于样本中位数的，作为机构投资者持股比例低组。验证机构投资者持股比例的高低对企业社会责任风险降低效应的影响。

表6-8列示了本部分的研究结论，第（1）列代表机构投资者持股比例高组，第（2）列代表机构投资者持股比例低组。由表6-8可知，在机构投资者持股比例高组，企业社会责任（*CSR*）与可操控会计信息风险（*DIR*）在1%的水平上显著负相关；而在机构投资者持股比例低组，企业社会责任（*CSR*）与可操控会计信息风险（*DIR*）负相关，但不具有显著性，组间系数存在显著差异。这说明机构投资者持股比例会影响企业社会责任与可操控会计信息风险之间的关系，机构投资者持股比例越高，其监督成本越低，越有动力参与公司治理（Almazan et al.，2005），从而降低企业的盈余管理程度，进而降低可操控会计信息风险。其他控制变量如市账比（*BM*）、经营现金流比率（*OCFR*）、董事会规模（*BNUM*）与模型的理论预期一致。

表6-8 机构投资者持股比例、企业社会责任与可操控会计信息风险

变量	（1）*DIR*	（2）*DIR*
CSR	-0.014*** (-3.03)	-0.004 (-0.70)
SIZE	0.002* (1.81)	0.002 (1.29)
BM	-0.002* (-1.74)	-0.004** (-2.18)
LEV	0.121*** (5.02)	0.235*** (7.68)
OCFR	-0.025*** (-3.37)	-0.017 (-1.29)
DUAL	0.004* (1.79)	0.008*** (2.60)
BNUM	-0.001** (-2.45)	-0.001 (-1.52)
OUTD	-0.021 (-1.32)	0.016 (0.68)

续表

变量	(1) DIR	(2) DIR
ZMscore	-0.021*** (-5.34)	-0.038*** (-7.96)
Big4	-0.014*** (-4.23)	-0.015*** (-3.69)
常数项	-0.113*** (-4.21)	-0.211*** (-5.66)
行业	控制	控制
年度	控制	控制
N	4045	4041
调整 R^2	0.021	0.039
F	3.535	3.795

注：***、**、*分别表示在1%、5%和10%的水平上显著；括号中为 *t* 值。

6.4 稳健性检验

本章通过控制年度和行业固定效应，在一定程度上消除了遗漏变量所引起的内生性问题。考虑到企业社会责任和信息风险可能存在反向因果关系，需要进行内生性检验。

本章考虑内生性问题所带来的估计结果偏误，通常模型中的一个或多个解释变量与随机扰动项相关就会产生内生性问题。常见的导致内生性问题的主要原因是遗漏变量、自变量和因变量相互影响。现有文献主要运用工具变量法解决内生性问题，但工具变量需要满足以下条件：①与自变量相关；②与因变量无关。本章在考虑上述因素的基础上，以同一地级市的企业社会责任年度均值（*CSR_location*）作为个体企业社会责任的工具变量。单个企业社会责任和同一地级市的企业社会责任年度均值会受到相同制度环境、竞争因素以及社会因素的影响，所以虽然可能存在一定的相关性，但企业个体会计信息风险不受同一地级市其他企业社会责任年度均值的影响，因此同一地级市的企业社会责任年度均值从理论上说是合适的工具变量。本章还选择滞后两期的企业社会责任作为当期企业社会责任的工具变量，企业的行为存在时间序列相关性，受企业文化、政策连续性的影响，企业之前的行为会影响当期行为，滞后期的企业社会责任与当期的企业社会责任存在一定相关性，但滞后期的企业社会责任通常与当期的会计信息风险无关，因此滞后期的企业社会责任从理论上说是合适的工具变量。目前，常用的工具变量法有 2SLS 和 GMM。在满足球形扰动项方面，2SLS 是最有效率的，但如果扰动项存在自相关或者异方差，2SLS 估计就会存在偏误，此时 GMM 是最有效率的。因此，本章同时采用 2SLS 和 GMM 解决内生性问题进行稳健性检验。

6.4.1　内生性检验

2SLS 估计结果见表 6-9。表 6-9 的 Panel A 列示了第一阶段的回归结果，主要用于验证是否存在弱工具变量，即工具变量和因变量的相关性是否较弱或不存在相关性。由第一阶段的回归结果可知，工具变量同一地级市的企业社会责任年度均值（*CSR_location*）、滞后两期的企业社会责任（*L2CSR*）与自变量单个企业社会责任（*CSR*）均在 1%的水平上显著正相关。弱工具变量检验的 Shea's Partial R^2 为 0.236，*F* 统计量为 664.467，超过经验值 10，*p* 值接近零，拒绝了第一阶段弱工具变量的原假设，说明本章选取的工具变量均与自变量高度相关。表 6-9 的 Panel B 列示了第二阶段的回归结果。从表 6-9 中可以看出，企业社会责任（*CSR*）与会计信息风险（*IR*）在 1%的水平上显著负相关，过度识别检验 *Hansen J* 值为 0.295，对应的 *p* 值为 0.587，企业社会责任（*CSR*）与可操控会计信息风险（*DIR*）在 1%的水平上显著负相关，过度识别检验 *Hansen J* 值为 0.072，对应的 *p* 值为 0.789，在 10%的水平上接受原假设，说明本章所选取的工具变量满足外生性要求。结合第一阶段的弱工具变量检验结果，本章选取的工具变量是有效的。2SLS 回归结果依然支持企业社会责任的风险降低效应，在克服内生性问题之后本章的研究结论依然成立，说明本章研究结论具有稳健性。

GMM 回归结果见表 6-10。从表 6-10 中可以看出，企业社会责任（*CSR*）与会计信息风险（*IR*）在 1%的水平上显著负相关，过度识别检验 *Hansen J* 值为 0.295，对应的 *p* 值为 0.587，在 10%的水平上接受原假设。企业社会责任（*CSR*）与可操控会计信息风险（*DIR*）在 1%的水平上显著负相关，过度识别检验 *Hansen J* 值为 0.072，对应的 *p* 值为 0.789，在 10%的水平上接受原假设，说明本章所选取的工具变量满足外生性要求。结合第一阶段的弱工具变量检验结果，说明本章选取的工具变量是有效的。GMM 回归结果依然支持企业社会责任的风险降低效应，说明本章的研究结论具有稳健性。

表 6-9 2SLS 回归结果

Panel A：第一阶段

变量	系数	t 值
L2CSR	0. 366 ***	(26. 17)
CSR_location	0. 359 ***	(12. 68)
SIZE	0. 298 ***	(9. 66)
BM	−0. 850 **	(−2. 56)
LEV	0. 798 ***	(7. 64)
OCFR	0. 108 ***	(5. 77)
DUAL	−0. 139	(−0. 26)
BNUM	−0. 105	(−0. 76)
OUTD	−0. 565	(−1. 31)
ZMscore	−0. 148 ***	(−8. 86)
Big4	0. 039	(0. 03)
常数项	−129. 276 ***	(−16. 20)
行业	控制	
年度	控制	
N	5238	
调整 R^2	0. 480	

注：***、**分别表示在1%、5%的水平上显著。

Panel B：第二阶段

变量	*IR*	*DIR*
CSR	−0. 087 *** (−9. 51)	−0. 057 *** (−6. 71)
SIZE	−0. 023 (−0. 19)	0. 342 *** (3. 08)
BM	−0. 004 *** (−3. 28)	−0. 002 * (−1. 70)
LEV	0. 224 *** (8. 47)	0. 204 *** (8. 50)
OCFR	−0. 036 ** (−2. 29)	−0. 012 (−1. 19)

续表

变量	*IR*	*DIR*
DUAL	0. 012*** (4. 83)	0. 009*** (4. 15)
BNUM	-0. 001** (-2. 19)	-0. 001* (-1. 65)
OUTD	-0. 001 (-0. 07)	0. 002 (0. 13)
ZMscore	-0. 035*** (-8. 01)	-0. 036*** (-9. 11)
*Big*4	-0. 011*** (-4. 22)	-0. 009*** (-4. 23)
常数项	-0. 052* (-1. 67)	-0. 211*** (-7. 22)
行业	控制	控制
年度	控制	控制
N	5238	5238
调整 R^2	0. 048	0. 006
F	17. 207	6. 300
Hansen J	0. 295	0. 072
p 值	0. 587	0. 789

注：***、**、*分别表示在 1%、5%和 10%的水平上显著；括号中为 *t* 值。

表 6-10　GMM 回归结果

变量	*IR*	*DIR*
CSR	-0. 087*** (-9. 51)	-0. 057*** (-6. 71)
SIZE	-0. 026 (-0. 22)	0. 341*** (3. 08)
BM	-0. 004*** (-3. 31)	-0. 002* (-1. 72)
LEV	0. 223*** (8. 48)	0. 204*** (8. 50)
OCFR	-0. 036** (-2. 28)	-0. 012 (-1. 18)

续表

变量	*IR*	*DIR*
DUAL	0.012*** (4.81)	0.009*** (4.14)
BNUM	-0.001** (-2.27)	-0.001* (-1.69)
OUTD	-0.001 (-0.08)	0.002 (0.12)
ZMscore	-0.035*** (-8.02)	-0.036*** (-9.11)
*Big*4	-0.011*** (-4.19)	-0.010*** (-4.22)
常数项	-0.075** (-2.29)	-0.223*** (-7.23)
行业	控制	控制
年度	控制	控制
N	5238	5238
调整 R^2	0.048	0.006
Hansen J	0.295	0.072
p 值	0.587	0.789

注：***、**、*分别表示在1%、5%和10%的水平上显著；括号中为 *t* 值。

6.4.2 变量替换法

6.4.2.1 替换解释变量

考虑到变量的度量误差引起的结论不稳健，本章采用替换变量法进行稳健性检验。目前，我国企业社会责任度量方法有自建指标体系、CSMAR 每股社会责任贡献值、企业慈善捐赠额、润灵环球企业社会责任评级分数。考虑到数据的可靠性和可得性，并参照目前文献的做法，本章选择润灵环球企业社会责任评级分数作为企业社会责任的代理变量进行稳健性检验。润灵环球针对企业发布的社会责任报告从内容性、整体性、技术性等方面进行评级，因此本部分仅考虑发布社会责任报告的企业，并对其评级分数与会计信息风险（*IR*）进行多元回归。

表 6-11 替换解释变量的稳健性检验结果表明，企业社会责任（*CSR*）与

会计信息风险（*IR*）、可操控会计信息风险（*DIR*）分别在1%和10%的水平上显著负相关，企业履行社会责任能降低会计信息风险和可操控会计信息风险。在替换解释变量以后，企业社会责任仍然具有风险降低效应，在克服变量的度量误差所引起的结论偏误之后，本章的研究结论仍然成立，说明本章的研究结论具有稳健性。在其他控制变量中，市账比（*BM*）、资产负债率（*LEV*）、董事会规模（*BNUM*）与模型预期相符。

表6-11　替换解释变量的稳健性检验结果

变量	*IR*	*DIR*
CSR	-0.033*** (-3.26)	-0.018* (-1.84)
SIZE	0.002* (1.89)	0.005*** (4.30)
BM	-0.005*** (-4.26)	-0.003*** (-2.96)
LEV	0.049 (1.32)	0.094*** (2.72)
OCFR	-0.004 (-0.28)	0.037** (2.56)
DUAL	0.007** (2.36)	0.005 (1.63)
BNUM	-0.038 (-0.68)	-0.002 (-0.04)
OUTD	-0.003 (-0.16)	0.006 (0.36)
ZMscore	-0.004 (-0.65)	-0.014** (-2.54)
*Big*4	-0.016*** (-5.20)	-0.016*** (-5.72)
常数项	0.024 (0.72)	-0.171*** (-5.47)
行业	控制	控制
年度	控制	控制
N	2284	2284
调整 R^2	0.084	0.031
F	7.136	3.124

注：***、**、*分别表示在1%、5%和10%的水平上显著；括号中为*t*值。

6.4.2.2 替换被解释变量

部分文献直接以应计质量作为会计信息风险的代理变量。于李胜和王艳艳（2007）以应计质量作为会计信息风险的代理变量，并应用 DD 模型衡量会计信息风险。王冲和谢雅璐（2010）以应计质量作为会计信息风险的代理变量，并运用修正 Jones 模型（1995）计算的残差绝对值衡量会计信息风险。向锐等（2011）运用 DD 模型残差的绝对值衡量会计信息风险。本章参照上述文献，以修正 Jones 模型（1995）和 DD 模型（2002）计算的残差绝对值作为会计信息风险的代理变量进行稳健性检验。

稳健性检验结果见表 6-12。表 6-12 的第（1）列被解释变量以修正 Jones 模型（1995）残差绝对值作为会计信息风险的代理变量，第（2）列以 DD 模型（2002）残差绝对值作为会计信息风险代理变量。由表 6-12 可知，企业社会责任（*CSR*）与上述两种方式度量的会计信息风险均在 1%的水平上显著负相关，说明企业履行社会责任能降低会计信息风险。在替换被解释变量以后，企业社会责任仍然具有风险降低效应，在克服变量的度量误差可能引起的结论偏误之后，本章的研究结论仍然成立，说明本章的研究结论具有稳健性。在其他控制变量中，市账比（*BM*）、资产负债率（*LEV*）、经营现金流比率（*OCFR*）、董事会规模（*BNUM*）与模型预期相符。

表 6-12 替换被解释变量的稳健性检验结果

变量	（1）*IR*	（2）*IR*
CSR	-0.009*** (-3.00)	-0.012*** (-5.93)
SIZE	-0.002*** (-3.20)	0.001** (2.27)
BM	-0.010*** (-11.52)	-0.011*** (-17.25)
LEV	0.146*** (5.74)	0.070*** (3.25)
OCFR	-0.081*** (-2.92)	-0.027** (-2.55)
DUAL	0.003** (2.43)	0.000 (0.44)

续表

变量	(1) *IR*	(2) *IR*
BNUM	−0.002*** (−5.58)	−0.001*** (−3.17)
OUTD	−0.004 (−0.47)	0.005 (0.80)
ZMscore	−0.015*** (−3.49)	−0.008** (−2.12)
*Big*4	−0.007*** (−3.83)	−0.000 (−0.09)
常数项	0.048** (2.12)	−0.015 (−0.84)
行业	控制	控制
年度	控制	控制
N	17427	14775
调整 R^2	0.101	0.063
F	32.072	30.180

注：***、**分别表示在 1%、5%的水平上显著；括号中为 *t* 值。

6.5　进一步分析

6.5.1　异质性分析

证券分析师是资本市场上对各类信息进行整理和评价的专业人士，是上市公司和投资者沟通的重要桥梁之一，因此监督假说认为，证券分析师能够对管理层的行为发挥监督效应，约束管理层的机会主义行为。分析师关注能提高上市公司的信息透明度，降低利益相关者获取信息的成本，从而减少上市公司和利益相关者之间的信息不对称。现有文献支持分析师关注的监督效应。Sun 和 Liu（2016）认为，分析师能有效识别企业的盈余管理行为，分析师关注能提高会计信息的透明度。李春涛等（2014）发现，分析师关注能降低声誉较高企业的盈余操纵行为，提高声誉较高知名企业的会计信息质量。有学者研究发现，分析师关注会减少企业的信息不对称和代理成本。也有部分文献支持分析师关注的压力假说，认为分析师关注增加了高管的压力，当分析师预测数据与公司实际业绩数据存在一定偏差时，管理层有较强的动机进行盈余管理。Fuller 和 Jensen（2010）认为，管理层有较强的动机进行盈余管理，使公司的业绩水平接近分析师预测的业绩。Irani 和 Oesch（2016）基于美国资本市场进行研究后发现，分析师关注能提高企业的真实盈余管理水平。针对上述两种截然相反的观点，本章试图拓展研究分析师关注对企业社会责任与可操控会计信息风险关系的影响。

进一步分析结果见表 6-13。表 6-13 的第（1）列和第（2）列的被解释变量是可操控会计信息风险（*DIR*）。按照分析师关注中位数将样本分为两组：分析师关注大于等于中位数的，为分析师关注较高组，分析师关注小于中位数的，为分析师关注较低组，即第（1）列为分析师关注较高组，第（2）列为分析师关注较低组。由表 6-13 可知，企业社会责任（*CSR*）与可操控会计信息风险（*DIR*）在分析师关注较高组存在负相关关系，并且在 1%的水平上显著；而在分析师关注较低组，企业社会责任（*CSR*）与可操控会计信息风险（*DIR*）存在负相关关系，但不具有显著性，组间系数存在显著差异。这说明分析师关注发挥了监督作用，约束了管理层的盈余操控行为，降低了企业的可操控会计信息风险。本部分的研究结论支持分析师关注的监督假说。在其他控制变量中，市账比（*BM*）、资产负债率（*LEV*）、经营现金流比率（*OCFR*）、董事会规模（*BNUM*）与模型预期相符。

表 6-13　分析师关注、企业社会责任与可操控会计信息风险

变量	(1) *DIR*	(2) *DIR*
CSR	-0.014*** (-3.51)	-0.001 (-0.23)
SIZE	0.003*** (3.22)	-0.000 (-0.22)
BM	-0.003*** (-2.81)	-0.003** (-2.32)
LEV	0.123*** (4.40)	0.199*** (8.67)
OCFR	-0.014 (-1.13)	-0.014 (-1.18)

续表

变量	(1) *DIR*	(2) *DIR*
DUAL	0.003* (1.72)	0.007*** (3.18)
BNUM	0.001*** (-2.93)	-0.001** (-2.11)
OUTD	-0.022 (-1.63)	0.005 (0.29)
ZMscore	-0.019*** (-4.36)	-0.032*** (-8.65)
*Big*4	-0.016*** (-7.49)	-0.014*** (-3.40)
常数项	-0.131*** (-4.90)	-0.140*** (-4.22)
行业	控制	控制
年度	控制	控制
N	4529	4463
调整 R^2	0.018	0.039
F	4.178	5.114

注：***、**、*分别表示在1%、5%和10%的水平上显著；括号中为 t 值。

6.5.2 作用机理分析

6.5.2.1 企业社会责任影响会计信息风险的路径一：会计信息透明度

从信息理论来看，价值驱动下的企业社会责任确实是为了企业长远发展，管理层应注重维护与投资者、消费者、供应商以及社区的纽带关系，并通过提供可靠和透明的财务报告迎合利益相关者。已有研究表明，道德型管理者将社会责任作为提高企业信息透明度的重要工具，积极承担社会责任的企业通常具有较高的伦理道德，信息透明度也较高。有学者发现，社会责任表现越好的企业，越能为利益相关者提供高质量的会计信息。也有学者发现，积极承担社会责任的企业较少进行盈余管理，而是注重提高信息披露的质量。还有学者发现，企业正直诚信的伦理氛围与社会责任价值观可以增强管理层和员工的道德意识及社会责任感，影响其在信息披露决策中的价值判断，减少信息操纵等不道德行为，披露高质量信息的可能性较高，相应地，信息风险也较低（刘俊海，1999）。Easley 和 O'Hara（2004）认为，信息风险与信息披露的数量和质量有关，提高信息披露的数量和质量有助于投资者对企业进行科学合理的评估，减少投资者估计偏误，降低影响投资者决策的信息风险。因此，信息透明度越高的企业，信息风险越低。此外，积极承担社会责任的企业通常需要较好的信息环境维护其声誉，因此企业通常会优化信息环境，通过信息披露减少与利益相关者之间的信息不对称，从而降低可操控会计信息风险。

现有文献主要运用盈余激进度、损失规避度和盈余平滑度等指标衡量信息透明度（Bhattacharya et al.，2003），其中损失规避度以所有上市公司作为衡量对象。本章借鉴周中胜和陈汉文（2008）的方法，用盈余激进度和盈余平滑度作为会计信息透明度的度量指标。Bhattacharya 等（2003）运用操控性应计利润度量盈余的激进度，操控性应计利润越大，表明盈余激进度越高。借鉴周中胜和陈汉文（2008）的做法，本章运用基本 Jones 模型计算的操控性应计数的绝对值衡量盈余激进度。盈余平滑度反映盈余与现金流的相关程度，通常应计项目和现金流两者绝对值的相关系数越大，盈余平滑度越大，说明企业可能通过盈余平滑的方法操纵利润。具体做法如下：

$$ACC_{it}=\Delta CA_{it}-\Delta CL_{it}-\Delta Cash_{it}+\Delta STD_{it}-DEP_{it}+\Delta TP_{it} \quad (6-5)$$

$$EAM_{it}=ACC_{it}/ASSET_{it-1} \quad (6-6)$$

$$X_{it}=\Delta ACC_{it}/ASSET_{it-1} \quad (6-7)$$

$$Y_{it}=\Delta CFO_{it}/ASSET_{it-1} \quad (6-8)$$

$$ESM_{it}=|Correl(X_{it}/Y_{it})| \quad (6-9)$$

$$Tran_{it}=[Deciles(EAM_{it})+Deciles(ESM_{it})]/2 \quad (6-10)$$

其中，ACC_{it}表示应计项目；ΔCA_{it}表示流动资产增加额；ΔCL_{it}表示流动负债的增加额；$\Delta Cash_{it}$表示货币资金的增加额；ΔSTD_{it}表示一年内到期的长期负债增加额；DEP_{it}表示累计折旧和摊销费用；ΔTP_{it}表示应交税费增加额；$ASSET_{it-1}$表示公司的资产总额；EAM_{it}表示盈余的激进度；ΔACC_{it}表示应计项目的增加额；ΔCFO_{it}表示经营活动现金净流量的增加额；ESM_{it}表示盈余平滑度，用应计项目和现金流两者绝对值的相关系数衡量。为消除量纲差异，对盈余激进度和盈余平滑度进行加权平均，见式（6-10）。其中，*Deciles* 表示括号内的指标按年度十分位排列，小于等于 10%分位取值为 1，10%分位至 20%分位（含）取值为 2，依此类推，并取相反数作为会计信息透明度的代理变量。由表 6-14 可知，企业社会责任提高了会计信息透明度，会计信息透明度越高，可操控会计信息风险越低。Sobel 检验在 5%的水平上显著，说明信息透明度在企业社会责任与可操控会计信息风险之间发挥部分中介效应。

表 6-14　企业社会责任、会计信息透明度与可操控会计信息风险

变量	(1) *DIR*	(2) *Tran*	(3) *DIR*
CSR	-0.009*** (-2.70)	0.560*** (4.41)	-0.008*** (-2.61)
Tran			-0.001** (-2.05)
SIZE	0.002*** (3.24)	0.143*** (5.18)	0.002*** (3.13)
BM	-0.004*** (-4.31)	-0.061** (-1.96)	-0.004*** (-4.28)
LEV	0.183*** (11.16)	-3.896*** (-7.08)	0.185*** (11.21)
OCFR	-0.016* (-1.82)	0.627** (2.47)	-0.016* (-1.85)
DUAL	0.005*** (3.35)	-0.213*** (-3.74)	0.005*** (3.42)
BNUM	-0.001*** (-3.69)	0.018 (1.28)	-0.001*** (-3.71)
OUTD	-0.009 (-0.85)	-0.392 (-0.86)	-0.009 (-0.83)
ZMscore	-0.029*** (-11.20)	0.452*** (5.20)	-0.030*** (-11.25)
Big4	-0.015*** (-8.23)	0.233*** (2.70)	-0.015*** (-8.29)
常数项	-0.171*** (-9.43)	-5.449*** (-7.97)	-0.168*** (-9.26)
行业	控制	控制	控制
年度	控制	控制	控制
N	8578	8578	8578
调整 R^2	0.028	0.112	0.029
F	8.147	35.292	7.927

续表

变量	(1) DIR	(2) Tran	(3) DIR
Sobel 检验	-0.0005** (Z=-2.03)		
中介效应系数	-0.0005** (Z=-2.03)		
总效应系数	-0.0072** (Z=-2.33)		
中介效应比例	0.066		

注：***、**、* 分别表示在 1%、5%和 10%的水平上显著；括号中为 t 值。

6.5.2.2 企业社会责任影响可操控会计信息风险的路径二：代理成本

从代理理论来看，价值驱动下的企业社会责任注重企业长远发展，通常社会责任表现越好的企业，管理层的道德标准越高。与制度相比，道德伦理更能约束管理层的机会主义行为。此外，现代契约理论认为，企业是一系列利益相关者契约关系的集合体和利益相关者实现多元价值追求的平台。在价值创造的过程中，社会责任发挥着越来越重要的作用，企业通过承担社会责任增加了与利益相关者之间的信任与合作。利益相关者的监督作用能规避管理层的短视行为，降低管理层与利益相关者之间的代理成本。代理成本是影响信息质量的重要因素，通常来说，代理成本越低的企业，管理层越尽职勤勉，愿意披露高质量的信息。

前期的文献研究表明，企业承担社会责任有助于降低代理成本。Cheng 等（2014）基于利益相关者理论进行研究后指出，社会责任增加了企业同利益相关者之间的信任与合作（Choi and Wang，2009；Jo and Harjoto，2011），有助于规避管理层的短视行为，降低管理层与股东之间的代理成本。代理成本与影响会计信息风险的盈余管理行为存在重要的关系（孟岩、周航，2018）。依据现代契约理论，企业是一系列利益相关者契约关系的集合体，存在各种委托代理关系和利益诉求，其中盈余信息是各利益相关者最为关心的重要信息之一。管理层作为利益相关者的核心，更为看重盈余信息的信号传递作用。针对代理成本所带来的负面信号传递效应，作为天然信息优势方的管理层可能会通过盈余管理行为掩盖代理成本的负面溢出效应。上述行为势必增加企业的会计信息风险。综上所述，企业应积极承担社会责任，通过降低代理成本降低会计信息风险。本章借鉴罗进辉（2012）的做法，运用经营费用率衡量代理成本。该指标反映了管理层由于过度在职消费而造成的浪费，可以用于评价管理层超过预算的消费及其他代理成本，经营费用率越高，表明股东与管理层之间的代理问题越严重。

表6-15的第（1）列数据表明，企业社会责任与可操控会计信息风险在1%的水平上显著负相关；第（2）列数据表明，企业社会责任与代理成本（*AC*）关系不显著，*AC*前面的系数相当于温忠麟等（2004）以及温忠麟和叶宝娟（2014）的中介效应检验方法中的系数*a*；第（3）列数据表明，企业社会责任、代理成本与可操控会计信息风险的关系均具有显著性，代理成本（*AC*）前面的系数相当于温忠麟等（2004）以及温忠麟和叶宝娟（2014）的中介效应检验方法中的系数*b*。根据Baron和Kenny（1986）、温忠麟等（2004）以及温忠麟和叶宝娟（2014）的中介效应检验方法，如果系数*a*和系数*b*有一个不显著，则需要进行Sobel检验，Sobel检验结果在10%的水平上显著，说明代理成本在企业社会责任与可操控会计信息风险之间发挥部分中介效应。

表6-15　企业社会责任、代理成本与可操控会计信息风险

变量	(1) *DIR*	(2) *AC*	(3) *DIR*
CSR	-0.008** (-2.53)	-0.007 (-1.05)	-0.008** (-2.56)
AC			-0.013** (-2.50)
SIZE	0.001* (1.68)	-0.025*** (-14.43)	0.001 (1.24)
BM	-0.003*** (-3.33)	-0.009*** (-5.63)	-0.003*** (-3.45)
LEV	0.174*** (10.09)	-0.267*** (-4.71)	0.170*** (9.84)
OCFR	-0.019** (-2.05)	-0.121*** (-5.89)	-0.020** (-2.22)
DUAL	0.006*** (3.65)	0.014*** (4.03)	0.006*** (3.77)
BNUM	-0.001*** (-3.20)	0.002*** (3.03)	-0.001*** (-3.12)
OUTD	-0.008 (-0.69)	0.074*** (3.12)	-0.007 (-0.60)
ZMscore	-0.028*** (-10.16)	0.031*** (3.33)	-0.028*** (-9.96)

续表

变量	(1) *DIR*	(2) *AC*	(3) *DIR*
*Big*4	-0.015*** (-7.79)	0.035*** (7.28)	-0.014*** (-7.52)
常数项	-0.144*** (-7.65)	0.813*** (15.99)	-0.133*** (-7.01)
N	8944	8944	8944
调整 R^2	0.026	0.272	0.027
F	7.455	96.302	7.282
Sobel 检验	0.0002* (*Z*=1.72)		
中介效应系数	0.0002* (*Z*=1.72)		
总效应系数	-0.0069** (*Z*=-2.23)		
中介效应比例	0.028		

注：***、**、*分别表示在1%、5%和10%的水平上显著；括号中为 *t* 值。

6.5.2.3 企业社会责任影响会计信息风险的路径三：企业声誉

社会责任本质上被理解为维护关系的无形资产，企业通过承担社会责任建立密切的利益相关者关系，从而提高企业声誉资本和财务业绩。田虹和姜雨峰（2015）发现，企业社会责任与环境责任对企业声誉具有正向的推动作用。齐丽云等（2017）认为，满足利益相关者诉求的社会责任能够增加企业声誉。企业声誉的有效契约理论认为，企业各契约方之间存在严重的信息不对称，契约方主要借助企业提供的信息数量和质量作出相关决策，但由于信息的复杂性和专业性，契约方识别高质量的信息变得尤为困难。企业声誉作为契约方对企业过去行为的综合评判，为契约方判断信息质量提供了显示机制和甄别机制，而且契约方借助企业声誉能较为准确地识别企业信息质量的高低。此外，企业声誉具有排他性和难以模仿性，这也是企业日积月累和付出大量成本形成的。企业为避免声誉资本的贬值和流失，会主动披露高质量的信息。企业声誉的实质是高质量信息的一种担保机制，即降低信息操纵行为，提高信息披露质量，进而降低信息风险。

前期的文献研究表明，企业社会责任表现会对企业声誉产生积极的影响。齐丽云等（2017）和沈洪涛等（2011）研究发现，履行社会责任有助于提高企业声誉。Kim 等（2012）发现，注重声誉的企业通常会约束自身的盈余管理行为。前期的文献研究发现，企业的盈余管理水平越低，会计信息风险越低。曾雪云和陆正飞（2016）发现，较高的盈余管理水平会带来较大的业绩波动，进而提高会计信息风险。综上所述，企业积极承担社会责任可以提高企业声誉，声誉越高的企业，盈余管理水平越低，进而企业的会计信息风险尤其是可操控会计信息风险越低。

借鉴宋献中等（2017）的方法，本章搜集和整理了《财富》自2010年以来“最受赞赏的中国公司”排行榜数据，如果企业入选“最受赞赏的中国公司”排行榜，则企业声誉（*REPU*）取值为1，否则取值为0。表6-16的第（1）列代表企业社会责任对可操控会计信息风险的影响，第（2）列代表企业社会责任对企业声誉的影响，第（3）列代表企业社会责任和企业声誉共同作用对可操控会计信息风险的影响。由表6-16的回归结果可知，Sobel检验不显著，声誉在企业社会责任与可操控会计信息风险之间未发挥中介效应。

表6-16 企业社会责任、企业声誉与可操控会计信息风险

变量	（1）*DIR*	（2）*REPU*	（3）*DIR*
CSR	−0.009*** （−2.66）	0.026** （2.04）	−0.008*** （−2.64）
REPU			−0.004 （−1.14）
SIZE	0.001* （1.78）	0.033*** （10.57）	0.001* （1.89）
BM	−0.003*** （−3.21）	−0.020*** （−6.05）	−0.003*** （−3.28）
LEV	0.175*** （10.09）	0.010 （0.28）	0.175*** （10.09）
OCFR	−0.019** （−2.07）	0.015 （0.95）	−0.019** （−2.07）
DUAL	0.006*** （3.59）	−0.006 （−1.57）	0.006*** （3.57）
BNUM	−0.001*** （−3.40）	0.002 （1.21）	−0.001*** （−3.38）
OUTD	−0.008 （−0.77）	−0.036 （−0.91）	−0.009 （−0.78）
ZMscore	−0.028*** （−10.17）	−0.002 （−0.24）	−0.028*** （−10.18）

续表

变量	(1) *DIR*	(2) *REPU*	(3) *DIR*
*Big*4	-0.015*** (-7.86)	0.062*** (4.82)	-0.014*** (-7.68)
常数项	-0.145*** (-7.72)	-0.687*** (-9.19)	-0.148*** (-7.73)
行业	控制	控制	控制
年度	控制	控制	控制
N	8992	8992	8992
调整 R^2	0.026	0.075	0.026
F	7.472	8.107	7.347
Sobel 检验	-0.0002 (*Z*=-1.12)		
中介效应系数	-0.0002 (*Z*=-1.12)		
总效应系数	-0.0073** (*Z*=-2.36)		
中介效应比例	0.0210		

注：***、**、*分别表示在1%、5%和10%的水平上显著；括号中为 *t* 值。

6.5.3 经济后果分析

本章借鉴 Baron 和 Kenny（1986）、温忠麟等（2004）以及温忠麟和叶宝娟（2014）的中介效应检验方法：第一步，检验解释变量与被解释变量的关系，$Y=cX+\varepsilon$；第二步，检验解释变量与中介变量的关系，$M=aX+\varepsilon$；第三步，检验解释变量、中介变量与被解释变量的联合关系，$Y=c'X+bM+\varepsilon$。先检验系数 c，如果系数 c 显著，再进行后续检验。在系数 c 显著的前提下，检验系数 a 和系数 b，如果系数 a 和系数 b 均显著，则说明间接效应显著；反之，如果系数 a 和系数 b 有一个不显著，则要进行 Sobel 检验。

对会计信息风险进行的中介效应检验见表 6-17。第（1）列数据显示，企业社会责任与企业价值（*TQ*）在1%的水平上显著正相关，企业承担社会责任会增加企业价值（*TQ*），*CSR* 系数相当于上述中介效应检验的系数 c，系数 c 在1%的水平上具有显著性。第（2）列数据显示，企业社会责任与会计信息风险（*DIR*）在1%的水平上显著负相关，说明企业承担社会责任会降低会计信息风险，*CSR* 系数相当于上述中介效应检验系数 a，在1%的水平上具有显著性。第（3）列数据反映企业社会责任与会计信息风险共同作用对企业价值的影响，*DIR* 系数相当于上述中介效应检验系数 b，在 1%的水平上具有显著性。*CSR* 系数相当于上述中介效应检验系数 c'，在 1%的水平上具有显著性。Sobel 检验在 5%的水平上具有显著性，说明可操控会计信息风险在企业社会责任和企业价值的关系中发挥部分中介效应。

表 6-17　企业社会责任、可操控会计信息风险与企业价值

变量	(1) *TQA*	(2) *DIR*	(3) *TQ*
CSR	0. 388*** (4. 61)	-0. 009*** (-2. 66)	0. 413*** (4. 92)
DIR			2. 926*** (8. 44)
SIZE	-0. 762*** (-27. 10)	0. 001* (1. 78)	-0. 766*** (-27. 46)
BM	-0. 200*** (-9. 13)	-0. 003*** (-3. 21)	-0. 192*** (-8. 84)
LEV	5. 238*** (6. 60)	0. 175*** (10. 09)	4. 727*** (6. 04)
OCFR	-0. 454 (-1. 30)	-0. 019** (-2. 07)	-0. 398 (-1. 16)
DUAL	0. 211*** (4. 77)	0. 006*** (3. 59)	0. 195*** (4. 45)
BNUM	0. 021** (2. 38)	-0. 001*** (-3. 40)	0. 025*** (2. 77)
OUTD	2. 019*** (6. 46)	-0. 008 (-0. 77)	2. 044*** (6. 57)
ZMscore	-1. 039*** (-8. 03)	-0. 028*** (-10. 17)	-0. 956*** (-7. 48)
Big4	0. 513*** (10. 11)	-0. 015*** (-7. 86)	0. 556*** (10. 78)
常数项	13. 694*** (17. 87)	-0. 145*** (-7. 72)	14. 118*** (18. 40)
行业	控制	控制	控制
年度	控制	控制	控制
N	8992	8992	8992
调整 R^2	0. 492	0. 026	0. 498

续表

变量	(1) *TQA*	(2) *DIR*	(3) *TQ*
F	160.221	7.472	157.292
Sobel 检验	−0.007** (Z=−2.36)		
中介效应系数	−0.007** (Z=−2.36)		
总效应系数	−0.266*** (Z=−2.90)		
中介效应比例	0.076		

注：***、**、*分别表示在1%、5%和10%的水平上显著；括号中为t值。

6.6 本章小结

本章以2010—2017年中国A股上市公司为样本，实证检验企业社会责任对会计信息风险的影响，并分析了制度环境和机构投资者持股对两者关系的调节作用。研究得出以下结论：第一，积极承担社会责任可以降低企业的会计信息风险和可操控会计信息风险，研究发现支持企业社会责任的风险降低假说。第二，制度环境越好的地区，企业积极承担社会责任对可操控会计信息风险的降低效应越显著，说明企业行为内生于制度环境，受到制度环境的影响。第三，社会信任程度越高的地区，企业社会责任对可操控会计信息风险的降低效应越显著。第四，机构投资者持股比例越高的公司，企业社会责任对可操控会计信息风险的降低效应越显著。机构投资者作为重要的外部监督力量，可以约束管理层的机会主义行为，在降低企业盈余管理行为以及提高会计信息质量方面发挥重要作用。第五，按照分析师关注的中位数将样本分为分析师关注较高组和分析师关注较低组，进行异质性分析。研究发现，分析师关注越多，企业社会责任对可操控会计信息风险的影响越大。第六，进一步对企业社会责任降低可操控会计信息风险的机理进行分析可知，会计信息透明度是企业社会责任降低可操控会计信息风险的重要路径之一，而声誉并未在两者之间发挥中介作用。同时，对企业社会责任风险降低效应的经济后果进行分析可以发现，企业社会责任通过降低可操控会计信息风险增加企业价值。

基于本章的研究发现，企业积极承担社会责任可以降低会计信息风险和可操控会计信息风险，尤其是在制度环境较好、社会信任程度较高地区和机构投资者持股比例较高的企业，会计信息风险的降低有助于吸引投资者关注和利益相关者的支持，进而增加企业价值，促进企业可持续发展。企业应将承担社会责任纳入长期发展战略规划，在追求经济绩效的同时积极承担社会责任，实现经济绩效和社会绩效的共赢。在制度环境较好的地区，企业承担社会责任对可操控会计信息风险的降低效应较为显著，因此加强制度环境建设非常重要。完善制度环境可以为企业发展营造公平、公正的竞争环境，让市场引导资源的合理配置，提高资源配置效率。目前，在我国“放管服”改革背景下，政府要坚持放管相结合，转变政府管理理念和服务社会的方式，通过重塑政府和市场的关系减少政府对市场的干预，通过市场合理引导资源流向。机构投资者作为我国资本市场重要的监督力量，发挥着重要的公司治理作用。要完善相关法律法规，合理引导机构投资者发挥作用。社会信任作为一种重要的非正式制度，会对企业行为产生重要影响，对经济转型国家的企业行为产生重大影响，因此，要努力营造遵纪守法和增强社会信任的市场环境，构建现代社会所需要的信任机制。同时，发展和引导新的机构投资者，除增加机构投资者数量之外，还要增加机构投资者的种类。首先，政府要积极培育资金较为雄厚、自身结构较好、投资理念较为先进的机构投资者，让养老基金、保险资金等长期机构投资者进入资本市场。其次，吸引境外优质机构投资者进入我国资本市场，提高我国资本市场机构投资者的数量和质量。最后，通过限制资产流动性延长持股时间方式规避机构投资者的短视行为，使机构投资者利益与公司的长远利益保持一致。

本书具有以下重要意义：第一，从实践上说，为相关政策建议的提出提供了一定的经验证据。研究结论表明，监管部门出台的一系列与企业社会责任有关的政策均具有积极的经济影响。第二，从制度层面上说，为制度环境对微观企业行为的影响提供了一定的经验证据。鉴于制度环境的重要性，政府要切实优化制度环境，从制度层面为企业的高质量发展保驾护航。第三，机制检验表明，企业承担社会责任确实能够提高企业声誉，而声誉并未在企业社会责任和信息风险之间发挥作用。因此，从社会层面上说，利益相关者尤其是投资者和分析师应将企业声誉纳入投资决策考虑范围，形成全社会注重声誉的氛围和风气，发挥声誉对企业行为的引导作用。

第7章 研究结论与展望

7.1 研究结论

本书基于利益相关者理论、合法性理论、资源基础理论和声誉理论，以及中国的制度环境、社会信任程度和机构投资者持股情况，研究企业社会责任的风险治理效应，包括企业社会责任对企业经营风险、财务风险和会计信息风险的影响，主要研究结论如下。

7.1.1 企业社会责任对经营风险的治理效应

验证企业积极承担社会责任对经营风险的影响，以及制度环境和机构投资者持股情况对企业社会责任与经营风险关系的影响，得出以下结论：①承担社会责任会显著降低企业面临的经营风险。②制度环境会影响企业社会责任和经营风险之间的关系，制度环境越好的地区，企业社会责任与经营风险的负相关关系越显著。③社会信任程度会影响企业社会责任和经营风险之间的关系，社会信任程度越高的地区，企业社会责任与经营风险之间的负相关关系越显著。④机构投资者持股比例会影响企业社会责任与经营风险之间的关系，机构投资者持股比例越高的企业，企业社会责任与经营风险的负相关关系越显著。⑤当企业存在不当行为时，企业社会责任对经营风险的影响不显著。对企业社会责任影响经营风险的路径进行分析可以发现，企业社会责任通过信息效应、代理成本和声誉效应影响经营风险。进一步展开经济后果分析可以发现，企业承担社会责任会降低经营风险，进而增加企业价值，经营风险在企业社会责任和企业价值之间发挥中介效应。

7.1.2　企业社会责任对财务风险的治理效应

基于不同的理论基础，验证企业社会责任对财务风险的影响，以及制度环境、社会信任程度和机构投资者持股情况对企业社会责任与财务风险之间关系的影响，得出以下结论：①社会责任表现越好的企业，财务风险越低，说明企业承担社会责任带来的价值创造效应和政府兜底效应有助于降低企业财务风险。同时，企业承担社会责任带来的声誉资本和道德资本会降低经营的不确定性，进而降低财务风险。②制度环境会影响企业社会责任与财务风险之间的关系，制度环境越好的地区，企业承担社会责任越能降低财务风险。③社会信任程度会影响企业社会责任对财务风险的降低效应，社会信任程度越高的地区，企业社会责任对财务风险的降低效应越显著。④机构投资者通过其持股偏好影响企业社会责任与财务风险之间的关系，机构投资者持股比例越高的企业，社会责任表现越好，企业财务风险越低。⑤进一步分析社会责任敏感行业企业的社会责任和财务风险之间的关系可以发现，社会责任敏感行业企业的社会绩效对财务风险的影响较为显著。这说明利益相关者较为关注敏感行业的社会责任绩效，敏感行业面临较高的来自利益相关者的压力和社会期待，迫使该行业企业积极承担社会责任，通过承担社会责任获取企业声誉、政治资源和其他影响核心竞争力的关键资源，提高核心竞争力，进而降低财务风险。进一步对企业社会责任降低财务风险的路径进行分析可以发现企业声誉、代理效率和融资约束三条重要路径。进一步展开经济后果分析可以发现，企业社会责任通过降低财务风险增加企业价值，财务风险在企业社会责任与企业价值的关系中发挥部分中介效应。

7.1.3　企业社会责任对会计信息风险的治理效应

根据合法性理论，遵守信息披露的相关法律法规和会计准则的规定，向利益相关者提供真实可靠的会计信息，是企业社会责任的重要内容之一。声誉理论认为，承担社会责任能提高企业声誉，而注重声誉的企业通常会提供高质量的会计信息。验证企业社会责任对会计信息风险的影响，以及制度环境、社会信任程度和机构投资者持股情况对企业社会责任与会计信息风险之间关系的影响，得出以下结论：①社会责任表现越好的企业，会计信息风险越低，说明负责任的企业通常以提供高质量的会计信息为己任，会计信息风险也较低。②制度环境在企业社会责任和会计信息风险的关系中发挥调节作用。分组回归发现，制度环境较好组的企业社会责任对可操控会计信息风险有显著的降低效应；而在制度环境较差组，企业社会责任与可操控会计信息风险负相关，但不具有显著性。③社会信任在企业社会责任和可操控会计信息风险的关系中发挥调节作用。分组回归发现，社会信任程度较高组，企业社会责任对可操控会计信息风险有显著的降低效应；而在社会信任程度较低组，企业社会责任与可操控会计信息风险负相关，但不具有显著性。④按照机构投资者持股比例的中位数对样本进行分组，研究发现，在机构投资者持股比例大于等于中位数组，企业社会责任与可操控会计信息风险显著负相关，而在机构投资者持股比例低于中位数组，企业社会责任与可操控会计信息风险虽负相关但不显著，说明机构投资者持股比例会影响企业社会责任与可操控会计信息风险之间的关系。⑤进一步研究分析师关注对企业社会责任与可操控会计信息风险关系的影响。按照分析师关注中位数将样本分为分析师关注较高组和分析师关注较低组，发现企业社会责任与可操控会计信息风险在分析师关注较高组显著负相关，在分析师关注较低组负相关且关系不显著。进一步对企业社会责任降低可操控会计信息风险的机理进行分析，发现会计信息透明度是企业社会责任降低可操控会计信息风险的重要路径之一，而声誉并未在两者之间发挥中介作用。同时，对经济后果的分析发现，企业社会责任通过降低可操控会计信息风险增加企业价值。

7.2 建议

本书实证检验了企业社会责任对企业风险的影响，发现企业积极承担社会责任能降低经营风险、财务风险和会计信息风险，研究结论支持企业社会责任的风险降低假设。同时，基于我国制度环境、社会信任程度和机构投资者持股情况进行研究，发现制度环境、社会信任程度和机构投资者持股比例会加剧企业社会责任的风险降低效应。积极承担社会责任可降低企业面临的风险，为企业带来积极的经济后果，是企业顺应经济社会发展的必然选择，也是企业提升竞争力的必由之路。目前，我国正处于经济转型关键时期，企业的内部制度和自身组织保障相对不完善，同时缺乏健全的法律法规和有效的社会监督，造成当前企业社会责任缺失事件频发，因此构建适合我国国情的社会责任实现机制刻不容缓。社会责任实现机制需要企业、政府和社会三方的互助与合作，没有企业主体参与的社会责任犹如镜花水月，企业社会责任的实现也离不开政府的引导与监督，社会参与可以为社会责任实现机制创造舆论氛围。基于上述研究结论，本书提出如下建议：

首先，企业应深刻认识承担社会责任的积极经济后果，并通过自律约束机制积极承担社会责任。第一，企业社会责任的实施主要依赖企业自律。自律约束机制要求企业规范、约束和控制自身的经营思想、经营行为，主动将社会责任纳入企业的发展战略。第二，受传统的利润最大化经营目标的影响，有些企业缺乏社会责任意识或仅把社会责任作为标语和口号。本书建议企业树立经济效益和社会效益并重的经营理念，将社会责任意识融入治理结构、组织文化建设和战略管理，营造以社会责任为己任的组织文化。第三，强化高管的社会责任意识。高管的社会责任意识可为企业社会责任的实施提供重要保障。企业应从高管的选拔任用、任期管理以及社会责任考核评价等方面强化高管的社会责任意识。

其次，当前我国处于经济转型发展阶段，虽然企业社会责任得到了快速发展，但仍存在社会责任法制建设滞后和相关标准不健全的问题，制度缺陷在一定程度上抑制了企业承担社会责任的积极性。政府应通过完善相关制度为企业发展提供良好的制度环境。前文研究表明，良好的制度环境能够促进企业社会责任风险治理效应的发挥。第一，政府具有双重身份，既是公众的监护人，又是协调企业利益和社会利益的仲裁人，应通过推动经济结构调整和经济发展方式转变，从宏观上引领企业社会责任的发展方向，在企业社会责任实践中发挥引领者作用。第二，政府应通过完善相关法律法规推动企业社会责任的发展，将企业社会责任纳入法制化和规范化的管理体系。第三，政府的监督作用对企业社会责任的推进发挥着重要作用，针对当前频发的社会责任事件，要建立以政府为主导的企业社会责任监督管理机制。第四，建立企业社会责任激励机制，对社会责任表现较好的企业，政府要给予税收、资金、技术和市场准入等方面的优惠政策，引领企业积极履行社会责任。第五，完善地方政府考核体系和责任追究制度，将地区发展状况、环境保护情况纳入业绩考核范围，强化地方政府对企业社会责任的监管。

最后，完善企业社会责任的社会参与机制和监督机制。企业社会责任的发展与完善不仅需要自律约束机制和政府立法推动，还需要社会力量的广泛参与，形成包括机构投资者、分析师关注、新闻媒体、行业协会、环保组织、工会等多层次、多渠道和全方位的社会参与机制及监督体系。第一，机构投资者在我国资本市场上发挥着重要作用，越来越多的机构投资者将社会绩效纳入投资决策，从而促进了企业社会责任风险治理效应的发挥。因此，机构投资者的选股偏好和投资决策会对企业积极承担社会责任产生重要影响。第二，社会公众是企业社会责任的主要受益者，因此社会公众的参与和监督会对企业履行社会责任形成强大的外部压力。消费者要自觉抵制不符合社会责任的产品或服务，行业协会与工会组织要努力为社会公众提供评价和投诉的正常传递渠道。第三，新闻媒体在促进和推动企业承担社会责任方面发挥着重要作用，通过向社会宣传社会责任理念引导个人和组织遵守道德规范。媒体应加大对企业社会责任正面典型事件和负面事件的报道力度。

7.3 研究展望

受笔者学术水平和精力等主观因素，以及数据的可获得性、变量衡量等客观因素的限制，本书存在一定的局限性，未来可在以下三个方面展开进一步研究：

第一，本书虽研究企业社会责任的风险治理效应，包括企业经营风险、财务风险和会计信息风险，但并未涵盖企业风险的所有方面，如本书侧重研究信息生成阶段的会计信息风险，并未包括信息使用环节投资者对信息的解读程度，以后可在此方面进行深入研究。

第二，内生性问题。企业社会责任对企业风险的影响可能存在一定的内生性，风险越小的企业，可能越愿意承担社会责任，而企业承担社会责任又会降低内部风险，两者之间可能存在反向因果关系。虽然本书通过 2SLS 和 GMM 尽量克服内生性问题，但缺乏对基于我国实际背景所引起的内生性问题的考虑，可能造成研究结论存在一定的不稳健性。因此，如何基于我国实际背景考虑内生性问题，是今后研究的重要方向。

第三，企业社会责任业绩的衡量方法。虽然发布社会责任报告的企业数量呈逐年增多的态势，但从统计结果来看，很多企业并未发布社会责任报告，还有部分企业存在克隆社会责任报告的行为。因此，在企业发布的社会责任报告质量堪忧的情况下，第三方评级机构对社会责任报告的评级分数可能并不能真实反映企业社会责任的履行情况。本书采用和讯网发布的社会责任评级结果虽然具有一定的系统性、全面性和权威性，但受限于当前企业社会责任报告的数量和质量，可能会导致对企业社会责任的度量存在一定的局限性。未来随着企业发布社会责任报告数量和质量的提高，第三方评级机构发布的社会责任评级分数会更加贴近社会责任的实际履行情况，为企业社会责任相关问题的研究提供精准度更高的数据。

参 考 文 献

［1］薄仙慧，吴联生．国有控股与机构投资者的治理效应：盈余管理视角［J］．经济研究，2009，44（2）：81-91.

［2］薄仙慧，吴联生．盈余管理、会计信息风险与审计意见［J］．审计研究，2011（1）：90-97.

［3］曹春方，周大伟，吴澄澄．信任环境、公司治理与民营上市公司投资-现金流敏感性［J］．世界经济，2015（5）：125-147.

［4］曹亚勇，王建琼，于丽丽．公司社会责任信息披露与投资效率的实证研究［J］．管理世界，2012（12）：183-185.

［5］陈迅，韩亚琴．企业社会责任分级模型及其应用［J］．中国工业经济，2005（9）：99-105.

［6］陈玉清，马丽丽．我国上市公司社会责任会计信息市场反应实证分析［J］．会计研究，2005（11）：76-81.

［7］褚剑，秦璇，方军雄．经济政策不确定性与审计决策：基于审计收费的证据［J］．会计研究，2018（12）：85-91.

［8］戴亦一，潘越，冯舒．中国企业的慈善捐赠是一种“政治献金”吗?：来自市委书记更替的证据［J］．经济研究，2014（2）：74-86.

［9］邓博夫，吴萌，吉利．社会责任信息披露能引起机构投资者关注吗：基于股权资本成本的检验［J］．财经科学，2016（9）：24-32.

［10］杜媛，方秀凤．经营风险程度的度量方法探讨［J］．统计与决策，2014（5）：24-28.

［11］樊纲，魏强，刘鹏．China's internal and external economic imbalances and fiscal reform［J］．China Economist，2010（1）：5-12.

［12］冯丽艳，肖翔，程小可．社会责任对企业风险的影响效应：基于我国经济环境的分析［J］．南开管理评论，2016（6）：141-154.

［13］高凤莲，王志强．独立董事个人社会资本异质性的治理效应研究

[J]. 中国工业经济，2016（3）：146-160.

［14］高培业，张道奎．企业失败判别模型实证研究［J］. 统计研究，2000，17（10）：46-51.

［15］高山行，肖振鑫，高宇．企业制度资本对新产品开发的影响研究：市场化程度与竞争强度的调节作用［J］. 管理评论，2018，30（9）：110-120.

［16］高勇强，陈亚静，张云均．“红领巾”还是“绿领巾”：民营企业慈善捐赠动机研究［J］. 管理世界，2012（8）：106-114.

［17］谷祺，刘淑莲．财务危机企业投资行为分析与对策［J］. 会计研究，1999（10）：28-31.

［18］胡国柳，彭远怀．董事高管责任保险与企业财务风险：基于 A 股上市公司的经验证据［J］. 财经理论与实践，2018，39（6）：75-82.

［19］胡宁，靳庆鲁．社会性负担与公司财务困境动态：基于 ST 制度的考察［J］. 会计研究，2018（11）：28-35.

［20］贾兴平，刘益．外部环境、内部资源与企业社会责任［J］. 南开管理评论，2014（6）：13-18.

［21］姜付秀，石贝贝，李行天．“诚信”的企业诚信吗?：基于盈余管理的经验证据［J］. 会计研究，2015（8）：24-31.

［22］姜付秀，张敏，陆正飞，等．管理者过度自信、企业扩张与财务困境［J］. 经济研究，2009（1）：131-143.

［23］雷光勇，邱保印，王文忠．社会信任、审计师选择与企业投资效率［J］. 审计研究，2014（4）：72-80.

［24］雷宇．慈善、“伪善”与公众评价［J］. 管理评论，2015，27（3）：122-132.

［25］黎文靖，路晓燕．机构投资者关注企业的环境绩效吗?：来自我国重污染行业上市公司的经验证据［J］. 金融研究，2015（12）：97-112.

［26］李春涛，宋敏，张璇．分析师跟踪与企业盈余管理：来自中国上市公司的证据［J］. 金融研究，2014（7）：124-139.

［27］李姝，谢晓嫣．民营企业的社会责任、政治关联与债务融资：来自中国资本市场的经验证据［J］. 南开管理评论，2014（6）：30-40.

［28］李姝，赵颖，童婧．社会责任报告降低了企业权益资本成本吗：来自中国资本市场的经验证据［J］. 会计研究，2013（9）：64-70.

［29］李伟阳．基于企业本质的企业社会责任边界研究［J］. 中国工业经

济，2010（9）：89-100.

［30］李新丽，万寿义，张雪梅．企业社会责任能降低股价同步性吗：基于强制披露企业社会责任报告的准自然实验［J］．科学决策，2018（9）：1-27.

［31］李延喜，陈克兢，姚宏，等．基于地区差异视角的外部治理环境与盈余管理关系研究：兼论公司治理的替代保护作用［J］．南开管理评论，2012，15（4）：89-100.

［32］李延喜，杜瑞，高锐．机构投资者持股比例与上市公司盈余管理的实证研究［J］．管理评论，2011，23（3）：39-45.

［33］李正，向锐．中国企业社会责任信息披露的内容界定、计量方法和现状研究［J］．会计研究，2007（7）：3-11.

［34］廖冠民，唐弋宇，吴溪．经营风险、产权性质、银行竞争与企业债务期限结构：基于流动性风险理论的实证检验［J］．中国会计与财务研究，2010，12（4）：1-35.

［35］廖理，廖冠民，沈红波．经营风险、晋升激励与公司绩效［J］．中国工业经济，2009（8）：119-130.

［36］刘柏，卢家锐．“顺应潮流”还是“投机取巧”：企业社会责任的传染机制研究［J］．南开管理评论，2018（4）：182-194.

［37］刘长翠，孔晓婷．社会责任会计信息披露的实证研究：来自沪市2002—2004年度的经验数据［J］．会计研究，2006（10）：36-43.

［38］刘华，魏娟，巫丽兰．企业社会责任能抑制盈余管理吗：基于强制披露企业社会责任报告准实验［J］．中国软科学，2016（4）：95-107.

［39］刘俊海．金融危机的法律防范［J］．中国法学，1999（2）：100-110.

［40］刘媛媛，徐沛钰，薛凯文．企业社会责任负面事件的股东财富减损效应研究［J］．财经问题研究，2018（10）：89-96.

［41］卢代富．公司社会责任与公司治理结构的创新［J］．公司法律评论，2002（1）：34-45.

［42］卢旺．地方本科院校服务地方机制创新研究［M］．北京：中国经济出版社，2019.

［43］吕长江，韩慧博．财务困境、财务困境间接成本与公司业绩［J］．南开管理评论，2004，7（3）：80-85.

［44］吕长江，徐丽莉，周琳．上市公司财务困境与财务破产的比较分析［J］．经济研究，2004（8）：64-73.

［45］吕长江，赵岩．上市公司财务状况分类研究［J］．会计研究，2004（11）：53-61.

［46］吕朝凤，陈汉鹏，SANTOSLÓPEZ-LEYVA．社会信任、不完全契约与长期经济增长［J］．经济研究，2019（3）：4-20.

［47］马连福，赵颖．上市公司社会责任信息披露影响因素研究［J］．证券市场导报，2007（3）：4-9.

［48］毛磊，王宗军，王玲玲．机构投资者持股偏好、筛选策略与企业社会绩效［J］．管理科学，2012，25（3）：21-33.

［49］梅洁，张明泽．基金主导了机构投资者对上市公司盈余管理的治理作用?：基于内生性视角的考察［J］．会计研究，2016（4）：55-60.

［50］孟庆玺，白俊，施文．客户集中度与企业技术创新：助力抑或阻碍：基于客户个体特征的研究［J］．南开管理评论，2018，21（4）：62-73.

［51］彭珏，陈红强．内部控制、市场化进程与企业社会责任［J］．现代财经（天津财经大学学报），2015，35（6）：43-54.

［52］彭中文，李力，文磊．宏观调控、公司治理与财务风险：基于房地产上市公司的面板数据［J］．中央财经大学学报，2014（5）：52-59.

［53］权小锋，吴世农，尹洪英．企业社会责任与股价崩盘风险："价值利器"或"自利工具"?［J］．经济研究，2015（11）：49-64.

［54］申慧慧，吴联生，肖泽忠．环境不确定性与审计意见：基于股权结构的考察［J］．会计研究，2010（12）：57-64.

［55］沈洪涛，金婷婷．我国上市公司社会责任信息披露的现状分析［J］．审计与经济研究，2006（3）：84-87.

［56］沈洪涛，苏亮德．企业信息披露中的模仿行为研究：基于制度理论的分析［J］．南开管理评论，2012（3）：82-90.

［57］沈洪涛，王立彦，万拓．社会责任报告及鉴证能否传递有效信号?：基于企业声誉理论的分析［J］．审计研究，2011（4）：87-93.

［58］沈艳，蔡剑．企业社会责任意识与企业融资关系研究［J］．金融研究，2009（12）：127-136.

［59］史永东，王谨乐．中国机构投资者真的稳定市场了吗?［J］．经济研究，2014（12）：100-112.

[60] 宋献中，胡珺，李四海．社会责任信息披露与股价崩盘风险：基于信息效应与声誉保险效应的路径分析［J］．金融研究，2017（4）：161-175.

[61] 唐亮，林钟高，郑军，等．非正式制度压力下的企业社会责任抉择研究：来自中国上市公司的经验证据［J］．中国软科学，2018（12）：165-177.

[62] 万寿义，刘正阳．制度背景、公司价值与社会责任成本：来自沪深300指数上市公司的经验证据［J］．南开管理评论，2013，16（1）：110-121.

[63] 王冲，谢雅璐．会计准则变迁降低了会计信息风险吗：来自中国证券市场的经验证据［J］．山西财经大学学报，2010，32（3）：118-124.

[64] 王化成，张修平，侯粲然，等．企业战略差异与权益资本成本：基于经营风险和信息不对称的中介效应研究［J］．中国软科学，2017（9）：99-113.

[65] 王谨乐，史永东．机构投资者、高管变更与股价波动［J］．管理科学学报，2018，21（7）：113-126.

[66] 王亮亮，王跃堂，王娜．市场化进程、真实活动盈余管理与公司未来业绩［J］．经济管理，2013，35（9）：101-112.

[67] 王钦，张霍．中国工业企业技术创新40年：制度环境与企业行为的共同演进［J］．经济管理，2018，40（11）：5-20.

[68] 王珊．投资者实地调研发挥了治理功能吗?：基于盈余管理视角的考察［J］．经济管理，2017，39（9）：180-194.

[69] 王诗雨，陈志红．企业财务风险衍化及其产业效应：基于规制环境和竞争环境的双重情境分析［J］．会计研究，2018（11）：56-62.

[70] 王欣．社会责任融合视角的企业价值创造机理［J］．经济管理，2013（12）：182-193.

[71] 王竹泉，王贞洁，李静．经营风险与营运资金融资决策［J］．会计研究，2017（5）：62-69.

[72] 王宗军，李红侠．上市公司治理因素与财务困境关系的实证研究［J］．管理学报，2007（6）：803-814.

[73] 温军，冯根福．异质机构、企业性质与自主创新［J］．经济研究，2012（3）：53-64.

[74] 温忠麟，叶宝娟．中介效应分析：方法与模型发展［J］．心理科学进展，2014（5）：731-745.

[75] 温忠麟，张雷，侯杰泰，等．中介效应检验程序及其应用［J］．心理学报，2004，36（5）：614-620.

[76] 吴国鼎，张会丽．多元化经营是否降低了企业的财务风险?：来自中国上市公司的经验证据［J］．中央财经大学学报，2015（8）：94-101.

[77] 吴娜，于博，王博梓．市场化进程、创新投资与营运资本的动态调整［J］．会计研究，2017（6）：82-88.

[78] 吴世农，卢贤义．我国上市公司财务困境的预测模型研究［J］．经济研究，2001（6）：46-55.

[79] 夏冬林，李刚．机构投资者持股和会计盈余质量［J］．当代财经，2008（2）：111-118.

[80] 夏立军，陈信元．市场化进程、国企改革策略与公司治理结构的内生决定［J］．经济研究，2007（7）：82-95.

[81] 夏立军，郭建展，陆铭．企业家的“政由己出”：民营 IPO 公司创始人管理、市场环境与公司业绩［J］．管理世界，2012（9）：132-141.

[82] 徐炜，肖智．内部控制对企业财务风险影响的非线性特征：理论推演与实证检验［J］．现代财经，2019，39（3）：68-82.

[83] 许慧，杨孙蕾．产权性质、会计信息风险与银行借款［J］．山西财经大学学报，2011，33（1）：24-32.

[84] 许金花，李善民，张东．家族涉入、制度环境与企业自愿性社会责任：基于第十次全国私营企业调查的实证研究［J］．经济管理，2018，40（5）：37-53.

[85] 杨海燕，韦德洪，孙健．机构投资者持股能提高上市公司会计信息质量吗?：兼论不同类型机构投资者的差异［J］．会计研究，2012（9）：16-23.

[86] 杨武，田雪姣．技术创新、市场化进程与企业兴衰［J］．科学学研究，2018，36（9）：1686-1693.

[87] 于富生，张敏，姜付秀，等．公司治理影响公司财务风险吗?［J］．会计研究，2008（10）：52-59.

[88] 于李胜，王艳艳．会计信息风险与市场定价［J］．管理世界，2007（2）：76-85.

[89] 于丽萍，林丽凤，邱若臻．基于 EVA 与经营风险偏好的供应链鲁棒优化模型［J］．中国管理科学，2018，26（2）：62-70.

［90］余明桂，李文贵，潘红波．管理者过度自信与企业风险承担［J］．金融研究，2013（1）：149-163.

［91］袁知柱，王泽燊，郝文瀚．机构投资者持股与企业应计盈余管理和真实盈余管理行为选择［J］．管理科学，2014，27（5）：104-119.

［92］曾雪云，陆正飞．盈余管理会计信息风险、业绩波动与审计意见：投资者如何逃离有重大盈余管理嫌疑的上市公司？［J］．财经研究，2016，42（8）：133-144.

［93］张维迎，柯荣住．信息及其解释：来自中国的跨省研究［J］．经济研究，2002（10）：59-70.

［94］张文珂，张芳芳，刘淑莲．企业会计信息风险如何引致市场资源配置活动?：基于并购重组的视角［J］．会计研究，2017（11）：72-78.

［95］张茵，刘明辉，彭红星．社会信任与公司避税［J］．会计研究，2017（9）：48-54.

［96］张兆国，刘晓霞，张庆．企业社会责任与财务管理变革：基于利益相关者理论的研究［J］．会计研究，2009（3）：54-59.

［97］甄红线，王谨乐．机构投资者能够缓解融资约束吗?：基于现金价值的视角［J］．会计研究，2016（12）：51-57.

［98］郑振龙，杨伟．会计信息风险与资产定价研究述评［J］．经济学动态，2009（7）：129-133.

［99］周黎安．中国地方官员的晋升锦标赛模式研究［J］．经济研究，2007（7）：36-50.

［100］周中胜，何德旭，李正．制度环境与企业社会责任履行：来自中国上市公司的经验证据［J］．中国软科学，2012（10）：59-68.

［101］周祖城．企业社会责任：视角、形式与内涵［J］．理论学刊，2005（2）：58-61.

［102］ADMATI A R，PFLEIDERER P，ZECHNER J. Large shareholder activism，risk sharing，and financial market equilibrium［J］. Journal of political economy，1994，102（6）：1097-1130.

［103］ALBUQUERQUE R，DURNEV A，KOSKINEN Y. Corporate social responsibility and firm risk：theory and empirical evidence［J］. Management science，2013，65（10）：1-66.

［104］ALLAYANNIS G，BROWN G W，KLAPPER L F. Capital structure and financial risk: evidence from foreign debt use in east Asia [J]. The journal of finance, 2010, 58 (6): 2667-2709.

[105] ALLEN F, QIAN J, QIAN M. Law, finance, and economic growth in China [J]. Journal of financial economics, 2005, 77 (1): 57-116.

[106] ALMAZAN A, HARTZELL J C, STARKS L T. Active institutional shareholders and costs of monitoring: evidence from executive compensation [J]. Financial management, 2010, 34 (4): 5-34.

[107] ALTMAN E I. Financial ratios, discriminant analysis and the prediction of corporate bankruptcy [J]. The journal of finance, 1968, 23 (4): 589-609.

[108] ALTMAN E I. The prediction of corporate bankruptcy: a discriminant analysis [J]. Journal of finance, 2012, 23 (1): 193-194.

[109] AUPPERLE K E, CARROLL A B, HATFIELD J D. An empirical examination of the relationship between corporate social responsibility and profitability [J]. The academy of management journal, 1985, 28 (2): 446-463.

[110] AYADI M, KUSY M I, PYO M, et al. Corporate social responsibility, corporate governance, and managerial risk-taking [J]. Social science electronic publishing, 2014, 11 (1): 50-113.

[111] BARNEA A, RUBIN A. Corporate social responsibility as a conflict between shareholders [J]. Journal of business ethics, 2010, 97 (1): 71-86.

[112] BARON R M, KENNY D A. The moderator-mediator variable distinction in social psychological research: conceptual, strategic, and statistical considerations [J]. Journal of personality and social psychology, 1986, 51 (6): 1173-1182.

[113] BEAVER W H. Financial ratios as predictors of failure [J]. Journal of accounting research, 1966, 4 (1): 71-111.

[114] BEAVER W H. Market prices, financial ratios, and the prediction of failure [J]. Journal of accounting research, 1968, 6 (2): 179-192.

[115] BEAVER W, KETTLER P, SCHOLES M. The association between market determined and accounting determined risk measures [J]. The accounting review, 1970, 45 (4): 654-682.

[116] BENLEMLIH M, BITAR M. Corporate social responsibility and investment efficiency [J]. Journal of business ethics, 2018, 148 (3): 647-671.

[117] BENLEMLIH M, GIRERD, POTIN I. Corporate social responsibility

and firm financial risk reduction: on the moderating role of the legal environment [J]. Journal of business finance & accounting, 2017, 44 (7-8): 1137-1166.

[118] BENLEMLIH M. Corporate social responsibility and firm debt maturity [J]. Journal of business ethics, 2017, 144 (3): 491-517.

[119] BENNETT J A, SIAS R W, STARKS L T. Greener pastures and the impact of dynamic institutional preferences [J]. The review of financial studies, 2003, 16 (4): 1203-1238.

[120] BETHEL J E, LIEBESKIND J. The effects of ownership structure on corporate restructuring [J]. Strategic management journal, 1993, 14 (S1): 15-31.

[121] BOUBAKRI N, COSSET J C, SAFFAR W. The role of state and foreign owners in corporate risk-taking: evidence from privatization [J]. Journal of financial economics, 2011, 108 (3): 641-658.

[122] BOUSLAH K, KRYZANOWSKI L, M ZALI B. The impact of the dimensions of social performance on firm risk [J]. Journal of banking and finance, 2013, 37 (4): 1258-1273.

[123] BOUSLAH K, KRYZANOWSKI L, MZALI B. Social performance and firm risk: impact of the financial crisis [J]. Journal of business ethics, 2018, 149 (3): 643-669.

[124] BRAMMER S, BROOKS C, PAVELIN S. Good reputations can be bad investments / corporate reputation and stock returns: are good firms good for investors? [J]. Social science electronic publishing, 2006 (5): 21-25.

[125] BRAMMER S, MILLINGTON A. Does it pay to be different? An analysis of the relationship between corporate social and financial performance [J]. Strategic management journal, 2008, 29 (12): 1325-1343.

[126] BRANCO M C, RODRIGUES L L. Corporate social responsibility and resource-based perspectives [J]. Journal of business ethics, 2006, 69 (2): 111-132.

[127] BROMILEY P. Testing a causal model of corporate risk taking and performance [J]. Academy of management journal, 1991, 34 (1): 37-59.

[128] BROWN N, DEEGAN C. The public disclosure of environmental performance information: a dual test of media agenda setting theory and legitimacy the-

ory [J]. Accounting & business research, 1998, 29 (1): 21-41.

[129] BÉNABOU R, TIROLE J. Individual and corporate social responsibility [J]. Economica, 2010, 77 (305): 1-19.

[130] CAI L, HE C. Corporate environmental responsibility and equity prices [J]. Journal of business ethics, 2014, 125 (4): 617-635.

[131] CAI L, CUI J, JO H. Corporate environmental responsibility and firm risk [J]. Journal of business ethics, 2016, 139 (3): 563-594.

[132] CAPIE F. Trust, Financial regulation, and growth [J]. Australian economic history review, 2016, 56 (1): 5-21.

[133] CESPA G, CESTONE G. Corporate social responsibility and managerial entrenchment [J]. Journal of economics & management strategy, 2007, 16 (3): 741-771.

[134] CHEN R C Y, HUNG S W, LEE C H. Corporate social responsibility and firm idiosyncratic risk in different market states [J]. Corporate social responsibility and environmental management, 2018, 25 (4): 642-658.

[135] CHEN Y, HUNG M, WANG Y. The effect of mandatory CSR disclosure on firm profitability and social externalities: evidence from China [J]. Journal of accounting and economics, 2018, 65 (1): 169-190.

[136] CHENG B, IOANNOU I, SERAFEIM G. Corporate social responsibility and access to finance [J]. Strategic management journal, 2014, 35 (1): 1-23.

[137] CHENG I H, HONG H G, SHUE K. Do managers do good with other peoples' money? [J]. NBER Working paper, 2013, 194 (32) .

[138] CHIH H, SHEN C, KANG F. Corporate social responsibility, investor protection, and earnings management: some international evidence [J]. Journal of business ethics, 2008, 79 (1-2): 179-198.

[139] CHOI J, WANG H. Stakeholder relations and the persistence of corporate financial performance [J]. Strategic management journal, 2009, 30 (8): 895-907.

[140] CLARK J M. The changing basis of economic responsibility [J]. Journal of political economy, 1916, 24 (3): 209-229.

[141] COOK K A, ROMI A M, SÁNCHEZ D, et al. The influence of corporate social responsibility on investment efficiency and innovation [J]. Journal of

business finance & accounting, 2019, 46 (3-4): 494-537.

[142] CUI J, JO H, NA H. Corporate social responsibility, religion, and firm risk [J]. Asia: Pacific journal of financial studies, 2017, 46 (2): 305-340.

[143] CUI J, JO H, NA H. Does corporate social responsibility affect information asymmetry? [J]. Journal of business ethics, 2018, 148 (3): 549-572.

[144] DAVIDSON W N, JIRAPORN P, KIM Y S, et al. Earnings management following duality-creating successions: ethnostatistics, impression management, and agency theory [J]. Academy of management journal, 2004, 47 (2): 267-275.

[145] DAVIS K. Can business afford to ignore social responsibilities? [J]. California management review, 1960, 2 (3): 70-76.

[146] DECHOW P M, DICHEV I D. The quality of accruals and earnings: the role of accrual estimation errors [J]. The accounting review, 2002, 77: 35-59.

[147] DEEGAN C. The legitimising effect of social and environmental disclosures-a theoretical foundation [J]. Accounting, auditing & accountability journal, 2002, 15 (3): 282-311.

[148] DHALIWAL D S, TSANG A, YANG Y G, et al. Voluntary nonfinancial disclosure and the cost of equity capital: the initiation of corporate social responsibility reporting [J]. The accounting review, 2011, 86 (1): 59-100.

[149] DOWLING J, PFEFFER J. Organizational legitimacy: social values and organizational behavior [J]. The pacific sociological review, 1975, 18 (1): 122-136.

[150] DUARTE J, YOUNG L. Why is PIN priced? [J]. Journal of financial economics, 2007, 91 (2): 119-138.

[151] DÉMURGER S, SACHS J D, WOO W T, et al. Geography, economic policy, and regional development in China [J]. Social science electronic publishing, 2001, 1 (1): 146-197.

[152] EASLEY D, KIEFER N M, O'HARA M, et al. Liquidity, information, and infrequently traded stocks [J]. The journal of finance, 1996, 51 (4): 1405-1436.

[153] EASLEY D, O'HARA M. Information and the cost of capital [J]. The

journal of finance, 2004, 59 (4): 1553-1583.

[154] EL GHOUL S, GUEDHAMI O, KWOK C C Y, et al. Does corporate social responsibility affect the cost of capital? [J]. Journal of banking and finance, 2011, 35 (9): 2388-2406.

[155] ELLOUMI F, GUEYIÉ J P. Financial distress and corporate governance: an empirical analysis [J]. Corporate governance international journal of business in society, 2001, 1 (1): 15-23.

[156] ERHEMJAMTS O, LI Q, VENKATESWARAN A. Corporate social responsibility and its impact on firms' investment policy, organizational structure, and performance [J]. Journal of business ethics, 2013, 118 (2): 395-412.

[157] ERIKSSON TOR. Executive compensation and tournament theory: empirical tests on Danish data [J]. Journal of labor economics, 1999, 17 (2): 262-280.

[158] FOMBRUN C, SHANLEY M. What's in a name? Reputation building and corporate strategy [J]. The academy of management journal, 1990, 33 (2): 233-258.

[159] FRANCIS J, LAFOND R, OLSSON R, et al. The market pricing of accruals quality [J]. Journal of accounting and economics, 2004, 39 (2): 295-327.

[160] FREEMAN R E, EVAN W M. Corporate governance: a stakeholder interpretation [J]. Journal of behavioral economics, 1990, 19 (4): 337-359.

[161] FRIEDMAN M. The Social responsibility of business is to increase its profits [J]. New york times magazine, 1970, 32-33 (33): 173-178.

[162] FULLER J, JENSEN M C. Just say no to wall street: putting a stop to the earnings game [J]. Journal of applied corporate finance, 2010, 22 (1): 41-46.

[163] GARRETT J, HOITASH R, PRAWITT D F. Trust and financial reporting quality [J]. Journal of accounting research, 2014, 52 (5): 1087-1125.

[164] GASPAR J M, MASSA M. Idiosyncratic volatility and product market competition [J]. The journal of business, 2006, 79 (6): 3125-3152.

[165] GHOUL S E, GUEDHAMI O, KIM H, et al. Corporate environmental responsibility and the cost of capital: international evidence [J]. Journal of

business ethics, 2018, 149 (2): 1-27.

[166] GODFREY P C, MERRILL C B, HANSEN J M. The relationship between corporate social responsibility and shareholder value: an empirical test of the risk management hypothesis [J]. Strategic management journal, 2009, 30 (4): 425-445.

[167] GOSS A , ROBERTS G S . The impact of corporate social responsibility on the cost of bank loans [J]. Journal of banking & finance, 2011, 35 (7): 1794-1810.

[168] GRAHAM J R, HARVEY C R, RAJGOPAL S. The economic implications of corporate financial reporting [J]. Journal of accounting and economics, 2005, 40 (1): 3-73.

[169] GREGORY A, THARYAN A, WHITTAKER J. Corporate social responsibility and firm value: disaggregating the effects on cash flow, risk and growth [J]. Journal of business ethics, 2014, 124 (4): 633-657.

[170] GUISO L, SAPIENZA P, ZINGALES L. Trusting the stock market [J]. The journal of finance, 2008, 63 (6): 2557-2600.

[171] GUPTA K, KRISHNAMURTI C. Does corporate social responsibility engagement benefit distressed firms? The role of moral and exchange capital [J]. Pacific-basin finance journal, 2016, 50: 249-262.

[172] HALEY U C V. Corporate contributions as managerial masques: reframing corporate contributions as strategies to influence society [J]. Journal of management studies, 1991, 28 (5): 485-510.

[173] HANSEN G S, HILL C W L. Are institutional investors myopic? a time series study of four technology driven industries [J]. Strategic management journal, 1991, 12 (1): 1-16.

[174] HARJOTO M A, JO H. Corporate governance and CSR nexus [J]. Journal of business ethics, 2011, 100 (1): 45-67.

[175] HART S L. A natural-resource-based view of the firm [J]. The academy of management review, 1995, 20 (4): 986-1014.

[176] HEMINGWAY C A, MACLAGAN P W. Managers' personal values as drivers of corporate social responsibility [J]. Journal of business ethics, 2004, 50 (1): 33-44.

［177］ HILL C W L, JONES M T. Stakeholder: agency theory ［J］. Journal of management studies, 1992, 29 (2): 131-154.

［178］ HILLMAN A J, KEIM G D. Shareholder value, stakeholder management, and social issues: what's the bottom line? ［J］. Strategic management journal, 2001, 22 (2): 125-139.

［179］ HOMANS G C. Social behavior as exchange ［J］. American journal of sociology, 1958, 63 (6): 597-606.

［180］ HONG Y, ANDERSEN M L. The relationship between corporate social responsibility and earnings management: an exploratory study ［J］. Journal of business ethics, 2011, 104 (4): 461-471.

［181］ HULL C E, ROTHENBERG S. Firm performance: the interactions of corporate social performance with innovation and industry differentiation ［J］. Strategic management journal, 2008, 29 (7): 781-789.

［182］ HUMPHREY J E, LEE D D, SHEN Y. Does it cost to be sustainable? ［J］. Journal of corporate finance, 2012, 18 (3): 626-639.

［183］ HUSTED B W. Risk management, real options, corporate social responsibility ［J］. Journal of business ethics, 2005, 60 (2): 175-183.

［184］ HYBELS R C. On Legitimacy, legitimation, and organizations: a critical review and integrative theoretical model ［J］. Academy of management journal, 1995, 60 (2): 241-245.

［185］ IOANNOU I, SERAFEIM G. What drives corporate social performance? The role of nation-level institutions ［J］. Journal of international business studies, 2012, 43 (9): 834-864.

［186］ IRANI R M, OESCH D. Analyst coverage and real earnings management: quasi-experimental evidence ［J］. Journal of financial and quantitative analysis, 2016, 51 (2): 589-627.

［187］ ISLAM M A, DEEGAN C. Media pressures and corporate disclosure of social responsibility performance information: a study of two global clothing and sports retail companies ［J］. Accounting and business research, 2010, 40 (2): 131-148.

［188］ JENSEN M C, MECKLING W H. Theory of the firm: managerial behavior, agency costs and ownership structure ［J］. Journal of financial economics,

1976, 3 (4): 305-360.

[189] JENSEN M C. Value maximization, stakeholder theory, and the corporate objective function [J]. Journal of applied corporate finance, 2001, 14 (3): 8-21.

[190] JO H, HARJOTO M A. Corporate governance and firm value: the impact of corporate social responsibility [J]. Journal of business ethics, 2011, 103 (3): 351-383.

[191] JO H, NA H. Does CSR reduce firm risk? Evidence from controversial industry sectors [J]. Journal of business ethics, 2012, 110 (4): 441-456.

[192] JOHNSON R A, GREENING D W. The effects of corporate governance and institutional ownership types on corporate social performance [J]. The academy of management journal, 1999, 42 (5): 564-576.

[193] JONES T M. Instrumental stakeholder theory: a synthesis of ethics and economics [J]. The academy of management review, 1995, 20 (2): 404-437.

[194] KIM H R, LEE M, LEE H T, et al. Corporate social responsibility and employee-company identification [J]. Journal of business ethics, 2010, 95 (4): 557-569.

[195] KIM Y, LI H, LI S. Corporate social responsibility and stock price crash risk [J]. Journal of banking and finance, 2014, 43: 1-13.

[196] KIM Y, PARK M S, WIER B. Is earnings quality associated with corporate social responsibility? [J]. The accounting review, 2012, 87 (3): 761-796.

[197] KRAVET T, SHEVLIN T. Accounting restatements and information risk [J]. Review of accounting studies, 2010, 15 (2): 264-294.

[198] KREPS D M, MILGROM P, ROBERTS J, et al. Rational cooperation in the finitely repeated prisoners' dilemma [J]. Journal of economic theory, 1982, 27 (2): 245-252.

[199] LA PORTA R, SHLEIFER A, VISHNY R, et al. Investor protection and corporate governance [J]. Journal of financial economics, 2000, 58 (1): 3-27.

[200] LEE D D, FAFF R W. Corporate sustainability performance and idiosyncratic risk: a global perspective [J]. Financial review, 2009, 44 (2): 213-237.

［201］ LIN J Y, FANG C, ZHOU L. Competition, policy burdens, and state-owned enterprise reform ［J］. The american economic review, 1998, 88 (2): 422-427.

［202］ LUO X, BHATTACHARYA C B. The debate over doing good: corporate social performance, strategic marketing levers, and firm-idiosyncratic risk ［J］. Journal of marketing, 2009, 73 (6): 198-213.

［203］ MACKIE-MASON JEFFREY K. Do taxes affect corporate financing decisions? ［J］. The journal of finance, 1990, 45 (5): 1471-1493.

［204］ MALIK M. Value-enhancing capabilities of CSR: a brief review of contemporary literature ［J］. Journal of business ethics, 2015, 127 (2): 419-438.

［205］ MASULIS R W, REZA S W. Agency problems of corporate philanthropy ［J］. The review of financial studies, 2015, 28 (2): 592-636.

［206］ MCGUIRE J W. Business and Society ［J］. Encyclopedia of corporate social responsibility, 1963, 4 (3): 59-80.

［207］ MCWILLIAMS A, SIEGEL D. Corporate social responsibility: a theory of the firm perspective ［J］. The academy of management review, 2001, 26 (1): 117-127.

［208］ MISHRA S, MODI S B. Positive and negative corporate social responsibility, financial leverage, and idiosyncratic risk ［J］. Journal of business ethics, 2013, 117 (2): 431-448.

［209］ OIKONOMOU I, BROOKS C, PAVELIN S. The impact of corporate social performance on financial risk and utility: a longitudinal analysis ［J］. Financial management, 2018, 41 (2): 483-515.

［210］ ORLITZKY M, BENJAMIN J D. Corporate social performance and firm risk: a meta-analytic review ［J］. Business & society, 2001, 40 (4): 369-396.

［211］ O'DONOVAN G. Environmental disclosures in the annual report: extending the applicability and predictive power of legitimacy theory ［J］. Accounting, 2002, 15 (3): 344-371.

［212］ PATTEN D M. Intra-industry environmental disclosures in response to the Alaskan oil spill: a note on legitimacy theory ［J］. Accounting, organizations and society, 1992, 17 (5): 471-475.

［213］ PFEFFER J, SALANCIK G R. The external control of organizations: a resource dependence perspective [J]. Social science electronic publishing, 2003, 23 (2): 123-133.

[214] POUND J. Proxy contests and the efficiency of shareholder oversight [J]. Journal of financial economics, 2006, 20 (1-2): 237-265.

[215] PRESTON L E, O'BANNON D P. The corporate social-financial performance relationship: a typology and analysis [J]. Business & society, 1997, 36 (4): 419-429.

[216] QIAN C, GAO X, TSANG A. Corporate philanthropy, ownership type, and financial transparency [J]. Journal of business ethics, 2015, 130 (4): 851-867.

[217] RICHARDSON A J, WELKER M. Social disclosure, financial disclosure and the cost of equity capital [J]. Accounting, organizations and society, 2001, 26 (7): 597-616.

[218] RUSSO M V, FOUTS P A. A resource-based perspective on corporate environmental performance and profitability [J]. Academy of management journal, 1997, 40 (3): 534-559.

[219] SALAMA A, ANDERSON K, TOMS J S. Does community and environmental responsibility affect firm risk? Evidence from UK panel data 1994—2006 [J]. Business ethics: A european review, 2011, 20 (2): 192-204.

[220] SALEH M, ZULKIFLI N, MUHAMAD R. Corporate social responsibility disclosure and its relation on institutional ownership [J]. Managerial auditing journal, 2010, 25 (6): 591-613.

[221] SCOTT W R. Institutions and organizations [M]. Thousand Oaks, CA: Sage Publication, 1995.

[222] SHARFMAN M P, FERNANDO C S. Environmental risk management and the cost of capital [J]. Strategic management journal, 2008, 29 (6): 569-592.

[223] SHLEIFER A, VISHNY R W. Large shareholders and corporate control [J]. Journal of political economy, 1986, 94 (3): 461-488.

[224] SHLEIFER A, VISHNY R W. Politicians and firms [J]. The quarterly journal of economics, 1994, 109 (4): 995-1025.

[225] SPICER B H. Investors, corporate social performance and information disclosure: an empirical study [J]. The accounting review, 1978, 53 (1):

94-111.

[226] SUCHMAN M C. Managing legitimacy: strategic and institutional approaches [J]. The academy of management review, 1995, 20 (3): 571-610.

[227] SUN J, LIU G. Does analyst coverage constrain real earnings management? [J]. Quarterly review of economics and finance, 2016, 59 (6): 131-140.

[228] SURROCA J, TRIBÓ J A, WADDOCK S. Corporate responsibility and financial performance: the role of intangible resources [J]. Strategic management journal, 2010, 31 (5): 463-490.

[229] VERWIJMEREN P, DERWALL J. Employee well-being, firm leverage, and bankruptcy risk [J]. Journal of banking and finance, 2009, 34 (5): 956-964.

[230] WADDOCK S A, GRAVES S B. The corporate social performance financial performance link [J]. Strategic management journal, 1997, 18 (4): 303-319.

[231] WANG Z J, DENG X L. Corporate governance and financial distress: evidence from Chinese listed companies [J]. Chinese economy, 2006, 39 (5): 5-27.

[232] WATTS R L, ZIMMERMAN J L. Towards a positive theory of the determination of accounting standards [J]. The accounting review, 1978, 53 (1): 112-134.

[233] WEI Z, WU S, LI C, et al. Family control, institutional environment and cash dividend policy: evidence from China [J]. China journal of accounting research, 2011, 4 (Z1): P9-46.

[234] WILLIAMS R L, BARRETT J D. Corporate philanthropy, criminal activity, and firm reputation: is there a link? [J]. Journal of business ethics, 2000, 26 (4): 341-350.

[235] WU S W, LIN F, WU C M. Corporate social responsibility and cost of capital: an empirical study of the Taiwan stock market [J]. Emerging markets finance & trade, 2014, 50 (sup1): 107-120.

[236] XIN K R, PEARCE J L. Guanxi: connections as substitutes for formal institutional support [J]. The academy of management journal, 1996, 39 (6): 1641-1658.

[237] XU S, LIU D, HUANG J. Corporate social responsibility, the cost of equity capital and ownership structure: an analysis of Chinese listed firms [J].

Australian journal of management, 2015, 40 (2): 245-276.

[238] ZAHRA S A, PRIEM R L, RASHEED A A. The antecedents and consequences of top management fraud [J]. Journal of management, 2005, 31 (6): 803-828.

[239] ZHANG J, KEH H T. Interorganizational exchanges in China: organizational forms and governance mechanisms [J]. Management & organization review, 2010, 6 (1): 123-147.

[240] ZMIJEWSKI M. Methodological issues related to the estimation of financial distress prediction models [J]. Journal of accounting research, 1984, 22 (1): 59-82.

后　记

在东北财经大学学习的时光是快乐而充实的。在那里，我收获了知识和友谊。回首博士生涯的点点滴滴，我心中有说不出的感激之情。

首先，我要感谢我的博士生导师万寿义教授。感谢万老师对我的鼓励和支持，论文从确定选题到完成写作都离不开恩师的谆谆教导，恩师总是给予我最真诚的建议和鼓励。在生活中，恩师为人谦虚和善，是我和同门师兄妹的良师益友。

其次，我要感谢我的家人。感谢爱人程先生对家庭的付出，以及对孩子的耐心教育与指导，让我在读博期间没有后顾之忧。感谢我们家的小帅哥冠宇小朋友。我考上博士的那一年他升入小学一年级，当时的我内心充满了矛盾，一直担心我不在家时孩子的学习成绩和身心发展会受到影响。冠宇小朋友消除了我的不安，我在东北财经大学学习期间还会时不时地收到他给我的惊喜。感谢婆婆和公公给予我的理解与支持，他们对孩子无微不至的关心和照顾让我可以全身心地投入学习，祝福他们永远健康。

最后，我要感谢读博期间给予我诸多帮助的同学和同门师兄妹。感谢我的室友张雪梅博士、杜春明博士和明泽博士，与他们在一起的点点滴滴是我生命中宝贵的精神财富。感谢同门师兄赵振洋博士、廖飞梅博士、杨景海博士和迟铮博士等，他们在学习和生活中给予我很大的帮助和支持。感谢我的同学常利民博士、徐晨阳博士、朱湘艺博士、王佳星博士、高智林博士、张向丽博士、李英博士和崔广慧博士等，他们在论文写作中和生活上都给了我很多的支持和帮助。

感谢所有给予我帮助和支持的人，祝你们永远开心幸福！

李新丽

2019 年 9 月